dtv

dtv
portrait

Herausgegeben von Martin Sulzer-Reichel

Hans-Georg Schede, 1968 geboren, studierte Germanistik und Anglistik in Freiburg und promovierte über den Gegenwartsautor Gert Hofmann. Er hat den Briefwechsel Hugo von Hofmannsthals mit Maximilian Harden herausgegeben, Interpretationshilfen zu ›Woyzeck‹ (Georg Büchner), dem ›Erdbeben in Chili‹ (Heinrich von Kleist) und ›Blueprint. Blaupause‹ (Charlotte Kerner) verfasst und ein Buch über Waldkindergärten geschrieben. Mit seiner Familie lebt er als Verlagsredakteur in der Nähe von München.

Die Brüder Grimm

von Hans-Georg Schede

Deutscher Taschenbuch Verlag

Weitere in der Reihe **dtv portrait** erschienene Titel
am Ende des Bandes

Für John und Wolf

Originalausgabe
August 2004
In neuer Rechtschreibung

www.dtv.de

Umschlagkonzept: Balk & Brumshagen
Umschlagbild: ›Jacob und Wilhelm Grimm‹ (1843) von Ludwig
Emil Grimm (© akg-images)
Satz und Layout: Agents – Producers – Editors, Overath
Druck und Bindung: APPL, Wemding
Gedruckt auf säurefreiem, chlorfrei gebleichtem Papier
Printed in Germany ISBN 3-423-31076-6

Inhalt

1 Die Brüder Jacob und Wilhelm Grimm

Kindheit und Jugend

Jacob und Wilhelm Grimm sind in Hanau geboren, wenige Kilometer östlich von Frankfurt. Jacob Ludwig Carl Grimm kommt hier am 4. Januar 1785 zur Welt, Wilhelm Carl Grimm, mit einem Abstand von gut einem Jahr, am 24. Februar 1786.

Die Vorfahren der väterlichen Linie wirkten als Pfarrer der reformierten Kirche in Hanau und Steinau. Der Ernst und die äußerliche Schlichtheit der Reformierten bestimmt entsprechend die Lebensführung in der Familie Grimm, auch wenn Philipp Wilhelm Grimm, der Vater Jacobs und Wilhelms, einen weltlichen Beruf gewählt hatte und Jurist geworden war.

Die Mutter, Dorothea Grimm, geb. Zimmer, stammt aus Kassel, wo ihr Vater Kanzleirat gewesen ist. Sie ist zum Zeitpunkt von Jacobs Geburt 30 Jahre alt, der Vater 34.

Philipp Wilhelm Grimm ist seit 1778 in Hanau tätig: zunächst als Hofgerichtsadvokat und ab 1782 als Stadt- und Landschreiber. Im Jahr nach Wilhelms Geburt erhält er den Titel des Stadtsekretärs. Die Familie wohnt am Paradeplatz. Wenig später, 1787 oder 1788, zieht sie in die Langgasse in die Nähe des Rathauses der Neustadt. 1787 und 1788 kommen die Brüder Carl Friedrich und Ferdinand Philipp zur

2 Das Geburtshaus von Jacob und Wilhelm Grimm am Paradeplatz in Hanau

Welt. 1790 folgt Ludwig Emil, der es als Maler zu einiger Berühmheit bringen wird. Ein Jahr später kommt ein weiterer Junge hinzu, Friedrich, der jedoch nur ein gutes Jahr lebt. Zu diesem Zeitpunkt wohnen die Grimms bereits in Steinau.

Fünf bzw. vier Jahre verbringen Jacob und Wilhelm in Hanau, und es ist bemerkenswert, wie viele konkrete Erinnerungen sie noch viel später an diese frühen Jahre haben. 1814 gibt Jacob Grimm in seinen ›Besinnungen aus meinem Leben‹ eine genaue Beschreibung des Hauses in der langen Gasse und erinnert sich, wie die Mutter zumeist in der Wohnstube auf einem Tritt am Fenster saß. Weniger Erinnerungen gelten dem Vater, dafür eine der lebhaftesten, als der ihn einmal bei kaltem Wetter nachmittags in ein Dorf, das er

Weder dem Leib noch dem Geiste nach sind sich je, solange die Welt besteht, zwei Menschen vollkommen einander gleich gewesen, nur neben, mitten der die Regel bildenden menschlichen Individualität brechen strichweise wie aus dem Hintergrund jene Ausnahmen vor, die das Band unsrer Abstammung nicht verleugnen und ihm Rechnung tragen.
Mir erscheint nun, dass dieser edle, die Menschheit festigende und bestätigende Hintergrund seine größte Kraft hat zwischen Geschwistern, stärkere sogar als zwischen Eltern und Kindern. […] Eltern und Kinder leben nur ein halbes Leben miteinander, Geschwister ein ganzes. […] Geschwister, wenn ihr Lebensfaden nicht zu früh abgeschnitten wurde, haben zusammen als Kinder gespielt, gehandelt als Männer und nebeneinander gesessen bis ins Alter. […] So nahm uns denn in den langsam schleichenden Schuljahren ein Bett auf und ein Stübchen, da saßen wir an einem und demselben Tisch arbeitend, hernach in der Studentenzeit standen zwei Betten und zwei Tische in derselben Stube, im späteren Leben noch immer zwei Arbeitstische in dem nämlichen Zimmer, endlich bis zuletzt in zwei Zimmern nebeneinander, immer unter einem Dach in gänzlicher unangefochten und ungestört beibehaltener Gemeinschaft unsrer Habe und Bücher, mit Ausnahme weniger, die jedem gleich zur Hand liegen mussten und darum doppelt gekauft wurden. Auch unsere letzten Betten, hat es allen Anschein, werden wieder dicht nebeneinander gemacht sein; erwäge man, ob wir zusammengehören.

Aus Jacob Grimms Rede auf Wilhelm Grimm, gehalten in der Königlichen Akademie der Wissenschaften zu Berlin am 5. Juli 1860, ein halbes Jahr nach dem Tod des Bruders

in Amtsgeschäften aufsuchte, mitnahm. Noch immer denke er manchmal, wenn er im Winter reise, dass er beim Vater sitze und alles andere ein Traum sei.

Beim Großvater Johann Hermann Zimmer, der sich mit seiner Frau Anna Elisabeth in Hanau zur Ruhe gesetzt hatte, aß man einmal die Woche. Hier habe er einmal auf einem Stuhl gestanden und gepredigt, denn er sei zum Pfarrer bestimmt gewesen wie der Großvater in Steinau.

Viel zahlreicher sind die Erinnerungen an »die Tante Schlemmer«, bei der er täglich gewesen sei und an der er damals mehr gehangen habe als an Vater und Mutter. Juliane Charlotte Friederike Schlemmer ist die Schwester des Vaters und 16 Jahre älter als dieser. Sie ist im Geburtsjahr Jacobs Witwe geworden und lebt nun in der Nachbarschaft. Ein Scherenschnitt überliefert ihr Profil mit energischem Kinn und langer Nase, die der des Bruders gleicht. Jacob ist ihr Liebling, was auch die Erinnerungen von Wilhelm bezeugen. Sie erteilt den Brüdern ihren ersten Unterricht und verfügt über unbedingte Autorität. Das Buch, aus dem er das Abc lernte, kann Jacob Grimm noch als Erwachsener genau beschreiben. Die Tante hat sich aus einem alten Fächer einen elfenbeinernen Deuter anfertigen lassen, den sie nach der Lek-

Die autobiografischen Schriften Jacob und Wilhelm Grimms
Neben der ›Rede auf Wilhelm Grimm‹ sind die ›Besinnungen aus meinem Leben‹ und die ›Selbstbiographie‹ die beiden wichtigsten autobiografischen Schriften Jacob Grimms. Jene notierte er im März und April 1814 als hessischer Legationssekretär in Langres und Dijon im Hauptquartier der gegen Napoleon verbündeten Mächte. Sie handeln von seiner Kindheit, haben den Charakter privater Aufzeichnungen und brechen nach dem Eintreffen der Nachricht, dass Paris eingenommen sei, unvermittelt ab. Die ›Selbstbiographie‹ entstand im Juli 1830 für den von Karl Wilhelm Justi herausgegebenen Ergänzungsband einer Geschichte der hessischen Gelehrten seit der Reformation (›Grundlage zu einer hessischen Gelehrten-Schriftsteller- und Künstler-Geschichte vom Jahre 1806 bis zum Jahre 1830‹, Marburg 1831). Wilhelm Grimm schrieb seinen Beitrag dazu im September 1830. Die ›Selbstbiographie‹ Wilhelms, kürzer als die Jacobs, ist sein einziger ausführlicher autobiografischer Text.

tion als Lesezeichen ins Buch legt. Um feiner zu deuten, nimmt sie aber zudem meist noch eine Stecknadel zuhilfe. Infolgedessen sind schließlich alle Buchstaben mehr oder weniger zerstochen. Das Lesenlernen muss Jacob Grimm von Anbeginn fasziniert haben. Es ist ihm, als er die aus der frühen Kindheit gebliebenen Eindrücke aufschreibt, so deutlich in Erinnerung, als sei es erst wenige Wochen her.

Gegen Ende der Hanauer Zeit besuchen die Brüder auch eine öffentliche Schule. Lebhaft erinnert sich Wilhelm, wie Jacob und er, Hand in Hand, über den Neustädter Markt dorthin zu einem französischen Sprachlehrer gegangen seien. Viele Schüler, so Jacob Grimm, hätten dort in einer Stube gesessen, »einer hatte gelbe Tinte, wonach ich große Begierde trug und wovon er mir eine Feder voll erlaubte.« Ob erst der Wegzug aus Hanau diese Unterrichtsstunden beendete oder ob die Eltern Jacob und Wilhelm schon zuvor wieder aus der Schule genommen haben, ist unklar.

Vom Bruder Wilhelm weiß Jacob Grimm rückblickend fast nichts zu berichten. Sie seien immer zusammen gewesen und hätten miteinander gespielt, dieses Tägliche und gleich Bleibende hinterlasse keinen Eindruck.

Noch während der Hanauer Jahre bricht in Frankreich die Revolution aus. Sie ist Ausgangspunkt einer geschichtlichen Dynamik, die während der Lebenszeit der Brüder Grimm Europa vielfach erschüttert und umgestaltet und die zu verschiedenen Zeiten für dramatische Einschnitte im Leben der Brüder gesorgt hat. Vorerst dringt die Aufregung nicht bis zu ihnen vor. Im Gegenteil: Ihre älteste Erinnerung an ein öffentliches Ereignis gilt einer Demonstration politischer Stabilität, der Kaiserwahl in Frankfurt von 1790. Zwar erleben sie

Wir Geschwister wurden alle, ohne dass viel davon die Rede war, aber durch Tat und Beispiel streng reformiert erzogen, Lutheraner […] pflegte ich wie fremde Menschen, mit denen ich nicht recht vertraut umgehen dürfte, anzusehen, und von Katholiken, die […] schon an ihrer bunteren Tracht zu erkennen waren, machte ich wohl mir scheue, seltsame Begriffe. Und noch jetzt ist es mir, als wenn ich nur in einer ganz einfachen, nach reformierter Weise eingerichteten Kirche recht von Grund andäch-

nicht die Wahl in Frankfurt, immerhin aber deren Abglanz in Bergen, wo der Landgraf von Hessen ein großes Corps zusammengezogen hat. Zur festlichen Parade fährt auch die Familie Grimm. Der Vorbeimarsch der Soldaten mit im Sonnenschein blitzenden Gewehren und der Donner der Kanonen, der nach Wilhelm Grimms Erinnerung jedesmal den Wagen erschütterte, ist Ausdruck des Selbstgefühls der alten Ordnung. Er kündigt unwillkürlich aber auch schon das neue Zeitalter der Revolutionskriege an, in dem Europa für die kommenden 25 Jahre in militärischer Bewegung bleiben wird.

1791 wird Philipp Wilhelm Grimm Amtmann in seiner Heimatstadt Steinau. Steinau liegt auf halbem Wege zwischen Hanau und Fulda. Seit dem 14. Jahrhundert führt die Straße, die die Messestädte Frankfurt und Leipzig verbindet, mitten durch den Ort. Im 15. und 16. Jahrhundert entwickelt sich die Stadt zum Verwaltungsmittelpunkt der Obergrafschaft Hanau. Der Amtmann fungiert als oberster Verwaltungsbeamter und Repräsentant des Landesherrn, im Rahmen der niederen Gerichtsbarkeit auch als Richter und Notar.

Mitte Januar übersiedelt die Familie nach Steinau, das gegen Ende des 18. Jahrhunderts etwa 3000 Einwohner hat. Das

tig sein könnte; so fest hängt sich aller Glaube an die ersten Eindrücke der Kindheit.

Jacob Grimm in seiner ›Selbstbiographie‹

3 Philipp Wilhelm Grimm. Ölgemälde von K. G. Urlaub

Amtshaus, in dem sich die Familie einrichtet, ist ein stattlicher Bau, Mitte des 16. Jahrhunderts errichtet, mit ummauertem Hof, Brunnen, Gärten und Nebengebäuden. Die Tante Schlemmer zieht gleich mit ein. Sie hat ihr Haus in Hanau verkauft und schließt sich nun ganz dem Haushalt des jüngeren Bruders an. In den Folgejahren scheint das, Jacob Grimms ›Besinnungen‹ zufolge, zu untergründigen Spannungen zwischen den Schwägerinnen geführt zu haben. Während die Tante für Feld und Garten sorgt, regiert die Mutter die Küche. Aber auch hier mischt sich die Tante offenbar ein, was wohl zu heimlichen Klagen der Mutter beim Vater führte. Dieser wiederum scheint es vermieden zu haben, sich mit der älteren Schwester anzulegen.

Jacob Grimm räumt in den ›Besinnungen‹ ein, damals wohl insgeheim die Partei der Tante ergriffen zu haben, ihrer Anhänglichkeit ihm gegenüber und ihrer Kränklichkeit halber. Als nach dem Tode des Vaters seine Liebe zur Mutter gewaltig gewachsen sei, habe ihm das ein schlechtes Gewissen verursacht. Dennoch gehen die Biografen im Ganzen wohl nicht fehl, die die Steinauer Jahre das Kindheitsparadies der Brüder Grimm genannt haben. Steinau ist ihre Heimat, wie aus späteren Äußerungen Jacob wie Wilhelm Grimms immer wieder deutlich wird. Gerne suchen sie den Ort auch später wieder auf. Hier im oberen Kinzigtal entwickeln sie ihre Liebe zur Natur, und wenn sie später neue Gegenden kennen lernen, wird die Landschaft der Kindheit immer als Maßstab gelten. Hier wachsen sie in wohlhabenden, bevorzugten Verhältnissen auf. Alles prägt sich unver-

4 Das Amtshaus in Steinau. Undatierte Tuschzeichnung von Ludwig Emil Grimm

lierbar ein. In den ›Besinnungen‹ schreibt Jacob, er verzichte, was Steinau angehe, auf jede Lokalbeschreibung, weil allein diese ein dickes Buch füllen würde.

Die Großeltern Zimmer sind in Hanau geblieben. Nun gehen Briefe hin und her. Jacobs Handschrift, seine Fortschritte im Briefstellen werden gelobt und Besuche der Enkel verabredet, die dann meist nicht stattfinden können, solange die leidigen Kriegsumstände keine günstigere Wendung nehmen, wie der Großvater in wiederkehrenden Formulierungen bedauert. Schon in diesem Briefwechsel des Großvaters mit den beiden ältesten Enkeln ist Jacob immer der erste Adressat, während an Wilhelm etwa die Nachschrift gerichtet ist. Früh findet sich dieser in die Rolle des Zweiten. Auch die große europäische Politik lässt der Großvater in seinen Briefen an die beiden ältesten Enkel, deren Gegenbriefe fast vollständig verloren gegangen sind, nicht aus, und während die Kleinen, Ferdinand und Ludwig Emil, kleine Trommeln zum Geschenk erhalten, übersendet der Großvater Jacob einen Plan »von der vorigen Belagerung von Mainz« (3. März 1795) oder »die beantragte Demarkationskarte« (8. Juli 1795).

1792 stirbt die Großmutter mit 74 Jahren. Im folgenden März kommt die einzige Schwester der Brüder Grimm, Charlotte Amalie, zur Welt. Begeisterte Berichte gehen an den Großvater, wie dessen Reaktionen zu entnehmen ist. Im Juli 1794 bringt Dorothea Grimm ihr letztes Kind zur Welt, Georg Eduard, der schon im Frühjahr des folgenden Jahres stirbt.

Was lernen Jacob und Wilhelm Grimm in den Steinauer Jahren? Zu wenig, wie Jacob Grimm rückblickend urteilt. Der Stadtpräceptor Zinkhahn kommt morgens meist von zehn bis zwölf Uhr, mittags von zwei bis drei Uhr ins Haus

---

Beim **Schreiben** wehrt sich Jacob Grimm gegen die vom Präceptor Zinkhahn geforderte Art und benutzt die modernere Riesische Vorschrift, die ihm der Großvater geschenkt hat und die der Lehrer schlecht macht. Jacob übt das Schreiben auch, indem er »viele Sachen von des Vaters Hand« kopiert und sich so dessen Schriftzüge aneignet. Auch Religion will er sich mehr »durch Lesen in Hübners biblischer Historie und durch häufiges Vorlesen aus der Bibel bei der Tante« als durch den Unterricht bei Zinkhahn angeeignet haben.

und unterrichtet Schreiben, Latein, Religion und später auch Geographie.

Ende 1795 erkrankt der Vater schwer. Der ortsansässige Arzt mag bald die Verantwortung für den wichtigen Patienten nicht mehr allein übernehmen. Ein auswärtiger Arzt wird hinzugezogen. Vorübergehend scheint das Schlimmste überstanden. Doch am 10. Januar stirbt Philipp Wilhelm Grimm im Alter von 44 Jahren.

Was folgt, ist der soziale Abstieg der Familie. Die Grimms müssen das Amtshaus verlassen und ziehen für kurze Zeit in das Huttische Spital. Diese Wohnung erweist sich aber als zu eng, und so erwirbt Dorothea Grimm wenige Monate später einen Hausanteil an der so genannten Alten Kellerei beim Brückentor. Dort bleibt sie mit den jüngeren Kindern bis 1805 wohnen.

Schon wenige Tage nach dem Tod des Vaters wendet sich Jacob Grimm an Henriette Philippine Zimmer, eine unverheiratete ältere Schwester der Mutter, die als Kammerfrau der Landgräfin Wilhelmine Karoline von Hessen-Kassel in Kassel lebt, und bittet sie, sich seiner und der Geschwister anzunehmen. Der Großvater, der nun als Vormund der Kinder auftritt – denn die verwitwete Mutter ist nicht rechts-

5 Der Präceptor Johann Georg Zinkhahn. Kinderzeichnung von Ludwig Emil Grimm mitsamt seiner stehenden Redensart »des Deiwels«

[Ihn] hatte ich nie lieb, wie wohl Respekt vor ihm, er war pedantisch, streng und unmethodisch, aber sehr ordentlich und von beschränkten Kenntnissen.

Jacob Grimm über den Präceptor Zinkhahn

fähig –, mag den Vorschlag dazu gemacht haben. Mit gerade elf Jahren fällt Jacob Grimm die Aufgabe zu, die Familie nach außen hin zu vertreten; eine Rolle, in die er sich, so vorzeitig sie ihn in die Pflicht nimmt, offenbar ohne Schwierigkeiten findet und die er nicht wieder ablegen wird.

Der Bittbrief des Neffen zeigt schnelle Wirkung. Schon drei Tage später lässt die Landgräfin eine »Auszahlungsanordnung (für eine Dorothea Grimm, geb. Zimmer, zu zahlende jährliche Pension) an die Kabinettskassen-Direktion« ausfertigen. Die Pension beträgt 100 Gulden Frankfurter Währung.

Mit eingeschränkten Mitteln geht das Leben weiter. Jacob Grimm nimmt in Steinau die geschäftlichen Interessen der Kasseler Tante war und verhandelt mit Leuten, die ihr Geld schulden. Im Mai 1796 teilt er dem Großvater voll Empörung mit, dass gehässig über den Vater geredet worden sei. Der Großvater beschwichtigt, üble Nachrede gebe es immer, er solle den Vorfall »mit Verachtung ansehen« und im Übrigen so tun, als habe er nichts mitbekommen. Jacob muss stillhalten. Der Tod des Vaters hat neue Verhältnisse geschaffen. Jacob Grimms zeitlebens oft überempfindliches Ehrgefühl gründet auf solchen Erfahrungen.

Im Dezember 1796 stirbt auch die Tante Schlemmer. Noch mehr als zuvor ist die Familie nun auf sich allein gestellt. Die beiden Ältesten können sich in den gedrückten Steinauer Verhältnissen nicht ihrer Begabung entsprechend entwickeln. Und gerade nach dem frühen Tod des Vaters müssen sie lernen und etwas werden, um die Mutter und die jüngeren Geschwister so bald wie möglich finanziell zu stützen. Ende Juni 1798 beratschlagt der Großvater mit der aus Kassel angereisten Tante Zimmer, was werden soll. Die beiden be-

[…] Beste Jungfer Tante jetzo empfehle ich mich Ihnen mit meinen 5 Geschwistern Ihrer Liebe u. Vorsorge und bin überzeugt, dass ich keine Fehlbitte tue. Ich weiß, dass Sie herzlichen Anteil an unserm großen Verlust nehmen. […] In Gedanken küsse ich Ihnen die Hand, empfehle mich und meine Geschwister nochmals zu Ihrer gütigen Vorsorge und bin hochachtungsvoll Dero gehors. Vetter J. L. C. Grimm

Jacob Grimm an Henriette Philippine Zimmer

schließen, dass Jacob und Wilhelm nach Kassel aufs Gymnasium gehen sollen. Der dritte landgräfliche Mundschenk Abraham Vollbrecht und seine Frau nehmen die beiden als Kostgänger bei sich auf. Die Tante hilft finanziell. Umsichtig und besorgt leitet der Großvater alles für die Reise in die Wege, die über Hanau und Frankfurt führt und auf der die Brüder zahlreiche Militärkontrollen passieren müssen. Am 30. September reisen sie ab. Schon in den ersten Oktobertagen werden sie in Kassel examiniert. Wilhelm wird eine Klasse tiefer als Jacob eingestuft. Wenige Wochen nachdem er die ältesten Enkel in Kassel untergebracht hat, stirbt Johann Hermann Zimmer Ende November 1898.

Das Lyceum Fridericianum, das die Brüder in Kassel besuchen, ist 1779 als Nachfolger der Städtischen Lateinschule eröffnet worden. Beide Brüder müssen in tieferen Klassen beginnen, als es ihrem Alter gemäß wäre, durchlaufen dann aber die verbleibenden Klassen, vorzeitig aufrückend und ganze Stufen überspringend, in der Hälfte der vorgesehenen Zeit. Vorzeitig wechseln beide, was damals möglich ist, zur Universität über. Das Arbeitspensum ist hoch. Neben den sechs Stunden auf dem Lyzeum bringen die Brüder täglich mindestens weitere vier bis fünf Stunden im Privatunterricht bei Pagenhofmeister Stöhr zu, der in Latein nachhilft und Französisch gibt.

Wilhelms Gesundheit leidet. Bis in die Kasseler Schulzeit hinein will er, seiner ›Selbstbiographie‹ zufolge, immer ganz gesund gewesen sein, während Jacob in der Steinauer Zeit zeitweise schwer unter den Blattern gelitten hat. Auch die beiden Übel, die Jacob Grimm zeitlebens zu schaffen machen, Kopfschmerz und Sehschwäche – er ist kurzsichtig,

---

Dass Wilhelm in eine geringere Klasse gekommen, wird ihm gewiss nicht gefallen. Ich habe mirs aber wohl eingebildet; der gute Junge hatte immer ein wenig zu viel Zuversicht zu sich selbst und war deswegen zum anhaltenden Fleiße etwas leichtsinnig. Hoffentlich reizt ihn jetzt der Ehrgeiz, durch verdoppelte Anstrengung dem Bruder beizukommen. An Kopf dazu fehlt es ihm nicht. Von Jacob gefällt mirs indessen nicht, dass er mit einer gewissen Lust denselben hinter sich zu sehen scheint; das ist

vermeidet aber, eine Brille zu tragen –, scheinen während der Schuljahre zuzunehmen. Wenigstens machen sich die Anstrengungen in schulischem Erfolg bemerkbar. Insbesondere Jacob ist immer Primus und erhält von den Lehrern schmeichelhafte Beurteilungen. Sein eigenes späteres Urteil über seine Schule und seine Lehrer fällt weniger günstig aus. Namentlich dem dritten Lehrer, Nathanael Caesar trägt er nach, dass dieser allein ihn nach alter Sitte mit er angeredet habe, alle seine Schulkameraden aus der Stadt hingegen mit Sie. Solche Ungleichheit, schreibt er noch 30 Jahre später, sollte sich ein Lehrer nie erlauben, weil sie von allen Schülern lebhaft wahrgenommen werde. Zudem meint er, auf der Schule zumeist unnütze Dinge gelernt zu haben. Das ist offenkundig im Rückblick gesprochen, mit Rücksicht auf den eigenen Werdegang. Zunächst scheint manches auf fruchtbaren Boden gefallen zu sein. Die Brüder weiten ihre Sammelleidenschaft, der sie schon in Steinau gefrönt haben, aus und legen insbesondere naturwissenschaftliche Sammlungen an. Nicht nur eine Schmetterlingssammlung, auch eine Eiersammlung ist darunter. Jacob soll sogar ernsthaft erwogen haben, Botaniker zu werden – woran er noch in seiner ›Rede auf Wilhelm Grimm‹ nach dessen Tod erinnert.

nicht brüderlich. Er sollte ihm vielmehr nach Vermögen mit fortzuhelfen suchen.
Johann Hermann Zimmer an Henriette Zimmer am 12.10.1798

6 Dorothea Grimm, geborene Zimmer. Ölgemälde von K. G. Urlaub

Zum Zeichnen und Sammeln, den schon früh geübten Beschäftigungen, kommt nun noch die Lust an der Literatur hinzu. Paul Wigand, Sohn des Kasseler Hofarchivars und Enkel der Schwester Gottscheds, mit dem sich die Brüder fürs ganze Leben anfreunden – über 200 Briefe an Wigand aus den Jahren zwischen 1802 und 1859 sind überliefert –, hat dies in seinen autobiografischen ›Denkwürdigkeiten‹ bezeugt. Man sei versessen auf Bücher gewesen und habe alles durcheinander gelesen, Gutes wie Schlechtes. Das Taschengeld habe man bei Antiquaren und auf Bücherauktionen gelassen. Was sie sich nicht leisten können, schreiben sie ab. So legen sie eine große Sammlung mit Gedichten von Matthison, Tiedge, Stolberg und anderen an. Abschreiben ist genaueres Lesen. In Archiven und Bibliotheken, auf der Suche nach denkwürdigen Handschriften, sind Jacob und Wilhelm Grimm dieser Methode zeitlebens treu geblieben.

Die gereimten Neujahrsglückwünsche, die Jacob wie Wilhelm der Mutter nach Steinau schicken, können als Reflex der poetischen Lektüren gelten. Besonders originell sind sie jedoch nicht.

Gegen Ende der Schulzeit erkrankt Wilhelm Grimm an Scharlach. Beschwerden bleiben zurück, Atemnot und Schmerzen in der Brust. Als sich sein Zustand nochmals drastisch verschlimmert, wird Asthma diagnostiziert. Wilhelm Grimm darf für ein halbes Jahr sein Zimmer nicht verlassen. Gegen den Rat des Rektors geht er dennoch, kaum dass er einigermaßen wiederhergestellt ist, von der Schule ab und folgt dem Bruder im Frühjahr 1803 nach Marburg, wo dieser bereits seit einem Jahr studiert.

> Im Ganzen hatte man uns doch zu viel aufgelastet; ein paar Freistunden hätten uns wohl getan, wir hatten aber mit wenigen Leuten Umgang und verwendeten beinahe alle Muße, die uns noch von der Schularbeit übrig blieb, auf Zeichnen, worin wir es auch ohne Lehrer ziemlich weit brachten, ja diese Fortschritte sind es, die hernach unsern jüngern Bruder Ludwig Emil ansteckten, der sich seitdem sowohl durch radierte Blätter als durch Ölmalerei rühmlich hervorgetan hat.
>
> *Jacob Grimm, ›Selbstbiographie‹*

Die Studienzeit

Marburg hatte Anfang des 19. Jahrhunderts etwa 200 Studenten. Jacob Grimm studiert Jura, weil das die Mutter wünscht und er sich den Plänen des Vaters verpflichtet fühlt, der ihm bereits in seiner Kindheit Paragraphen eingeprägt und Fälle aus seiner eigenen Praxis zum späteren Gebrauch aufgeschrieben hat. Zudem verspricht dieses Studium eine baldige Anstellung.

Von Anfang des Studiums an läuft aber ein lebhafteres Interesse mit. Als Wilhelm Grimm mit dem Freund Paul Wigand zu Ostern 1803 nachkommt und sich im gleichen Fach immatrikuliert, staunen beide Neulinge, wie sehr das literarische Interesse und Urteil Jacobs zwischenzeitlich gereift ist. Durch persönlich vermittelte Anregungen und die Lektüre von Literaturzeitungen ist sein Interesse auf Tieck, Goethe, Schiller und die Brüder Schlegel gelenkt worden, deren Zeitschriften ›Athenäum‹ und ›Europa‹ er genau studiert. Manche briefliche Anmerkung deutet darauf hin, dass ihn an solcher Lektüre bereits besonders das Mittelalter anzieht, das die Romantiker in diesen Jahren für sich entdecken und emphatisch heraufbeschwören. Einmal fasziniert, lässt Jacob Grimm sich ungern ablenken. Spaziergänge soll er mit der Begründung abgelehnt haben, er gehe in der Literatur spazieren. Im Übrigen kann auch Wilhelm Grimm, der natürlich wieder beim Bruder wohnt, wegen seiner anhaltenden Brustbeschwerden nicht ausgiebig und nur langsam spazieren ge-

Die **Marburger Universität** war 1527 in den Jahren der Reformation gegründet worden. Weit davon entfernt, allen geeigneten jungen Männern – von den Frauen gar nicht zu reden – eine wissenschaftliche Ausbildung zu eröffnen, dienten die Universitäten den Landesherren zu dem beschränkten Zweck, den zur Verwaltung und Förderung des eigenen überschaubaren Territoriums notwendigen Nachwuchs auszubilden.

7 Das Marburger Schloss

hen, meist auf den Arm Paul Wigands gestützt. Bei aller Einschränkung durch die Krankheit führt er dennoch, seinem Charakter entsprechend, ein geselligeres Studentenleben als Jacob Grimm. Vor allem aber macht er sich die neuen literarischen Interessen des Bruders ganz zu Eigen.

Die wichtigste Begegnung während ihrer Studienzeit ist die mit Friedrich Carl von Savigny. Savigny, nur sechs Jahre älter als Jacob Grimm, stammt wie die Brüder Grimm aus dem Hanauer Land. Ähnlich wie sie hat er früh seine Eltern verloren. Jedoch bietet ihm seine Herkunft aus einer begüterten reformierten, religionsflüchtigen lothringischen Adelsfamilie, deren Mitglieder traditionell hohe öffentliche Ämter bekleiden, alle Entwicklungsmöglichkeiten. Früh ist er in

Was kann ich aber von Savignys Vorlesungen anders sagen, als dass sie mich aufs Gewaltigste ergriffen und auf mein ganzes Leben und Studieren entschiedensten Einfluss erlangten?

Jacob Grimm, ›Selbstbiographie‹, 1830

Kontakt mit führenden Persönlichkeiten der Zeit. Mit zwanzig Jahren promoviert er, erwirbt damit die Lehrbefugnis und entscheidet sich für die Wissenschaft. Das ist nach damaligen Maßstäben nicht die glänzendste der ihm offen stehenden Laufbahnen. Er lehrt ab 1800 in Marburg, zunächst als Privatdozent, von 1803 an, mit dem Erscheinen seines ersten Hauptwerkes ›Das Recht des Besitzes‹, als außerordentlicher Professor der Rechtswissenschaften.

Savigny gilt als Begründer der historischen Rechtsschule. Die dieser Richtung zugrunde liegende Idee, dass Rechtstraditionen keine zeitlos geltende Autorität zukomme, sondern dass sie erst aus den Voraussetzungen ihrer Entstehung und weiteren Entwicklung, also geschichtlich recht beurteilt werden könnten, war damals relativ neu. Für die Dichtung hatte Herder eine Generation früher diese Einsicht entwickelt, dass jedes Ding seine Zeit und seinen Wert hat und dass die vermeintlich für alle Zeiten geltenden Gesetze der Poesie selbst geschichtlich und damit relativ sind. In Göttingen gab es eine rechtswissenschaftliche Schule, die Ähnliches propagierte. Gustav Hugo wandte dort die historische Methode, wie später Savigny, auf das römische Recht an, das – in seiner Adaption durch die italienische Rechtswissenschaft – seit Ausgang des Mittelalters in Deutschland das altdeutsche Gewohnheitsrecht abgelöst hatte. Savigny hatte ein Semester in Göttingen studiert und sich dort anregen lassen. Seine histori-

> Er [Savigny] ist der einzige Mann, den ich in dem Grad verehre, mein Zutrauen zu ihm ist grenzenlos. Ich würde ohne Bedenken mein ganzes Leben in seine Hände legen. […] Wie vieles vereinigt sich in ihm, diese Ruhe, dieses ewig heitere Gemüt, das ist bei vielen erst das Resultat eines langen, mühevollen Lebens. Dann sein Geist und sein gutmütiges Wesen! In der Tat, wenn ein anderer diese Gelehrsamkeit und diesen Scharfsinn besäße, ich würde mich darüber ärgern, dass es möglich wäre. Denn, wenn ich zu allem andern, was mir begegnet ist, Kraft in mir fühle, einmal ebendas zu werden, so muss ich hier die Unmöglichkeit gestehen. Sein Muster muntert auf, es macht auch mutlos, weil man es nicht erreichen kann.
>
> *Wilhelm Grimm am 21. Februar 1805 an den Schul- und Studienfreund Ernst Otto von der Malsburg*

sche Methode wollte aber nicht, wie die der Göttinger, nur auf die Verbesserung und Anpassung der aktuellen Rechtspraxis hinaus, sondern interessierte sich umfassender für die Geschichte des Rechts.

Während Jacob und Wilhelm Grimm bei Bering, Erxleben, Robert, Bauer und Weiß ohne Begeisterung und zuletzt teils sogar mit Spott – Wilhelm schreibt Anfang 1805 dem Schulfreund Otto von der Malsburg, er könne den Erxleben nicht mehr ansehen, ohne zu lachen – die üblichen Vorlesungen absolvieren, um ein mit Kommentaren überwuchertes Recht anwenden zu lernen, begeistern sie sich für Savigny. Schon sein Unterricht unterscheidet sich grundlegend von dem seiner älteren Kollegen. Diese verlesen ihre ausgearbeiteten Kollegien, während Savigny frei spricht, nur ab und zu auf ein einzelnes Blatt mit Notizen blickt und die Zuhörer durch Fragen einbezieht. Komplexere Fragen lässt er schriftlich ausarbeiten und ermutigt auch sonst, nicht nur aufzunehmen, sondern selbst zu forschen. Welcher Ansporn zu weiterer Leistung, zumindest in den Augen von Jacob und Wilhelm Grimm, von diesem Unterrichtsstil ausging, bezeugt Jacob noch fast ein halbes Jahrhundert später in seiner Ansprache anlässlich des 50. Doktorjubiläums von Savigny.

Um seine Hausarbeiten abzugeben, sucht Jacob Grimm Savigny bei sich zu Hause auf. Mit der Zeit entwickelt sich ein persönliches Verhältnis. Hingerissen ist Jacob, als er in Savignys Bibliothek ein Exemplar der ›Sammlung von Minneliedern aus dem schwäbischen Zeitpunkte‹ entdeckt, die der Züricher Professor Johann Jakob Bodmer 45 Jahre zuvor nach der Heidelberger Manessischen Liederhandschrift herausgegeben hat. Die hier enthaltenen Gedichte hat Jacob kurz zu-

Dieses lehrenden Mannes freundliche Zurede, handbietende Hilfe, feinen Anstand, heiteren Scherz, freie, ungehinderte Persönlichkeit kann ich nie vergessen. Wie stand er vor uns auf dem Katheder, wie hingen wir an seinen Worten! Meine erste eingelieferte schriftliche Arbeit hatte einen Fall der Collation bei der Intestarerbfolge zu behandeln. Wollen Sie wissen, wie die Worte lauteten, mit denen Sie mich beurteilten? Ich kann sie auswendig: ›Nicht nur vollkommen richtig entschieden, sondern auch

vor durch Ludwig Tiecks erneuerte Fassung von ›Minneliedern aus dem Schwäbischen Zeitalter‹ (1803) kennen gelernt und kann sie nun im mittelhochdeutschen Wortlaut nachlesen. Tiecks Vorrede zu seiner Ausgabe mit der dort ausgedrückten Idee, dass die Dichtungsgeschichte unmittelbar die geistige Geschichte eines Volkes spiegele, hat die Brüder nachhaltig beeindruckt. Unter dem Eindruck dieser Idee fassen sie mit der Zeit den Entschluss, altdeutsche Denkmäler, wie es damals heißt, zu sammeln, um auf ihrer Grundlage einmal eine Geschichte der Poesie des deutschen Volkes zu schreiben.

8 Friedrich Carl von Savigny. Bleistift- und Kreidezeichnung von Ludwig Emil Grimm (Landshut, 31. 12. 1809)

Durch Savigny lernen die Brüder 1804 auch Clemens Brentano kennen, dessen Schwester Kunigunde (»Gunda«) Savigny im Frühjahr 1804 heiratet. Fast den ganzen Sommer 1804 verbringen Kunigundes Schwestern Bettine und Meline bei Savignys in Marburg. Ende August kommt Brentano mit seiner Frau Sophie Mereau und mietet sich in der Reitgasse ein. Auch hier sind Jacob und Wilhelm Grimm bald regelmäßig zu Gast.

Im selben Sommer 1804 lässt sich Savigny von der Universität beurlauben und geht mit seiner Frau und seiner Schwä-

sehr gut dargestellt.‹ So günstig hat mich nachher kein anderer Rezensent loben mögen. Wenn ich frischen Atem bei Ihnen geschöpft und mich, ich wusste kaum wie, aus den Schranken gehoben fühlte, in denen meine ganze Art vorhin befangen war, schritt ich, frohgemut über Stock und Stein springend, die Stufen hinab nach Hause in mein Stübchen. Damals lag meine Seele offen vor Ihnen. Ich hätte Ihnen alles vertrauen können.

Jacob Grimm, ›Das Wort des Besitzes‹, Oktober 1850

Denn es gibt doch nur eine Poesie, die in sich selbst von den frühesten Zeiten bis in die fernste Zukunft, mit den Werken, die wir besitzen, und mit den verlornen, [...] nur ein unzertrennliches Ganze ausmacht. Sie ist nichts weiter, als das menschliche Gemüt selbst in allen seinen Tiefen [...]. So erklärt und ergänzt die alte Zeit die neue, und umgekehrt.

Ludwig Tieck, aus der Vorrede zu ›Minnelieder aus dem schwäbischen Zeitalter‹

gerin Meline nach Paris, um dort in der Nationalbibliothek Quellenstudien für seine weit ausgreifende ›Geschichte des Römischen Rechts im Mittelalter‹ zu betreiben. Kurz nach dem Jahreswechsel 1804/05 übermittelt Savignys Marburger Kollege Philipp Friedrich Weisz Jacob Grimm den Wunsch Savignys, er möge unverzüglich nach Paris kommen, um ihm bei seinen Recherchen zu helfen. Obwohl durch das Angebot Savignys der lang gehegte Plan, dass die Mutter nach Kassel ziehe, wieder in weitere Ferne zu rücken droht, bittet Jacob Grimm Mutter und Tante in dringlichen Briefen um die Erlaubnis für den Pariser Aufenthalt, den er als große Chance begreift. Schon vier Tage später, in der Nacht vom 27. zum 28. Januar, reist der gerade zwanzigjährige Jacob Grimm nach Paris ab.

Zehn Tage später kommt Jacob dort an und wird, wie er der Tante und der Mutter nach wenigen Tagen versichert, bei den Savignys sehr herzlich aufgenommen. Alle Tage außer Sonntag, schreibt er Anfang März an den Bruder, arbeite er zwischen zehn und zwei Uhr in der Bibliothek. Deren Be-

Guter Jacob, ich fange hiermit an, dir das Wichtigste von jeder Woche zu erzählen, und wenn es auch nicht wichtig ist, so willst du es doch gerne lesen, hast du gesagt. – Von den ersten Tagen weiß ich dir nichts zu sagen, als dass ich sehr traurig war, und noch jetzt bin ich wehmütig und möchte weinen, wenn ich daran denke, dass du fort bist. Wie du weggingst, da glaubte ich, es würde mein Herz zerreißen, ich konnte es nicht ausstehen, gewiss du weißt nicht, wie lieb ich dich habe. Wenn ich abends allein war, meinte ich, müsstest du aus jeder Ecke hervorkommen.

Wilhelm Grimm am 2. Februar 1805 aus Kassel an Jacob Grimm

stände seien der Anzahl der Bände nach denen der Göttinger Bibliothek – zu dieser Zeit die beste in Deutschland – vergleichbar. In Plan, Einrichtung und Ordnung übertreffe sie jene aber bei weitem. Er vergleiche hier Manuskripte und exzerpiere Schriften und Handschriften der Glossatoren. All das werde dann zu Haus mit Savigny bearbeitet.

Umfangreiche Briefe gehen in den Monaten bis zu Jacob Grimms Rückkehr im September zwischen den Brüdern hin und her. Von der Arbeit für Savigny ist darin nach den ersten Erläuterungen nicht mehr viel die Rede. Hauptthema ist, was sie schon in den Studienjahren zuvor am meisten angezogen hat: sich über die neuste Literatur zu orientieren und die eigene Büchersammlung zu erweitern. Daneben berichtet Jacob über Paris, aber mehr pflichtgemäß und ohne Sympathie. Offenbar hat Wilhelm Grimm die Idee gehabt, Jacob möge für die ›Zeitung für die elegante Welt‹, aus der sie sich über literarische Neuigkeiten auf dem Laufenden halten, kleine Berichte aus Paris schreiben. Nachdem er sich in Paris umgesehen hat, lässt Jacob Grimm diese Idee fallen. Woher solle er das Porto für die dicken Briefe nehmen? Über Gemälde und Statuen sei schon genug Vortreffliches und Schlechtes gesagt worden, Hofsachen höre er nicht, Modesachen verstehe er nicht, Anekdoten müsse er selbst aus der Zeitung nehmen, ins Theater komme er zu wenig hinein. Ein neugieriger Tourist ist Jacob Grimm nicht.

Dafür möchte er genau darüber informiert sein, was zu Hause passiert. Paul Wigand zieht bei Wilhelm Grimm ein, und dieser sagt gleich voraus, dass das nicht gut gehen wer-

Über das französische Theater kann Jacob Grimm nicht viel Gutes vermelden:

Ins Theater hat mich Savigny schon einigemal mitgenommen [...]. Es dauert von 7–11 oder 12 Uhr; jedesmal werden drei Stücke gegeben und dabei zwischen den Akten gar nicht gewartet [...]. Die Komödien sind sehr platt, die Tragödien gefallen mir noch weniger, ich habe stets lachen müssen. Die von Corneille und Racine sind unstreitig die besten, aber doch, von den sehr polierten, oft wohlklingenden Versen abgesehn, äußerst langweilig.

Jacob Grimm am 1. März 1805 aus Paris an Wilhelm Grimm

de, was dann auch eintrifft. Den vorübergehend freien Platz in der Wohngemeinschaft der Brüder kann kein anderer einnehmen. Wilhelm bereitet den Umzug der Mutter nach Kassel vor und sorgt sich um ihre Gesundheit. Im März verkauft die Mutter das Haus in Steinau.

Im April gibt es aufregende Neuigkeiten: Die Kurfürstin – 1803 ist Deutschland mit dem Reichsdeputationshauptschluss von Regensburg territorial neu organisiert worden; Hessen-Kassel ist einer der Gewinner und seitdem Kurfürstentum – hat der Tante gesagt, sie habe viel mit dem Kurfürsten über ihre Neveus gesprochen und nun habe dieser ihr mitgeteilt, er habe einen Brief des jungen Grimm in Paris gelesen, der sehr schön geschrieben sei, und anschließend noch Weiteres zum Lob beider Brüder hinzugefügt. Die Kurfürstin habe darauf geantwortet, sie hoffe, er werde sie platzieren und er habe entgegnet, er werde zwei so geschickte Leute nicht weglassen. Der Kurfürst hat den Brief sogar gleich zweimal gelesen und auch den drei Ministern zu lesen gegeben. Die Tante versucht sogleich, die Gunst der Stunde zu nutzen und ihren Neffen zwei Stellen als Assessor bei der Regierung und als Sekretär beim Oberappellationsgericht zu sichern, was der Kurfürst gnädig in Aussicht stellt. Jacobs Erwartung, dass der Pariser Forschungsaufenthalt ihm auch beruflich mehr nützen werde als das beste Marburger Examen, scheint sich zu erfüllen.

Doch die Gedanken der Brüder kreisen zumeist um andere Dinge: Wie weit das Büchergeld reicht, welche neuen Bücher zu kaufen sind – in diesen Monaten etwa weitere Bände aus Goethes Werken und der Heinrich von Ofterdingen –, in welchem Zustand sie ankommen, wie und auf was für Pa-

Was mich am meisten in deinem Brief gefreut, das sind die Goethischen Sachen. […] Freilich wäre es gut, ja nötig, dass wir auch die übrigen Winckelmannischen Briefe u. a. S. bekämen. […] Man muss sich dabei auf Auktionen verlassen. Ich denke, wenn wir auf diese Art fortfahren (denn dass es auf einen Plan ankommt, ist gewiss wahr und Savigny hat es schon längst gesagt), so werden wir einmal hübsche Werke sammeln, es versteht sich, dass wir in Zukunft etwas mehr dranwenden können und immer zu-

pier sie gedruckt sind, wie sie eingebunden werden sollen. Malsburg, der im Frühjahr Paris verlässt, will Wilhelm Grimm mit Corneilles Werken überraschen, was Jacob diesem gleich mitteilt, er soll es sich aber dann nicht anmerken lassen. Wenig später weist Jacob Wilhelm an, die Ausgabe, die Malsburg mitbringen wird, Herrn Stöhr zu geben – für ihn, den Französischlehrer der Schulzeit, suchen sie ein Buchgeschenk –, denn er, Jacob, kann eine andere Ausgabe kaufen, die noch schöner und günstiger ist. Zudem hat Malsburg den ersten Band des Corneille verliehen, wobei dieser nicht geschont worden sei. Den würden sie dann los. Herrn Stöhr soll Wilhelm sagen, das müsse auf der Reise passiert sein.

Jacob verfolgt die Laufbahn der beiden Schlegels und hält Kontakt mit Brentano, der mittlerweile nach Heidelberg gegangen ist (»Meine Neuigkeiten aus Deutschland kommen fast alle aus Heidelberg«). Im Mai wird Brentano Vater einer Tochter, die nicht lange lebt. Zuvor schon hat Savignys Frau in Paris ihr erstes Kind, Bettine, bekommen.

Wilhelm berichtet über Lektüre – Jean Paul, Goethe, Winckelmann – und vom Tod Schillers und erkundigt sich, ob Jacob nicht in Paris unter den Manuskripten nach alten deutschen Gedichten und Poesien suchen könnte. Vielleicht fände er etwas, das merkwürdig und unbekannt sei. Dieser Anstoß wirkt lang, im Grunde ein ganzes gemeinsames Leben. Viele Jahre lang unternimmt keiner der Brüder eine Reise, die nicht auch diesem Zweck dienstbar gemacht wird. Wo immer eine Bibliothek alte Handschriften oder Drucke verwahrt, die Grimms, sind sie in der Nähe, suchen sie auf und fahnden nach interessanten Texten. Schon jetzt, während des Pariser Aufenthalts von Jacob Grimm, verfolgen sie nicht nur

---

sammen vereinigt – denn, lieber Wilhelm, wir wollen uns einmal nie trennen, und gesetzt, man wollte einen anderswohin tun, so müsste der andere gleich aufsagen. Wir sind nun diese Gemeinschaft so gewohnt, dass mich schon das Vereinzeln zu Tode betrüben könnte. – Doch damit das nicht zu rührend wird, will ich dir nur sagen, dass wir uns rasch um Auktionskataloge bemühen wollen, denn ohne das ist es unmöglich, mit Wenigem etwas zu leisten. *Jacob Grimm am 12. Juli 1805 aus Paris an Wilhelm Grimm*

die Entwicklung der neuesten Literatur, sondern beobachten bereits genau, wer wo alte Texte aus welchen Quellen erscheinen lässt. Denn die Grimms sind nicht die Ersten, die sich an diese Aufgabe machen. Die Neuentdeckung der alten Literatur steckt jedoch, vor allem auch was die philologischen Standards der Editionen angeht, noch in den Kinderschuhen. Dass die Grimms bei Savigny schon viel darüber gelernt haben, wie man mit alten Quellen umgeht, kommt ihnen in der Folgezeit zugute.

Jacob Grimm fürchtet, dass er nach seiner Rückkehr für solche Arbeiten keine Muße haben wird. Er wird eine Stelle annehmen müssen, um für die Familie, die Mutter und die fünf jüngeren Geschwister, zu sorgen. Dass der kränkliche Wilhelm in naher Zukunft einer regelmäßigen Arbeit nachgehen kann, ist unwahrscheinlich. Jacob Grimm sucht nach einem Ausweg, Pflicht und Neigung zu verbinden, und stellt Mitte Juli in einem Brief aus Paris an die Tante Zimmer seinen Konflikt dar. Praktische Geschäfte reizen ihn nicht. Am ehesten kann er sich vorstellen, Professor zu werden, was aber auch nicht ganz das Richtige wäre, zumal er dann in Marburg säße, zu weit weg von der Familie in Kassel. So wünscht er sich nichts mehr als einen Dienst zu haben, der ihm nicht den ganzen Tag wegnimmt, sondern Zeit lässt, seine Lieblingsstudien fortzusetzen, ohne die er ziemlich unglücklich wäre.

Im September reist Jacob Grimm mit Savignys aus Paris ab und trifft Mitte Oktober in Marburg mit dem Bruder zusammen. Gemeinsam reisen die Brüder nach Kassel weiter, wo sie nun wieder mit den jüngeren Geschwistern bei der Mutter wohnen werden. Ferdinand und Ludwig Emil besuchen dort

Sonst, lieber Jacob, was du schreibst von Zusammenbleiben, ist alles recht schön und hat mich gerührt. Das ist immer mein Wunsch gewesen, denn ich fühle, dass mich niemand so lieb hat als du, und ich liebe dich gewiss ebenso herzlich.

Wilhelm Grimm am 10. August 1805 aus Kassel an Jacob Grimm

das Gymnasium. Carl soll bei dem Bankier Karl Jordis in die Lehre gehen, dessen Frau Lulu eine weitere Schwester von Clemens Brentano ist. Die Bekanntschaft der älteren Brüder mit Brentano wird als Empfehlung gedient haben. Jacob und Wilhelm Grimm werden zu den Gesellschaften im Hause Jordis hinzugezogen. Besonders Jacob stört sich allerdings an dem dort zur Schau gestellten gesellschaftlichen Ehrgeiz.

Ungeachtet der vagen Versprechungen des Kurfürsten bleibt Jacob Grimms berufliche Zukunft in den ersten Monaten nach seiner Rückkehr offen. Für Savigny erledigt er in der Kasseler Bibliothek einige Forschungsanfragen, mit Wilhelm sammelt und arbeitet er weiter zur eigenen Freude. Nie im Leben, heißt es in einem Brief an Savigny am 17. Januar 1806, habe er so still und eingezogen gelebt, und so ganz ohne fremde Menschen, die Bibliothek sei sein einziger Ausgang. Doch in einer Nachschrift zum selben Brief teilt er mit, »soeben habe ich ein gnädigstes Reskript erhalten, wodurch ich den Access des Sekretariats beim Kriegskolleg erlange. Und dies wenige hat viel Mühe und Ärgernis gekotet.« Eine Woche später tritt er die Stelle an und seufzt im nächsten Brief an Savigny, »Gott gebe, dass ich mich immer mehr darein schicke.«

9 Die Marktgasse in Kassel. Im zweiten Stock des Fachwerkhauses wohnten die Grimms zwischen 1805 und 1814. Aquarell von Berta Martin

Interessant ist die Tätigkeit Jacob Grimms beim Kriegskolleg vorläufig nicht. Beispielsweise hat er die Vergütungen zu berechnen, die den Beamten und Angestellten des Kollegs für ihre erledigten Aufträge zustehen. In seiner Selbstbiografie schreibt er, die viele und geistlose Arbeit habe ihm nicht schmecken wollen, zumal im Vergleich mit der, die er kurz zuvor in Paris verrichtet habe. Zudem steckt er nun, der an die neumodische Pariser Kleidung gewöhnt ist, in steifer Uniform mit Puder und Zopf. Auch ist die Stelle mit 100 Reichstalern im Jahr dürftig bezahlt. Jacob Grimm versucht sich zu arrangieren. Im Mai legt Wilhelm Grimm im Alter von zwanzig Jahren in Marburg das juristische Examen ab. Ein erster Termin wird aus gesundheitlichen Gründen um acht Tage verschoben, dann aber geht alles glatt und Wilhelm Grimm wird bescheinigt, mit Ausnahme des Staatsrechts aus allen Teilen zur Zufriedenheit der Fakultät geantwortet zu haben. Dass er sich nun nach einer Stelle umsieht, lässt seine Gesundheit indes weiterhin nicht zu. Alle ihre Mußestunden wenden die Brüder in dieser Zeit auf das Studium der Literatur und Dichtkunst des Mittelalters. So vergeht ein knappes Jahr. Dann rücken die Franzosen in Kassel ein.

Im Königreich Westfalen

Als Napoleon im Sommer 1806 den Rheinbund gründet, der deutsche Kaiser Franz II. kurz darauf die Reichskrone niederlegt und auf Druck Napoleons das Ende des Deutschen Reiches verkündet, scheint Deutschland, wie Thomas Nipperdey formuliert hat, »zum geographischen Begriff herabzusinken«. Gerade dieses politische Ende des alten Reiches aber hat es Nipperdey zufolge aus der Wirklichkeit in die Welt von Traum und Symbol versetzt, und dieser Traum vom Reich habe seither in der Geschichte der Deutschen eine ungeheure Dynamik entfaltet (›Deutsche Geschichte 1800–1866‹). Die Brüder Grimm haben diesen Traum mitgeträumt und hatten auf ihrem Feld auch Anteil an seiner Verwirklichung.

Nach gut zehnjähriger Neutralität tritt Preußen 1806 wieder in den europäischen Krieg ein und wird Mitte Oktober, schlecht vorbereitet, nur fünf Tage nach der Kriegserklärung in der Doppelschlacht von Jena und Auerstedt vernichtend geschlagen. Der Kurfürst von Hessen-Kassel, Wilhelm I., der sich ebenfalls jahrelang aus allem herausgehalten hat und sich dafür mit Gebietserweiterungen belohnen ließ, hat auch in diesem Konflikt seine strikte Neutralität erklärt. Das hilft ihm nun nicht mehr. Am 1. November besetzen die Franzosen Kassel. Der Kurfürst flieht.

Jener Tag des Zusammenbruchs aller bisherigen Verhältnisse wird mir immer vor Augen stehen. Ich hatte am letzten Oktober abends die französischen Wachfeuer in der Ferne mit einiger Bangigkeit gesehen, aber dass Hessen unter fremde Herrschaft geraten sollte, konnte ich nicht eher glauben, als bis ich am andern Morgen die französischen Regimenter bei dem alten, jetzt niedergerissenen Schlosse in vollem militärischen Glanze einziehen sah. Bald änderte sich alles von Grund aus: fremde Menschen, fremde Sitten, auf der Straße und den Spaziergängen eine fremde, laut geredete Sprache. *Wilhelm Grimm, ›Selbstbiographie‹*

Hessen verschwindet von der Landkarte und wird als Königreich Westfalen – dem große eben noch zu Preußen gehörige Gebiete zugeschlagen werden – neu erfunden. Der jüngste Bruder Napoleons, Jérôme, wird König. Kassel bleibt Residenz.

Die Abteilung des Kriegskollegs, in der Jacob Grimm arbeitet, wird zwar nun nicht mehr gebraucht, jedoch ohne Verzug in eine Truppenverpflegungskommission für das ganze Land umgewandelt, die Tag und Nacht Sitzungen hat. Weil Jacob besser Französisch spricht als die anderen Mitglieder der Kommission, lastet ein großer Teil der lästigen Geschäfte auf seinen Schultern, und ein halbes Jahr lang hat er weder am Tag noch abends Ruhe. Schon bald steht sein Entschluss fest, so bald als möglich den Dienst zu quittieren.

Anfang März 1807 teilt Jacob Grimm Savigny mit, dem die Brüder in diesen Jahren ihre Nöte anvertrauen und Pläne vorlegen, dass er entschlossen sei, sich zukünftig ganz dem Studium der Geschichte der Poesie und Literatur zu widmen. Seine ausführliche Begründung zeigt, wie sehr er zumindest gegenüber dem verehrten Lehrer einen Schritt rechtfertigen zu müssen glaubt, über dessen Richtigkeit er sich nicht mehr beirren lassen wird. Savigny antwortet erst Ende Juli aus Wien, wo er seit dem Winter seine Quellenforschungen für die römische Rechtsgeschichte fortsetzt. Er ist nicht einverstanden, weil er befürchtet, dass Jacob Grimm sich nun noch mehr von den Menschen zurückziehen werde. Jacob Grimm

> Es war uns, aller Verheißungen ungeachtet, nie gelungen, die geringste Unterstützung zu erlangen, obgleich die Mutter Witwe eines Amtmanns war und fünf Söhne für den Staat großzog; die fettesten Stipendien wurden daneben an meinen Schulkameraden von der Malsburg ausgeteilt, der zu dem vornehmen hessischen Adel gehörte und einmal der reichste Grundbesitzer des Landes werden sollte. Doch hat es mich nie geschmerzt; vielmehr habe ich oft hernach das Glück und auch die Freiheit mäßiger Vermögensumstände empfunden. Dürftigkeit spornt zu Fleiß und Arbeit an, bewahrt vor mancher Zerstreuung und flößt einen nicht unedlen Stolz ein, den das Bewusstsein des Selbstverdienstes, gegenüber dem, was andern Stand und Reichtum gewähren, aufrecht erhält. *Jacob Grimm, ›Selbstbiographie‹*

räumt ein, verschlossen und eingekehrt zu sein, rückt aber von seinem Entschluss nicht ab. Er wolle vom Kriegskolleg wegzukommen und eine Anstellung entweder bei der Bibliothek oder bei der Gesandtschaft in Paris zu erhalten versuchen. Seine Neigung gilt eher der zweiten Möglichkeit.

Um etwas vorzuweisen zu haben, wenn er sich denn doch auf die Bibliotheksstelle bewürbe, hat Jacob Grimm inzwischen an den Münchner Oberbibliothekar Christoph Freiherrn von Aretin, der den ›Neuen literarischen Anzeiger‹ herausgibt, einen kleinen Aufsatz – ›Etwas über Meister- und Minnesang‹ – geschickt. Darin geht es um das Verhältnis von Natur- bzw. Volkspoesie einerseits und Kunstpoesie andererseits. Mit dieser Frage beschäftigen sich in den Jahren nach 1800 zahlreiche Literaturkenner. Im Briefwechsel zwischen Achim von Arnim und den Brüdern Grimm, der etwas später einsetzt, wird dieser Streitfall ausführlich diskutiert. Die Natur- oder Volkspoesie steht Jacob Grimms Auffassung zufolge am Anfang der Geschichte der Poesie eines Volkes und ist nicht Schöpfung einzelner Menschen, sondern direkter Ausfluss des Volksgeistes. So zählt er das Nibelungenlied noch zur Volkspoesie, während er die höfischen Epen, deren Autoren bekannt und in ihrer individuellen Autorschaft auch erkennbar sind, der Kunstpoesie zurechnet. Aus solcher Perspektive betrachtet Jacob Grimm auch Minne- und Meistersang gleichermaßen als Kunstdichtung. Seine besondere Faszination gilt eindeutig der Volks- oder Naturpoesie. Mit dieser Stellungnahme ruft Jacob Grimm gleich prominente Kritiker auf den Plan: Bernhard Joseph Docen, Bibliothekar in München, und die Professoren Friedrich Heinrich von der Hagen und Johann Gustav Büsching. Diese widmen sich seit

Der Historiker **Johann Christoph Freiherr von Aretin** (1772–1824) absolvierte ab 1801 auf Staatskosten ein bibliothekarisches Studium an der Pariser Nationalbibliothek. Nach seiner Rückkehr nach München wurde er Hofbibliothekar und sichtete daneben die Bestände der säkularisierten Klosterbibliotheken. Gegen Ende seines Lebens entstand, in gemeinsamer Autorschaft mit Ch. V. Rotteck, sein Hauptwerk ›Staatsrecht der konstitutionellen Monarchie‹ (2 Bde., 1824/25).

einigen Jahren der Herausgabe und Übersetzung alter Dichtung und Poesie. Dabei fehlt es ihnen sowohl an profunden Sprachkenntnissen – einschlägige Wörterbücher und Grammatiken entstehen erst später – wie auch am Vermögen, verschiedene Überlieferungsschichten und Sprachstufen zu sondern und kenntlich zu machen. Die Brüder Grimm sind ihnen, durch Savignys Beispiel und eigene Studien, in diesen Punkten voraus. Überall herrsche Ungenauigkeit und Unvollständigkeit, beanstandet Jacob Grimm im selben Jahr 1807 in einer Rezension zu Friedrich Adelungs ›Nachrichten von altdeutschen Gedichten, welche aus der Heidelberger Bibliothek in die Vaticanische gekommen sind‹, die der Dresdener Oberbibliothekar im Jahr zuvor hat erscheinen lassen. In der Kontroverse mit Docen, Hagen und Büsching zieht er allerdings, auch wenn beide Parteien aneinander vorbei argumentieren, den Kürzeren, indem die Gegenseite die Unterschiede zwischen Minne- und Meistersang betont. Auch Jacob Grimms Antwort ›Beweis dass der Minnesang Meistersang ist‹, fruchtet nicht viel. Kurz vor Weihnachten 1807 gesteht er Savigny ein, das Ärgerliche an der Kontroverse sei, dass der Streit zu früh komme, »weil ich die Sache aus Mangel an Hilfsmitteln nicht so abtun kann, wie ich vorhatte und in mehrern Jahren gewiss besser können würde.« Tatsächlich meldet sich Jacob Grimm 1811 zu diesem Thema mit seinem ersten Buch, ›Über den altdeutschen Meistergesang‹, noch einmal gründlich zu Wort.

Ende Juli 1807 reist Wilhelm Grimm für kurze Zeit nach Gotha, um die Tante Zimmer bei der Kurfürstin Karoline von Hessen-Kassel zu besuchen, die vor den Franzosen zu ihrer hier verheirateten jüngsten Tochter geflohen ist. Natürlich

---

Der Germanist **Bernhard Joseph Docen** (1782–1828) hatte in Göttingen und Jena studiert, danach in Nürnberg Studien zu Hans Sachs betrieben und wurde daraufhin von Christoph von Aretin an die Staatsbibliothek München geholt. Dort widmete er sich der Erschließung der, durch die Säkularisation noch stark bereicherten, Handschriftenbestände. Er ist Entdecker der ›Titurel‹-Fragmente Wolfram von Eschenbachs, die auch auf Jacob Grimm außergewöhnlichen Eindruck machten.

nutzt er die Zeit auch dazu, die Bestände der Schlossbibliothek zu sichten. Aus Kassel ist unterdessen Bettine Brentano, die den halben Sommer dort verbracht hat und vielfach mit den Grimms zusammen gewesen ist, nach Frankfurt abgereist. Dafür ist Clemens Brentano angekommen – und zwar mit einer jungen schönen Frau, wie Jacob Grimm Anfang August an den Bruder schreibt, die er eben geheiratet habe und welche sehr sanft und gut scheine und wohl besser zu ihm gehören werde als seine vorige.

Brentanos erste Frau Sophie Mereau war Ende Oktober 1806 bei der Totgeburt eines Kindes gestorben. Seine zweite Frau Auguste Bußmann ist eine Nichte des Frankfurter Bankiers Moritz Bethmann und erst siebzehn Jahre alt. Schnell zeigt sich, dass Jacob Grimms erste Einschätzung gründlich verfehlt war. In den kommenden Monaten werden Jacob und Wilhelm Grimm nahe Zeugen einer Ehehölle, die sie zugleich erschreckt und abstößt. Auguste Brentano stilisiert ihre Ehe nach Mustern zeitgenössischer Trivialromane. Ihr zwölf Jahre älterer Ehemann versucht bald, sich aus dem Verhältnis zu befreien, handelt aber selbst launisch, unberechenbar und überzogen, wie Jacob Grimm betroffen und zunehmend verständnislos zur Kenntnis nimmt. Sie seien die Einzigen, an die Clemens sich wende und halte, schreibt er Ende März 1808, auf einem der Höhepunkte des Konfliktes, an Savigny und fügt hinzu, eine solche unglückliche Geschichte, »wovon wir jetzt täglich Zeugen sind, war noch nie in unser Leben gekommen.«

Das alles ist im August 1807, als Clemens Brentano in Kassel eintrifft, aber noch nicht abzusehen. »Diese Ankunft«, versichert Jacob Grimm dem Bruder in Gotha, »wird auf unser Studium großen Einfluss haben.« Clemens habe ihm ge-

Johann Gustav Gottlieb Büsching (1783–1829) hatte wie die Brüder Grimm Jura studiert (in Erlangen und Halle) und trat 1806 in den Staatsdienst ein. Daneben beschäftigte er sich mit den literarischen Zeugnissen des Mittelalters und legte, zusammen mit Friedrich von der Hagen, 1808 eine Ausgabe ›Deutsche[r] Gedichte des Mittelalters‹ und 1812 den ›Grundriss zur Geschichte der deutschen Poesie von den ältesten Zeiten bis ins 16. Jahrhundert‹ vor. Er starb als Professor der Altertumswissenschaften an der Universität Breslau.

sagt, dass er sich hier niederlassen und auch seine Bibliothek kommen lassen wolle, auch den Arnim erwarte er in Kürze hier. Die Bibliothek müsse »nach allem zu urteilen vielleicht einzig in dieser Art sein.« Joseph Görres' Schrift über die Volksbücher (›Die deutschen Volksbücher‹, Heidelberg 1807) sei zumeist aus dieser Bibliothek geschöpft. Sie selbst würden dort »unzähligen Stoff zu allen Arbeiten finden.« Brentano bringt auch Neuigkeiten, etwa über Tiecks jüngste Arbeiten zur deutschen Literaturgeschichte. Tiecks Intuition bewundert Jacob Grimm sehr. Andererseits äußert er bereits hier Vorbehalte gegen Tiecks wie Brentanos Methode, die alte Poesie für das moderne Publikum zu bearbeiten. Das Ursprüngliche werde damit nur weiter zerstört und verdorben.

Noch aber überwiegt die Lust, miteinander zu arbeiten. 1806 ist in Heidelberg der erste Band der Liedersammlung ›Des Knaben Wunderhorn‹ erschienen, den Brentano zusammen mit Achim von Arnim herausgibt. Der künstlich-kunstvolle Volksliedton, den die zumeist aus dem Volk überlieferten Lieder durch die Bearbeitung der beiden Dichter erhalten haben, wird prägend für große Teile der deutschsprachigen Lyrik des 19. Jahrhunderts. Schon Ende März 1806 hatte sich Jacob bereit erklärt, in der Kasseler Bibliothek für Brentano nach alten Liedern zu schauen und diese zu kopieren.

Am ›Wunderhorn‹ werde fleißig gearbeitet, schreibt Wilhelm Grimm im Dezember 1807 an Savigny. »Ich habe im Dänischen einige gute Romanzen gefunden, die deutschen Ursprunges sind und zu dem Nibelungenlied und seinem Zyklus gehören, von denen vielleicht eine Übersetzung ins Wunderhorn kommt.« Aus den sorgfältig gearbeiteten Überset-

Es ist äußerst notwendig, dass du mit mir zusammen und zwar hierher kömmst, um den ewig aufgeschobenen zweiten Teil des Wunderhorns zu rangieren. Ich hoffe, dass du deinen Liederkasten bei dir hast, ich habe einen ganzen Karren voll. Wir können es hier außerordentlich gut und besser noch als damals in Heidelberg. Denn ich habe hier zwei sehr liebe, liebe altdeutsche vertraute Freunde, Grimm genannt, welche ich früher für die alte Poesie interessiert hatte, und die ich nach zwei Jahre langem, fleißigem, sehr konsequentem Studium so gelehrt und so reich an

zungen wird schließlich Wilhelms erste Buchveröffentlichung, die Achim von Arnim und Clemens Brentano zugeeigneten ›Altdänischen Heldenlieder, Balladen und Märchen‹ (1811).

Inzwischen haben die Brüder auf Anregung von Brentano auch begonnen, Märchen und Sagen zu sammeln. Vieles, was die Brüder später groß ausführen, nimmt in diesen Monaten seinen Anfang. Brentano hat den Brüdern geraten, sich nach Märchen nicht nur umzuhören, sondern auch gedruckte Quellen durchzusehen. Seither gehen sie systematisch Romane der Barockzeit und noch frühere Prosa durch, um daraus märchenartige Geschichten herauszuschreiben.

Erst seit jüngster Zeit kann man aufgrund der Forschungen Heinz Röllekes für die meisten Märchen der Brüder Grimm nicht nur sagen, ob sie auf mündliche Quellen oder schriftliche Vorlagen zurückgehen, sondern diese Vorlagen auch eindeutig benennen. Bei der Durchsicht der alten Texte fallen den Brüdern die vielen Stellen auf, in denen Leben, Sitten, Kultur und Kriege aus der jeweiligen Zeit detailliert und lebendig erzählt werden. Sie fassen die Idee, solche Quellen zu sammeln und sie, zu einem Zeitbild arrangiert, herauszugeben. Wilhelm schreibt an Savigny, ihm selbst sei die Idee besonders wegen ihrer Bescheidenheit lieb, denn er ärgere sich über die Gewohnheit anderer, von einem einzigen Punkt aus, der ihnen klar geworden sei, alles andere spekulativ zu erklären.

Die Anthologie kam nicht zustande. Auch ein von Jacob Grimm später geplantes umfangreiches Werk über die Sitten, das dem frühen Plan wohl am ähnlichsten geworden wäre, ist nie ausgearbeitet worden. In seinen großen Sammlungen der ›Deutschen Rechtsaltertümer‹ und der ›Weistümer‹ hat

Notizen, Erfahrungen und den vielseitigsten Ansichten der ganzen romantischen Poesie wiedergefunden habe, dass ich bei ihrer Bescheidenheit über den Schatz, den sie besitzen, erschrocken bin. Sie wissen bei weitem mehr als Tieck von allen den Sachen […]. Sie selbst werden uns alles, was sie besitzen, noch mitteilen, und das ist viel! Du wirst diese trefflichen Menschen, welche ruhig arbeiten, um einst eine tüchtige deutsche poetische Geschichte zu schreiben, sehr lieb gewinnen.

Clemens Brentano am 22. Oktober 1807 an Achim von Arnim

er jedoch später ähnliche Projekte verwirklicht. Ihre Entscheidung, unmittelbar die Quellen sprechen zu lassen, grenzt Jacob Grimm bewusst gegen die Geschichtsschreibung Schillers ab, der es in einem hohen Grade an innerlicher Lebendigkeit fehle. In dieser Hinsicht erscheint ihm die ›Schweizergeschichte‹ von Johannes von Müller weit vorbildlicher.

Im Sommer 1807 hat Jacob Grimm endgültig seinen Dienst quittiert. Seither ist er ohne Anstellung. Savigny hat sich erboten, ihm in München zu einer Stelle an der Bibliothek zu verhelfen. Diese würde er gerne annehmen, wie er Savigny am 19. Dezember mitteilt, der Mutter aber sei er es schuldig, dass er in Kassel bleibe.

Eine Woche zuvor ist endlich der neue König Jérôme in Kassel eingezogen. Kurz darauf, am 14. Dezember, hat sich Jacob Grimm beim Justizminister um einen Posten bei der Kasseler öffentlichen Bibliothek beworben. Die Aussichten sind ungewiss, doch eine andere Anstellung möchte er nicht annehmen. Andere Angebote hat er bereits ausgeschlagen.

Nur zwei Tage später stellt Achim von Arnim Jacob Grimm dem designierten Generaldirektor des Erziehungswesens im Königreich Westfalen vor. Es ist der Historiker Johannes von Müller, dessen ›Schweizergeschichte‹ Jacob be-

10 Clemens Brentano. Gemälde von Emilie Lindner (um 1837)

eindruckt hat. Er verspricht, sich für die Anstellung Jacob Grimms einzusetzen. Das Verfahren zieht sich ein halbes Jahr hin, und schließlich erhält ein anderer die Stelle.

Zu Beginn des neuen Jahres 1808 spitzt sich das Ehedrama zwischen Clemens und Auguste Brentano weiter zu. Im März wird in Frankfurt ein Familienrat unter dem Vorsitz ihres Onkels, Moritz Bethmann, abgehalten, an dem Jacob Grimm und Savigny teilnehmen. Man beschließt, Auguste ab Ostern eine Weile zu Pfarrer Mannel in Allendorf an der Landsburg, einem Bekannten der Brüder Grimm, zu geben. Bis es so weit ist, kommt es zu hässlichen Szenen. Clemens schlage und prügele Auguste jeden Tag, schreibt Jacob Grimm am 15. April an Savigny; sie schimpfe dann wütend und speie ihn an. Nun wolle Clemens sich direkt an den Fürsten wenden und förmlich auf Scheidung klagen, was er ihm auszureden suche. Brentano hat sogar vor, seine Sache im Reichsanzeiger publik zu machen. Die Trennung bringt dann eine Atempause. Brentano geht für eine Weile nach Heidelberg und Jacob und Wilhelm veröffentlichen kleine Beiträge in Brentanos und Arnims ›Zeitung für Einsiedler‹, für die der achtzehnjährige Bruder Ludwig Emil, der auch fürs ›Wunderhorn‹ arbeitet, Illustrationen anfertigt. Mit Brentano wird verabredet, dass »der Luis« auf einige Zeit nach Heidelberg kommen soll.

Durch Johannes von Müller scheint sich für Jacob Grimm im Mai die Aussicht auf eine Anstellung im Hauptarchiv zu eröffnen. Auch daraus wird letztlich nichts.

Am 27. Mai 1808 stirbt nach kurzer Krankheit Dorothea Grimm. Die Brüder hatten schon lange gefürchtet, dass die Mutter nicht alt werden würde. Nichtsdestoweniger kommt ihr Tod überraschend. Die Reaktionen der beiden Ältesten

---

Johannes von Müller, 1752 in Schaffhausen geboren, 1791 geadelt, hatte als Professor in hessischen, Mainzer und österreichischen Diensten gelehrt. Danach war er zwischen 1804 und 1806 als preußischer Historiograf tätig. Seine bis 1489 reichenden ›Geschichten der Schweizerischen Eidgenossenschaft‹ (5 Bände, 1786–1808) waren eine Hauptquelle für Schillers ›Wilhelm Tell‹ und prägten das Bild, das sich das 19. Jahrhundert von der Schweiz machte.

zeigen ihre tiefe Bestürzung. Da die Witwenpension der Mutter wegfällt, wird die finanzielle Situation der Geschwister endgültig prekär. Carl arbeitet weiterhin für Brentanos Schwager Jordis, der inzwischen zum Hofbankier des Königs aufgestiegen ist. Ludwig Emil wird von Brentano, Arnim und Savigny gefördert, während Ferdinand sich vorläufig und noch auf lange Zeit zu keiner bestimmten Tätigkeit entschließen kann. Die Jüngste, die fünfzehnjährige Lotte, führt den Haushalt, wenn auch ohne Begeisterung.

Im Juli 1808 beginnt Jacob Grimm auf Vermittlung Johannes von Müllers in der Privatbibliothek des Königs zu arbeiten, zunächst provisorisch, ab Ende des Monats dann offiziell, mit einem Gehalt von 2000 Franken. Savigny gegenüber glaubt er diesen Schritt rechtfertigen zu müssen, nicht zuletzt, weil er nun im Dienst der Besatzungsmacht steht. Die Trauer um den trostlosen Zustand der engeren und weiteren deutschen Heimat ist ein anhaltendes Thema dieser Jahre. Von der Bibliothek, etwa 12 000 Bände stark, ist wissenschaftlich nichts zu erhoffen. Vorläufig liegen die Bücher noch auf einem Haufen, und bis sie eingestellt werden, vergehen, Jacob Grimms Drängen zum Trotz, Monate.

Manches an der Anstellung ist auch reizvoll. Jacob wird recht gut bezahlt und der Umgang selbst mit uninteressanten Büchern ist ihm lieb. Selten wird er mit Aufträgen behelligt.

Als Privatbibliothekar des Königs versucht Jacob Grimm, philologische Neigung und berufliches Auskommen miteinander zu vereinbaren. Mit Unverständnis beobachtet er dagegen, wie sich Johannes von Müller in seinem Amt als Unterrichtsminister, das er nur aus Idealismus übernommen hat, aufreibt. Seine gründlichen Ausarbeitungen werden von

Es ist mir viel wert für ihn, dass er [Ludwig Emil] so unter die Menschen kommt, er ist noch roh u. unwissend und war zu nichts zu bringen bis vor einigen Jahren, da er sich aufs Zeichnen legte, mit Fleiß u. nicht ohne Talent. Vor seiner Abreise soll er uns alle radieren […]. Vorerst sind drei fertig geworden […]
3. Die einzige Schwester. Ein sonderbar hart steinern Gemüt, das wir mit aller Liebe nicht zwingen können. Brav und rechtschaffen, aber ich fürchte leer, der Mutter im Äußern und sonst ähn-

den Franzosen zumeist gar nicht erst gelesen, alle Initiativen werden verschleppt, viel Zeit geht durch fruchtlose Visiten verloren. Müllers wissenschaftliche Arbeiten, die restlichen Bände der ›Schweizergeschichte‹, kommen unter solchen Belastungen nicht mehr recht vom Fleck. Als er im Sommer des folgenden Jahres 1809 stirbt und sein Nachfolger Jacob Grimm zum Generalsekretär im Erziehungswesen machen möchte, schlägt der das finanziell attraktive Angebot aus. Später wird er Savignys Aufstieg zum preußischen Minister mit derselben Skepsis begleiten.

Im Sommer 1808 ist Clemens Brentano wieder für einige Tage in Kassel, zeigt sich gut aufgelegt und schimpft viel über Heidelberg. Ende August begleitet Wilhelm Grimm ihn nach Allendorf. Dort beobachtet er, wie wenig sich das Verhältnis der Eheleute Brentano gebessert hat. Clemens habe Auguste aus Heidelberg die zärtlichsten, völlig ernsthaft gemeinten Liebesbriefe geschrieben, verachte sie nun aber wieder von Herzen. Nach kurzer Zeit reisen Clemens und Auguste, zusammen mit Savignys, weiter nach Landshut, wo Savigny eine Professur angenommen hat. Ludwig Emil Grimm soll etwas später aus Heidelberg dorthin nachkommen. Brentanos und Arnims ›Zeitung für Einsiedler‹ ist zwischenzeitlich eingestellt worden.

lich, aber lange nicht so gut wie die Mutter. Die Mutter ist viel frömmer und weiblicher erzogen worden.
Das Beste ist, dass wir alle sehr aneinander hängen.

Jacob Grimm im Mai 1808 an Friedrich Carl von Savigny

11 Die Schwester Lotte Grimm im Alter von 15 Jahren. Bleistiftzeichnung von Ludwig Emil Grimm (April 1808)

Wenig später wird beschlossen, dass Ludwig Emil nach München zum Maler und Kupferstecher Karl Adolf Heß in die Lehre gehen soll. Savigny, Clemens und Bettine Brentano sowie Jacob Grimm teilen sich die Kosten der Ausbildung. In Landshut sorgt im Winter Auguste Brentano mit einem vorgetäuschten Selbstmordversuch für Aufsehen. Den achtzehnjährigen, ihr gleichaltrigen Ludwig Emil bestürmt sie mit Briefen, er solle ein Porträt von Clemens für sie machen, dann sucht sie ihn in München auf, bestellt das Porträt wieder ab und drängt ihm Geld und Schmuck auf, woraufhin er die Flucht ergreift. Im Frühjahr 1809 wird Auguste erneut dem Pfarrer Mannel in Obhut gegeben.

Jacob Grimms Tätigkeit wird im Herbst 1808 immer mehr zum Hofdienst. Ohne wirklich etwas zu tun zu haben, muss er täglich einige Stunden im Kabinett zubringen. Das gute Gehalt und die Möglichkeit, nebenher noch viel für sich zu arbeiten, entschädigen jedoch für die verlorene Zeit. Schon nach wenigen Monaten erhält Jacob eine Gehaltserhöhung und verdient nun 3000 Franken. Wieder einige Zeit später, im Februar 1809, teilt ihm der König selbst mit, dass er ihn zum »auditeur au conseil d'Etat« ernannt habe, was eine besondere Auszeichnung ist. 1803 hatte Napoleon, noch als Erster Konsul, dieses Amt eingeführt, das qualifizierte junge Männer durch regelmäßige Teilnahme an den Sitzungen des Staatsrats an die Regierungsgeschäfte heranführen sollte. Als »auditeur« erhält Jacob Grimm weitere 1000 Franken Zulage. Weniger als ein Jahr nach dem Tod der Mutter sind die Geschwister damit finanziell besser gestellt als je zuvor.

Wilhelm Grimm beschäftigt sich weiter mit nordischer Sprache und Dichtung. Mit staunenswerter Geschwindigkeit

---

Vom Herbst 1809 bis Sommer 1811 blieb **Brentano** bei Achim von Arnim in Berlin und hielt sich danach in Böhmen und Prag auf. Nach 1813 versuchte er ohne Erfolg, sich in Wien als Dramatiker zu etablieren. 1814 kehrte er, innerlich rastlos und unbefriedigt, nach Berlin zurück. In den Folgejahren bereitete sich seine Konversion zur katholischen Kirche vor, die er 1817 vollzog. Seine Dichtung sollte von nun an im Dienst religiöser und karitativer Absichten stehen.

erweitern die Brüder in dieser Zeit ihre Kenntnisse. Unzählige Bücher werden gesichtet und diskutiert, nicht nur zur älteren deutschen Literatur. Im Winter 1808/1809 stecken die Brüder in einer neuen großen Arbeit, die ebenfalls als Vorarbeit zu der für später in Aussicht genommenen Geschichte der Poesie gedacht ist. Sie wollen die Sagen, welche sie für die Grundlage der Poesie halten, aus ihren unendlichen Verzweigungen bis zu ihren Quellen zurückverfolgen, bis vor Augen liege, wie eine Quelle in unzähligen Armen durch die Länder geströmt sei und sich ausgebreitet habe. Wilhelm Grimm schreibt an Savigny, es sei beinahe unglaublich, welch ein fast ewiges Leben viele Sagen hätten. Aufgabe einer Geschichte der Poesie sei es, deren beständige Wiedergeburt im Geiste darzustellen (15. 3. 1809).

Natürlich sind diese unablässigen Studien strapaziös. Abends schmerzen Jacobs Augen und hindern an weiterer Arbeit. Wilhelm, der in dieser Zeit seine Briefe gerne mit einer kleinen Schilderung seiner momentanen gesundheitlichen Verfassung einleitet, ist nach wie vor zu keiner regelmäßigen Arbeit fähig. Als im Frühjahr 1809 der Komponist und Kasseler Kapellmeister Johann Friedrich Reichardt, mit dem die Brüder recht gut bekannt sind, seinen Abschied nehmen muss – »wahrscheinlich die Folge teils seines hoffärtigen teils widerlich artigen Wesens«, wie Wilhelm kommentiert (an Savigny, undatiert) – und mit seiner Familie nach Halle geht, reist Wilhelm Grimm mit, um dort den berühmten Mediziner Johann Christian Reil zu konsultieren. Die Reise führt Ende März über Gotha, wo Wilhelm die Tante im Exil besucht, und Weimar, wo er Goethe einstweilen verpasst, sowie über das nahe gelegene Schlachtfeld von Auerstedt.

Auguste Brentano wurde 1812 von Clemens geschieden, ging nach Paris, versuchte 1815 vergeblich, Napoleon nach St. Helena begleiten zu dürfen, heiratete 1817 auf Zureden ihres Onkels Bethmann den Banker August Ehrmann aus Straßburg und hatte zwei Kinder – »eins aus der Zwischenzeit, eins von ihrem jetzigen Manne«, wie Achim von Arnim im Oktober 1820 an seine Frau Bettine schrieb. Er fügte hinzu: »Man hört nichts mehr von Extravaganzen.« 1832, mittlerweile Mutter von vier Kindern, beging sie im Main Selbstmord.

In Halle wohnt Wilhelm Grimm bei dem Philosophen Heinrich Steffens, verkehrt weiterhin mit Reichardts und nimmt auch sonst, soweit es seine Finanzen erlauben, am geselligen Leben teil. Daheim leidet Jacob unter dem Verhältnis zu den anderen Geschwistern. Beide Brüder klagen über deren Lieblosigkeit. Nach dem Tod der Mutter, schreibt Jacob einmal während Wilhelms Abwesenheit, sei ihr Haushalt unangenehm geworden, weil sich keins an das andere binde und keine Ordnung mehr sei, weder beim Essen noch sonst, manchmal ginge er lieber in ein Wirtshaus. Zuweilen ist er bei der befreundeten Apothekersfamilie Wild zu Gast, die zur stetig wachsenden Märchensammlung beiträgt. Alle Gesellschaften sind ihm aber über kurz oder lang zuwider. Das Visitenwesen, bei dem Menschen zusammenkommen, denen nicht wirklich etwas aneinander liegt und die sich im Grunde nichts zu sagen haben, ist ihm verhasst. Lieber schreibt er lange und oft bekenntnisreiche Briefe und reagiert gekränkt und misstrauisch, wenn eine Antwort – etwa vom viel beschäftigten Savigny oder dem launischen Brentano – längere Zeit ausbleibt. Gibt es gar zwischen den Brüdern den Anschein eines persönlichen Konflikts, so gehen sogleich ausführliche Briefe hin und her, in denen jedes Wort auf der Goldwaage liegt und alles darauf angelegt ist, einander nur wieder restlos gut zu sein. Denn beiden ist die Vorstellung unerträglich, der andere könnte sich innerlich entfernen.

Was Wilhelms Krankheit angeht, so ist es heute nicht leicht zu sagen, was ihm wirklich fehlte. Liest man die Berichte über seine Kur, drängt sich der Eindruck auf, dass es auch dem berühmten Johann Christian Reil nicht viel anders gegangen ist. Aber die Medizin jener Zeit beschreitet eben

Über die Sagen arbeite ich seit einigen Monaten für den eigenen Gebrauch eine Art von Index auf einzelnen Blättern aus, worauf alle Parallelstellen, welche dieselbe Sage haben, angegeben sind, aber nur die ausführlichen, welche ich aus fremden Büchern exzerpiere. So habe ich wohl schon über 300 gesammelt, fast keine unter 4, 5, viele mit über 12 Konkordanzen. Diese Sammlung wird mir täglich nützlicher, weil sie zur Genauigkeit führt […].

Jacob Grimm am 31. August 1809 an Friedrich Carl von Savigny

eigene experimentelle Wege, die heute fremd anmuten. So wird im Juni angeordnet, dass Wilhelm einen Magneten, in ein schwarzes Band eingenäht, über dem Herzen tragen soll. Beim ersten Versuch schlägt das Herz unordentlich, ihm wird schwindlig und übel, er bekommt Schweißausbrüche und schmeckt im Mund Metall. Im Juli wird das unter der Leitung von Reil frisch errichtete Bad eingeweiht und gleich in Wilhelms Therapie integriert. Nach den heißen Seifen-, Eisen- und Solbädern geht er ins Klinikum, wo er elektrisiert wird; daneben fortwährend Pulver (bei abnehmendem Mond), bittere Essenzen, weiterhin die Pillen des Kasseler Hausarztes Conradi und Waschungen des Herzens. Eine wirklich durchgreifende Gesundung kann Wilhelm Grimm bei alldem nicht wahrnehmen. Er glaubt ohnehin nicht an eine völlige Genesung. Schließlich findet er aber doch, dass sein Zustand nun stabiler und die ängstlichen Schmerzen im Herz seltener geworden seien.

Nebenher wird das Buch mit den Übersetzungen dänischer Balladen fertig, und auch die Sagen- und die Märchensammlung wachsen. Von einigen Kindermärchen habe er wieder gehört, teilt Wilhelm Anfang Juli dem Bruder mit, doch es seien schon bekannte gewesen. Überhaupt fange er an zu glauben, dass ihr Kreis nicht sehr groß sei und dass sie die meisten bereits kennten, dass diese aber allgemein verbreitet seien.

Anfang August kommt Brentano nach Halle und hat wieder viele Neuigkeiten im Gepäck. Eine davon ist die Idee, die

Meine Kränklichkeit hatte nach dem Tode der Mutter (1808) immer zugenommen; zu dem beengten Atem, der mir das Ersteigen weniger Stufen zu einer großen Last machte, und den fortwährenden stechenden Schmerzen in der Brust gesellte sich noch eine Herzkrankheit. Der Schmerz, den ich mit nichts vergleichen konnte als dem Gefühl, es fahre von Zeit zu Zeit ein glühender Pfeil durch das Herz, war mit beständiger Beängstigung verbunden. [...] Viele Nächte habe ich schlaflos, aufrecht sitzend, ohne mich zu bewegen, zugebracht und auf das Grauen des Tages gewartet, das mir immer einigen Trost zu bringen schien. [...] Dass ich bei diesen Leiden noch ein halbes Jahr fortleben könnte, schien mir oft ganz unmöglich.

Wilhelm Grimm, ›Selbstbiographie‹

Sammlung der Kindermärchen nun doch selbst herauszubringen. Jacob meint, man müsse seine Güte durch solche Kleinigkeiten anerkennen, wenn er auch anders damit verfahren werde, als sie es im Sinn gehabt hätten. Wie sehr ihm dabei die Art, wie Clemens Brentano und Achim von Arnim mit alten Texten umgehen, missfällt, wird immer wieder in seinen Briefen deutlich.

Mitte Oktober 1809 schickt Jacob Grimm das Konvolut mit den Originalmitschriften der bisher gesammelten Märchen an Clemens Brentano nach Berlin. Er hat die Sammlung aber zuvor abschreiben lassen. Brentano hat Wilhelm Grimm überredet, nach Berlin mitzukommen, wo sie Achim von Arnim treffen, den Wilhelm besonders ins Herz geschlossen hat. Im September reisen sie aus Halle ab.

In Berlin zeigt sich Wilhelm Grimm beeindruckt, wie sehr die Stadt von Bildung durchdrungen sei. Die besseren Menschen seien dadurch freier und liberaler als irgendwo sonst. Erschreckend sei nur die unglaubliche Frivolität, die dieser Leichtigkeit zugrunde liege (an Savigny, Januar 1810). Im Übrigen findet er die Stadt modern und elegant, wenn auch nicht prächtig. Trostlos wirken die verlassenen Schlösser. Der preußische Hof befindet sich seit der Niederlage gegen Napoleon in Königsberg. Nur die hessische Kurprinzessin ist in der Stadt, ihr macht Wilhelm seine Aufwartung. Schon bald lernt er Friedrich Heinrich von der Hagen kennen und hat in den kommenden zwei Monaten häufigen Umgang mit dem Philologen, der sich sehr gefällig und freundlich erweist. Hagen hat bereits mit der ganzen Welt Verbindungen geknüpft. Erneut werden den Brüdern ihre eingeschränkten Verhältnisse vor Augen geführt. Jacob Grimm bittet wenig

---

Dieser Geist von Sammeln und Herausgeben alter Sachen ist es doch, was mir bei Brentano und Arnim am wenigsten gefällt, […], Clemens' anregende Bibliothek hat wohl alles das hervorgebracht. Die Auswahl ist gewiss vortrefflich, die Verknüpfung geistreich, die Erscheinung für das Publikum angenehm und willkommen, aber warum mögen sie fast nichts tun als Kompilieren und die alten Sachen zurechtmachen. Sie wollen nichts von einer historischen genauen Untersuchung wissen, sie lassen das Alte nicht

später Savigny, ihn doch bei seinen wissenschaftlichen Briefpartnern einzuführen, was dieser gerne tut. Auch tauchen wieder Pläne auf, aus Kassel wegzugehen. Keine dieser Ideen wird ernsthaft verfolgt. Die Gewohnheit und die Bindung an die Heimat bilden starke Gegenkräfte.

Wilhelm Grimm trifft auch die jungen Berliner Autoren wie Adalbert von Chamisso oder Karl August Varnhagen von Ense, der ihm ganz zuwider ist. Er berichtet über Johann Gottlieb Fichte, für dessen ›Reden an die deutsche Nation‹ sich Jacob Grimm begeistert. Er erlebt mit, wie Achim von Arnim innerhalb von vier Wochen ein Trauerspiel ›Halle und Jerusalem. Studentenspiel und Pilgerabenteuer‹ beendet, voll unendlicher Schönheit, wie Wilhelm findet. Goethes ›Wahlverwandtschaften‹ sind eben erschienen, die Berliner Freunde lesen den Roman gemeinsam und finden die erste Hälfte des ersten Bandes über alle Begriffe langweilig, das andere aber herrlich, wohingegen Jacob in Kassel das ganze Buch für sehr schön hält und nur meint, die Luciane hätte seinethalben wegbleiben können und auch der Mittler, der nichts Rechtes zu tun habe. Das wiederum will Wilhelm nicht gelten lassen, der allerdings seinerseits »den verfluchten Gehülfen« ganz unausstehlich findet (24.11.). Auch der jüngere Bruder Ferdinand liest den Roman, wünscht sich ein eigenes Exemplar und lässt es, nach Jacobs Urteil, geschmacklos einbinden. Während sie über Ludwig Emil in München nur Gutes hören, kommen die beiden Ältesten mit den mittleren Brüdern nicht zurecht. Wilhelm schlägt vor, dass Ferdinand bei dem Heidelberger Buchhändler Johann Georg Zimmer in die Lehre gehen soll, was Ferdinand, wie alles andere auch, ablehnt. Carl hat sich bei Jordis unerwünscht gemacht, und

als Altes stehen, sondern wollen es durchaus in unsere Zeit verpflanzen, wohin es an sich nicht mehr gehört, nur von einer bald ermüdeten Zahl von Liebhabern wird es aufgenommen. Sowenig sich fremde edele Tiere aus einem natürlichen Boden in einen anderen verbreiten lassen, ohne zu leiden und zu sterben, sowenig kann die Herrlichkeit alter Poesie allgemein wieder aufleben, d.h. poetisch; allein historisch kann sie unberührt genossen werden. *Jacob Grimm am 17. Mai 1809 aus Kassel an Wilhelm Grimm*

die Brüder versuchen, ihm nun eine kaufmännische Anstellung zu verschaffen. Ein Kaufmann, meint Wilhelm allerdings, werde er doch niemals, weil ihn nichts interessiere.

Im November 1809 reist Wilhelm Grimm über Halle, Weimar und Gotha nach Hause. In Weimar möchte er versuchen, zwei alte Kodizes mit Minneliedern zu entleihen, von denen Hagen ihm erzählt hat und die dieser nicht hat erhalten können. Achim von Arnim gibt ihm in dieser Sache ein Schreiben an Goethe mit. Am 11. Dezember langt Wilhelm Grimm in Weimar an und meldet sich bei Goethe am Frauenplan. Goethe ist aber krank, und so gibt er den Brief nur ab und geht zu Johanna Schopenhauer, wo er gut aufgenommen wird. Auf Goethes Einladung besucht er dann am Abend mit dessen Sekretär Riemer das Theater und sitzt in Goethes Loge. Am nächsten Tag wird er mittags vom Geheimen Rat empfangen, betritt das Haus, sieht den Dichter, alles schon vertraut durch Bild und Erzählung, aber doch neu und überraschend in seiner »Hoheit, Vollendung, Einfachheit und Güte«, wie Wilhelm es empfindet (13.12.). Goethe spricht fast eine Stunde freundlich zu ihm über Gegenstände, die zu Wilhelms Studienfeld gehören – das Nibelungenlied, die nordische Poesie, die Edda – und lässt sich zuletzt die Balladenübersetzung geben. Am nächsten Tag wird Wilhelm Grimm zum Mittagessen eingeladen.

Nachdem sich Wilhelm Grimm auch in der Bibliothek von Jena umgesehen hat, sucht er zum Abschied noch einmal Goethe auf. Die in Weimar aufbewahrten Minnelieder soll Jacob Grimm offiziell anfordern. Neben diesem Entgegenkommen des Geheimen Rates – das allerdings, »wie vieles in seinem Wesen auf ein formelles förmliches Verfahren einge-

Das schon vor deiner Abreise angefangene Verzeichnis aller Sagenelemente ist beträchtlich und vollständig genug geworden. [...] Diese Arbeit [...] muss die Grundlage zu unserm künftigen Studium geben; ich wüsste nicht, wie man auf andere Weise in das innere Wesen der Geschichte der Poesie gelangen wollte. Sobald du kannst, musst du das Ganze Blatt für Blatt durchgehen und alles, was du weißt, eintragen.

Jacob Grimm am 24. November 1809 aus Kassel an Wilhelm Grimm

richtet« ist, wie Wilhelm konstatiert (27. 12.) – gibt es für Wilhelm Grimm doch noch eine Enttäuschung, die wohl schwerer wiegt. Achim von Arnim gegenüber hatte Goethe angedeutet, dass er vielleicht eine Vorrede zu Wilhelms dänischen Liedern schreiben wolle. Nun erlebt Wilhelm, wie Goethe die Lieder selbst liest, dann vorliest und auch von Riemer vorlesen lässt. Wilhelm versichert er, sie seien wunderbar. Daraufhin gibt er sie ihm zurück. Von der Vorrede kein Wort. Wilhelm wagt nicht, ihn an seine Absicht zu erinnern.

Auch die in den Berliner Wochen aufgekommene Idee Brentanos, Wilhelms Lieder als vierten Teil des ›Wunderhorns‹ zu deklarieren, um ihren Verkauf zu fördern, wird nicht realisiert. Arnim ist sehr dafür, doch Brentano spricht sich plötzlich heftig dagegen aus. So muss sich Wilhelm Grimms erstes Buch ohne fremde Hilfe durchsetzen.

In den Jahren nach der langen Kur in Halle stabilisiert sich Wilhelms Gesundheit. Im August 1810 reist er nach Marburg, um sich für drei Wochen unter die ärztliche Aufsicht seines ehemaligen Hausarztes Professor Conradi zu begeben. Dieser scheint einen guten Eindruck vom Zustand des Patienten zu haben, denn Wilhelm schreibt in der Folgezeit, er wolle nun auch nicht mehr klagen.

Jacob Grimm ist bereits früher im Jahr für zwei Wochen in Göttingen, wo er viele Bekanntschaften macht. Gegenüber

12 Bettine Brentano mit einem Exemplar von Achim von Arnims Novellensammlung ›Der Wintergarten‹. Radierung von Ludwig Emil Grimm (August 1809)

Seine [Goethes] Frau, die sehr gemein aussieht, ein recht hübsches Mädchen, dessen Namen ich wieder vergessen, die er aber, deucht mir, als seine Nichte vorstellte, und Riemer waren da. Es war ungemein splendid, Gänsele-

Savigny lobt er »den fleißigen stillen Ort« und vergleicht ihn mit dem »hiesigen nichtsnutzigen Leben« in Kassel (1.8.1810). Savigny ist zwischenzeitlich mit seiner Familie nach Berlin umgezogen. Er ist einem Ruf der neu gegründeten Universität gefolgt. Seine Wanderjahre kommen damit zum Abschluss. In Berlin wird er bald zu einer der führenden Persönlichkeiten der Universität. Schon 1811 wird ihm als Nachfolger von Johann Gottlieb Fichte das Rektorat übertragen.

1811 erscheinen Jacobs ›Über den altdeutschen Meistersang‹ und Wilhelms ›Altdänische Heldenlieder‹. Mit Wilhelms literarischen Übersetzungen ist Jacob gar nicht einverstanden. Wie schon zur Natur- und Kunstpoesie führt er in langen Briefen seine Position aus, ohne die Freunde, so Savigny und Achim von Arnim, von ihr überzeugen zu können. Während Jacob argumentiert, dass ein poetisches Gebilde ohne seine ursprüngliche Form nicht lebendig sein könne und dass es daher nie eine gute Übersetzung gegeben habe, gibt Wilhelm, gelassener und weniger ausführlich, zu bedenken, dass es seiner Auffassung nach ein Gedicht an sich gar nicht gebe, sondern es vielmehr »bloß durch die Beziehung auf den Menschen und durch seine Freude daran« existiere (an Savigny, 5.5.1811). Von »absoluter Wahrheit und Richtigkeit« hält er wenig. Ihm kommt es auf die »Herzensaufrichtigkeit« an, auf die »innere Notwendigkeit« (an Savigny, 20.5.1811).

Für Jacob Grimm aber sind Übersetzungen Verfälschungen. Entsprechend gibt er 1815 seine ›Altspanischen Romanzen‹, das Gegenstück zu Wilhelms ›Heldenliedern‹, im Original heraus. Dass Savigny über die ›Heldenlieder‹ geschrieben hat, diese Herrlichkeit wäre ihm ohne Wilhelms Übertragung

berpasteten, Hasen und dergl. Gerichte. Er war noch freundlicher, sprach recht viel und invitierte mich immer zum Trinken, indem er an die Bouteille zeigte und leis brummte, was er überhaupt viel tut; es war sehr guter roter Wein und er trank fleißig, besser noch die Frau. Er sagte unter anderem, dass er das Bild der Bettine von Louis erhalten, und lobte es dabei sehr, es sei eine sehr zarte Nadel darin, recht ähnlich und überhaupt schön komponiert und gehalten und habe ihm viel Freude gemacht.

Wilhelm Grimm am 13. Dezember 1809 aus Weimar an Jacob Grimm

entgangen, da er gewiss in seinem Leben kein Dänisch mehr lernen würde, ändert nichts an Jacobs Haltung. Wirkliche Kenntnis setzt Mühe voraus, die er niemals scheut. Nicht weniger verlangt er von anderen. Und wenn schon eine Übersetzung notwendig ist, um dem weniger gelehrten Publikum die Schätze der Vergangenheit zu vermitteln, dann soll sie so nüchtern wie möglich sein. Wilhelm findet dagegen, auch eine Übersetzung müsse wirken, wenn sie den Reiz des Originals spürbar machen soll. So geben Jacob und Wilhelm Grimm ihrer Ausgabe der altnordischen ›Edda‹ (1815) zwei Übersetzungen bei, eine wissenschaftlich strenge von Jacob und eine freie von Wilhelm.

Abgesehen von solchen Meinungsverschiedenheiten gehen ihre Studien und Arbeiten so ineinander, dass sie in Zukunft möglichst nur zusammen herausgeben wollen. Fürs Erste geplant sind Ausgaben des noch ungedruckten zweiten Teils der isländischen ›Edda‹, dessen Manuskript sie aus Kopenhagen erhalten haben; altnordische Sagen in Prosa; altdeutsche Gedichte, je nachdem, was ihnen Wertvolles in die Hände fällt; sowie eine Edition des ›Reinhart Fuchs‹, denn während bis dahin die früheste bekannte Quelle eine nicht sehr alte plattdeutsche Version gewesen war, der auch Goethe in seiner 1793 entstandenen Fassung des ›Reineke Fuchs‹ gefolgt war, ist nun in der Vaticana eine mittelhochdeutsche Fassung aus dem 13. Jahrhundert aufgetaucht, deren Abschrift Jacob bereits zur Herausgabe vorliegt. Der ›Reinhart Fuchs‹ ist ein Lieblingstext Jacobs, für ihn die beste Fabel überhaupt. Er will die französischen »romans du renard« ebenfalls herausgeben und mit den deutschen Fassun-

Schreiben lässt sich davon nicht [...], nur so viel: Es betrifft die Erneuerung der alten Poesie, welche Wilhelm durch bloße Übersetzung für möglich, gut und nötig hält (und wobei er darin vielerlei in sich abweichende Grade nebeneinander für gleich recht erklären muss, nachdem der falls nur aufrichtig zu Werk gehende Bearbeiter ein kleineres oder größeres, höheres oder niederes Publikum ins Auge gefasst hat), ich aber ganz für untunlich annehme.

Jacob Grimm am 22. März 1811 aus Kassel an Friedrich Carl von Savigny

gen vergleichen. Vieles drängt sich dazwischen, und der ›Reinhart Fuchs‹ erscheint erst 1834.

Ende Mai 1811 reist Jacob Grimm nach Dresden, um die dort aufbewahrten Manuskripte zu untersuchen. Im August besucht Wilhelm Grimm den Schul- und Studienfreund Paul Wigand in Höxter, der dort Friedensrichter ist. Von dort ist es nicht weit nach Bökendorf, dem Familiensitz der Haxthausens. Werner von Haxthausen ist ein Duzfreund der Brüder, den sie 1807 in Kassel kennen gelernt haben. Nun nutzt Wilhelm die Gelegenheit, die Familie aufzusuchen. Hier findet er gleichgesinnte Freunde. Er bleibt über Nacht und wird von Werners Bruder und den Schwestern mit Volksliedern unterhalten. Fritz von Haxthausen will die zugehörigen Melodien herausgeben, was Wilhelm, der gleich einen Teil der Sammlung abschreibt, sehr begrüßt. Zwei Jahre später, im Juli 1813, wiederholt Wilhelm Grimm den Besuch und trifft in Bökendorf auf eine große Gesellschaft, darunter Frau von Droste-Hülshoff aus Münster mit ihren Töchtern Jenny und Annette. Die Mutter, Therese Luise, ist eine geborene von Haxthausen.

Mehr als zu der sechzehnjährigen Annette, die seit dem Frühjahr an einem Drama ›Berta oder Die Alpen‹ arbeitet, fühlt Wilhelm Grimm sich zu ihrer zwei Jahre älteren Schwester Jenny hingezogen, mit der er enge Freundschaft schließt. Wieder wird viel musiziert. Die jungen Männer blasen Waldhorn und Flöte, die Mädchen singen. Das Märchensammeln der Brüder Grimm – ein halbes Jahr zuvor ist der erste Band erschienen – stößt in diesem Kreis auf waches Interesse. Mehr noch: Die Haxthausens und Droste-Hülshoffs steuern für den zweiten Band selbst zahlreiche neue Märchenerzäh-

> Sollte er [Wilhelm Grimm] nach Bökendorf kommen, so empfehle ich ihn euch herzlich, er hat die herrlichste Sammlung alter deutscher und anderer Völker Volkslieder, Märchen, Sprüche usw. Er ist anfangs etwas verlegen, da er sehr kränklich ist und wenig von seinem Studierpult kommt, sonst ein sehr braver und geschickter Mann.
>
> *Werner von Haxthausen in einem Brief an seinen Bruder Fritz, Sommer 1811*

lungen bei. Über sechzig Mal sind sie in den Kinder- und Hausmärchen als Gewährsleute genannt. Keine Märchenquelle der Brüder Grimm sprudelte ergiebiger.

Zurück ins Jahr 1811. Jacob Grimm tut weiterhin leichten Dienst am französischen Hof. Vorübergehende Aufregung bringt der nächtliche Brand des Kasseler Schlosses im November 1811 mit sich, nachdem kurz zuvor ein paar tausend Bände aus der Bibliothek aussortiert und dort untergebracht worden waren. Jacob Grimm eilt hinzu und findet die Räume unter der Bibliothek bereits in Flammen. Leibgardisten packen die Bücher in große Leintücher und schütten sie auf den Schlossplatz. Mit Mühe rettet sich Jacob Grimm danach aus dem qualmenden Trakt. Nur wenige Bücher gehen verloren, aber wieder einmal liegen Teile der Bibliothek für einige Zeit in ungeordneten Haufen. Auch das Wohnhaus der Geschwister gerät bei dem großen Brand in Gefahr. Doch der starke Reif der Novembernacht verhindert, dass das Feuer übergreift.

Im Januar 1812 kommen Achim und Bettine von Arnim, seit einem Dreivierteljahr verheiratet, nach Kassel. Sie besuchen Bettines Schwester und deren Mann, den Bankier Jordis, halten sich aber vor allem bei den Freunden auf.

Arnim ist es, der Jacob und Wilhelm Grimm ermuntert, die bereits gesammelten Märchen zu veröffentlichen. Brentano hatte in Hinsicht auf die Märchensammlung, die Jacob Grimm ihm im Herbst 1809 geschickt hatte, nichts mehr von sich hören lassen und schien das Interesse daran verloren zu haben. Daraufhin hatten sich die Brüder im Frühjahr 1811 an die Redaktion des Materials gemacht. Nun geht Arnim das Vorliegende durch, ist sehr angetan und vermittelt in der

Überhaupt hat unser Studium die ganz eigene Freude, dass wir, wie die Entdecker neuer Weltteile [...] in Gegenden geführt werden, die vorher noch nicht betreten waren und uns von allen Seiten neue Formen, noch nie gesehene Pflanzen vor die Augen dringen, ist es nicht hier, so ist es doch bei der Edda und den altfranzösischen Manuskripten des Reineke der Fall.

Wilhelm Grimm in Anspielung auf die Forschungsreisen Alexander von Humboldts an Friedrich Carl von Savigny am 16. Dezember 1811

Folge den Kontakt zum Berliner Verleger Georg Andreas Reimer, der den 475 Seiten umfassenden Band zu Weihnachten 1812 in einer Auflage von 900 Exemplaren herausbringt.

Mit ihrem Märchenbuch betraten die Grimms kein Neuland. Im vorausgegangenen Vierteljahrhundert waren zahlreiche Märchensammlungen erschienen. Die bis heute bekannteste unter ihnen ist die des Weimarer Gymnasialprofessors Johann August Musäus (›Volksmärchen der Deutschen‹, 1782–1786). Goethe hatte 1795 mit seinem ›Märchen‹, dem Schlussstück der ›Unterhaltungen deutscher Ausgewanderten‹, das Märchen literarisch nobilitiert. Die Romantiker, allen voran Novalis und Tieck, begeisterten sich für die Unbekümmertheit, mit der das Märchen die prosaische Normalität aus den Angeln hebt, und schrieben selbst Kunstmärchen. Daneben sorgte in ganz Europa ein breiter Strom von Feenmärchen für leichtere Unterhaltung. Das Fantastische übte in einer rationalistisch geprägten Epoche einen großen Reiz aus. Im Zuge der allgemeinen Begeisterung für solche im Geschmack der Zeit empfindsam zurechtgemachten und rokokohaft ausgeschmückten Märchen kam die schlichte mündliche Märchenerzählung jedoch nicht zu neuen Ehren. Wieland, der sich selbst viel mit Märchen beschäftigte, meinte: »Ammenmärchen, im Ammenton erzählt, mögen sich durch mündliche Überlieferung fortpflanzen, aber gedruckt müssen sie nicht werden.«

Quer zu den Tendenzen ihrer Zeit stehen die Brüder mit ihrer Märchensammlung demnach nicht der Sache nach, wohl aber aufgrund ihrer Methode. So unverfälscht wie möglich wollen sie bewahren, was gerade in den Jahren um 1800 als lebendig fortwirkende volkstümliche Erzähltradition

---

Die acht Tage, wo der Arnim dagewesen und die Bettina, waren wie ein heller Himmel in den Gedanken. Ich habe beide von ganzem Herzen lieb, wie ich es nicht sagen kann. *Wilhelm Grimm, Tagebuch, Januar 1812*

Nach einer der gängigen Definitionen (Gero von Wilpert, ›Sachwörterbuch der Literatur‹) ist das **Märchen** eine »kürzere volksläufig-unterhaltende Prosaerzählung von phantast.-wunderbaren Begebenheiten und Zuständen aus freier Erfindung ohne zeitl.-räuml. Festle-

verloren zu gehen scheint. Dazu trägt die Umgestaltung des Familienlebens im aufkommenden industriellen Zeitalter ebenso bei wie der erwähnte Aufschwung des literarischen Unterhaltungsmärchens, der auf das Erzählen zurückwirkt oder es ganz unterdrückt.

Dass die ›Kinder- und Hausmärchen‹ der Brüder Grimm – ungeachtet aller Vorsätze, sie ohne Ausschmückung, vielmehr wissenschaftlich nüchtern als Materialien zu einer Geschichte der deutschen Poesie herauszugeben – ihren unvergleichlichen Erfolg einer wenn auch behutsamen Bearbeitung verdanken, ist schon früh gesehen worden. André Jolles hat in seinem Buch über ›Kleine Formen‹ (1930) geradezu von einer »Gattung Grimm« gesprochen.

Der unverkennbare Grimm'sche Märchenton geht auf Wilhelm Grimm zurück. Er hat sich in diesem Punkt gegen Jacob Grimm durchgesetzt, der, seinen Positionen gegenüber den Arbeiten der Romantiker und im Übersetzungsstreit mit dem Bruder getreu, die Märchen so unbearbeitet wie möglich präsentieren wollte.

Dass die Grimm'sche Märchensammlung keine Volkspoesie im Sinne Jacob Grimms bietet, liegt aber nicht nur an den stilistischen Eingriffen Wilhelm Grimms. Bereits das Modell, das sie sich zum Vorbild nahmen, war literarisch überformt. Zudem kamen ihre Informantinnen und Informanten in der Regel eben nicht aus dem ungebildeten Volk und bezogen ihre Märchenkenntnis zum großen Teil aus bereits literarisch vermittelten Quellen.

Zunächst zum Märchenmodell, das für die ›Kinder- und Hausmärchen‹ musterhaft wurde: Anfang 1806 hatte der Maler Philipp Otto Runge seine Fassungen der beiden Märchen

gung. […] Der eth. Grund ist e. denkbar einfache schwarzweiße Weltordnung: Abenteuer und Prüfung der Helden durch gute oder böse Mächte, Belohnung des Guten, Bestrafung des Bösen […]. Das M. […], bes. das anonyme, auch bei Naturvölkern gemeine Volks-M. aus mündl. Überlieferung des Volkes auch in vorlit. Zeit«, ist »geprägt von seiner von Formeln, Redensarten und Sprichwörtern durchsetzten, formalisierten Erzählweise nach Wiederholung (oft Dreizahl) und Steigerung mit Variationen und Umdichtungen […].«

vom ›Machandelboom‹ und ›Von dem Fischer un syner Fru‹ an den ›Wunderhorn‹-Verleger Zimmer geschickt, der sie an Brentano weiterleitete. Bei dem blieben sie liegen, bis Achim von Arnim den ›Machandelboom‹ Mitte 1808 in der ›Zeitung für Einsiedler‹ druckte. Die Brüder Grimm wurden sofort auf den Text aufmerksam und baten Arnim, ihnen die Manuskripte beider Märchen zukommen zu lassen. Wie beispielhaft ihnen diese beiden Märchenfassungen zu sein schienen, zeigt sich noch Anfang 1811, als Jacob Grimm eine ›Aufforderung an die gesamten Freunde deutscher Poesie und Geschichte erlassen‹ verfasst, die einen ähnlichen Appell von Clemens Brentano und Achim von Arnim aus dem Jahre 1807 fortschreibt, in allen Regionen Deutschlands volkskundliche Feldforschung zu betreiben und mündliche Zeugnisse deutscher Volkspoesie aufzuzeichnen. Im Zusammenhang dieses Aufrufs schreibt Jacob Grimm an Brentano, es wäre wohl gut, zu Anfang ein Runge'sches Märchen oder einige andere Muster einrücken zu lassen, um den sammelnden Helfern eine Vorstellung davon zu geben, auf welche Art von Erzählungen es ankommt. Denn was beispielsweise ein Märchen sei, stand ja, allen bereits vorliegenden Sammlungen zum Trotz, durchaus nicht deutlich fest. Auch die Grimm'schen ›Kinder- und Hausmärchen‹ enthalten eine Reihe von Texten, deren Märchencharakter strittig ist, weil sie beispielsweise der Tierfabel näher zu stehen scheinen.

Der Kreis der Beiträgerinnen und Beiträger, die den Brüdern Märchen mitteilen, ist zum einen nicht sehr groß und besteht darüber hinaus mehrheitlich aus gebildeten Personen, die selbst wohl mehr der Lektüre verdanken als dem Hörensagen. Hier sind besonders die Familien Wild und

---

Auch **Friederike Mannel**, die Tochter des Pfarrers in Allendorf, dessen Familie längere Zeit Auguste Brentano beherbergte, hat zum ersten Band mindestens sechs Märchen beigesteuert, die sie teils selbst notierte, teils von Schülern ihres Vaters aufschreiben ließ. Sie hatte schon am ›Wunderhorn‹ mitgearbeitet, sprach französisch und war literarisch sehr gebildet. – Aus dem Rahmen der Beiträgerinnen fällt hingegen der pensionierte **Dragonerwachtmeister Krause** aus Hoof bei Kassel. Er war 1747 geboren und damit älter als alle anderen

Hassenpflug in Kassel zu nennen. Herr Wild ist Apotheker, seine Frau Dorothea die Enkelin des Göttinger Philologieprofessors Gesner. Sie und vier ihrer Töchter – darunter »Dortchen«, Wilhelms spätere Frau – wohnen in der Nachbarschaft der Brüder und steuern die ersten Erzählungen zu der Sammlung bei. Mit den drei Schwestern Hassenpflug treffen sich die Grimms seit 1808 zu regelmäßigen »Kränzchen«, wie ihr Bruder Ludwig Hassenpflug, der spätere Ehemann von Lotte Grimm, in seinen Lebenserinnerungen schreibt. Bei Hassenpflugs herrscht französische Bildung. Ist die Familie unter sich, wird nur französisch gesprochen. Dass das von den Schwestern überlieferte Repertoire vielfach mit der französischen Märchenüberlieferung des 18. Jahrhunderts übereinstimmt, ist auch Jacob und Wilhelm Grimm aufgefallen. Dennoch entschlossen sie sich, die Erzählungen in ihre ›Kinder- und Hausmärchen‹ aufzunehmen.

Falsch ist die Vorstellung, die Brüder seien übers Land gezogen und hätten in abgelegenen Dörfern einfache alte Menschen zum Sprechen gebracht. Mittlerweile weiß man, dass selbst die »alte Marie« keine »alte hessische Märchenfrau« und als solche eine Quelle des unverfälschten Ammenmärchens war, sondern die gerade zwanzigjährige Marie Hassenpflug. Bezeichnend ist, dass die so genannte Marburger Märchenfrau, die Wilhelm Grimm im Marburger Spital besucht und die am ehesten dem Ideal der unverbildeten Frau

Erzählerinnen. Für die von ihm mitgeteilten Märchen erbat er sich abgelegte Kleidungsstücke, die ihm die Brüder überließen. Seine Erzählungen haben einen ganz eigenen Charakter und repräsentieren eine innerhalb der Sammlung sonst fehlende männliche Erzählhaltung.

13 ›Dornröschen‹. Einer der sieben Kupferstiche Ludwig Emil Grimms für die ›Kleine Ausgabe‹ der ›Kinder- und Hausmärchen‹ (1825)

aus dem Volk entsprach, dem jungen Laiengelehrten die Auskunft verweigert. Nur über Umwege gelingt es, ihr zwei Märchen zu entlocken.

Für den 1815 veröffentlichten zweiten Band der ›Kinder- und Hausmärchen‹ sind dann die im Westfälischen verwurzelten Familien von Haxthausen und von Droste-Hülshoff von großer Bedeutung, daneben Dorothea Viehmann aus dem bei Kassel gelegenen Dorf Zwehren. Auch sie spricht gut französisch. Wilhelm ist von ihrer Persönlichkeit und ihrem Erzähltalent so angetan, dass er sie in der Vorrede zum zweiten Band liebevoll porträtiert und sie dort als »echt hessische Bäuerin« stilisiert. Dass sie die Märchen ihres Repertoires immer im gleichen Wortlaut erzählt, nimmt Wilhelm als Anzeichen dafür, dass sie ein zuverlässiges Sprachrohr der Volksüberlieferung sei. So steht sie – auch aufgrund ihres von Ludwig Emil gestochenen Porträts – repräsentativ für den volkspoetischen Anspruch der Sammlung.

Der erste Band der Märchen, der Weihnachten 1812 erscheint, enthält einen Anhang mit philologischen Anmerkungen. Diese wissenschaftlichen Erläuterungen stoßen bei den Rezensenten auf wenig Interesse. Sie fordern ein Vorlesebuch für Kinder, und so heißt es in den frühesten Kritiken vielfach, Auswahl und Erzählton seien nicht kindlich genug und die Diktion des Ganzen zu kunstlos. Die ›Kinder- und Hausmärchen‹ verkaufen sich zunächst schlecht. Als 1819 die zweite, veränderte und erweiterte Auflage erscheint, muss ein Teil der ersten eingestampft werden. Die Anmerkungen sind

Beispiel für die stilistische Bearbeitung der Märchen durch Wilhelm Grimm: die Erzähleingänge des ersten Märchens der Sammlung (›Der Froschkönig und der eiserne Heinrich‹):

Die jüngste Tochter des Königs ging hinaus in den Wald und setzte sich an einen kühlen Brunnen. Darauf nahm sie eine goldene Kugel und spielte damit, als diese plötzlich in einen Brunnen hinabrollte […]

(aus der 1810 an Brentano geschickten Urhandschrift)

In den alten Zeiten, wo das Wünschen noch geholfen hat, lebte ein König, dessen Töchter waren alle schön, aber die jüngste war so schön, dass die Sonne selber, die doch vieles gesehen hat, sich

nun in einen dritten Teilband ausgegliedert, der erst 1822 nachgereicht und nie ein verlegerischer Erfolg wird. Die Hinweise von Freunden und Kritikern nimmt sich Wilhelm Grimm zu Herzen. In dem Maße, in dem er die ›Kinder- und Hausmärchen‹ in anhaltender Bearbeitung ihrem ursprünglichen Zweck wieder zuführt – dass sie nämlich Kindern von Erwachsenen mitgeteilt werden – , zieht Jacob Grimm sich aus dem Projekt zurück. Wenn Wilhelm in seinen späteren Überarbeitungen der Texte »Sprüche und eigentümliche Redensarten des Volkes, auf die ich immer horche« (Vorrede zur sechsten Auflage von 1850), einarbeitet und Formelhaftes wie die berühmte dreimalige Wiederholung einer Frage oder eines Motivs verstärkt, so kann er sich guten Gewissens sagen, dass er damit gerade Charakteristika des mündlichen Erzählens zur Geltung bringt. Dennoch passt er die Texte auch, bewusst oder unbewusst, dem Geschmack der Zeit und ihren sittlichen Normen an. Nachgiebiger als der Bruder hört Wilhelm auf die Wünsche des Publikums. Auf diese Weise bewirkt er, dass die Märchentradition nicht abreißt, sondern in bisher ungekanntem Umfang neu aufblüht.

Der Durchbruch zu solcher Popularität gelingt jedoch erst mit der Herausgabe der so genannten ›Kleinen Ausgabe‹, in der Wilhelm Grimm 1825 fünfzig der nachher berühmtesten Märchen versammelt. Die Illustrationen stammen von Ludwig Emil Grimm. Als Vorbild dient die erfolgreiche englische Auswahlausgabe, eine der ersten Übersetzungen der Grimm'schen Märchen. Die günstige ›Kleine Ausgabe‹ er-

verwunderte, sooft sie ihr ins Gesicht schien. Nahe bei dem Schlosse des Königs lag ein großer dunkler Wald, und in dem Walde unter einer alten Linde war ein Brunnen; wenn nun der Tag recht heiß war, so ging das Königskind hinaus in den Wald und setzte sich an den Rand des kühlen Brunnens; und wenn sie Langeweile hatte, so nahm sie eine goldene Kugel, warf sie in die Höhe und fing sie wieder; und das war ihr liebstes Spielwerk. Nun trug es sich einmal zu, dass die goldene Kugel der Königstochter nicht in ihr Händchen fiel, das sie in die Höhe gehalten hatte, sondern vorbei auf die Erde schlug und geradezu ins Wasser hineinrollte [...]

(aus der Ausgabe letzter Hand von 1857)

scheint in 1500 Exemplaren und wird zu Lebzeiten Wilhelm Grimms noch neunmal aufgelegt. Ihr Erfolg lenkt das Interesse des Publikums schließlich auch auf die ›Große Ausgabe‹ zurück, die sich mit der dritten Auflage von 1837 durchzusetzen beginnt. Fast überflüssig ist es anzumerken, dass die ›Kinder- und Hausmärchen‹ das erfolgreichste Buch der Brüder Grimm geblieben sind. Sie sind darüber hinaus das am weitesten verbreitete Buch deutscher Sprache überhaupt.

Noch vor dem ersten Band der ›Kinder- und Hausmärchen‹ veröffentlichen die Brüder Grimm 1812 ihre ersten Ausgaben alter Handschriften: ›Die beiden ältesten deutschen Gedichte aus dem achten Jahrhundert: Das Lied von Hildebrand und Hadubrand und das Weißenbrunner Gebet zum erstenmal in ihrem Metrum dargestellt und herausgegeben durch die Brüder Grimm‹. Das Buch ist die erste ihrer gemeinschaftlichen Arbeiten. Das Hildebrandlied haben die Grimms nicht als Erste herausgegeben. Sie machen jedoch die bahnbrechende Entdeckung, dass der Text in Stabreimen verfasst ist. Dem Stabreim liegt das Prinzip der Alliteration zugrunde, die noch heute in sprachlichen Wendungen wie »Kind und Kegel«, »Wind und Wetter« oder »frank und frei« präsent ist. Erst Mitte des neunten Jahrhunderts ersetzte der Endreim den Stabreim. Jacob und Wilhelm Grimms Ausgaben des ›Hildebrandlieds‹ wie des ›Wessobrunner Gebets‹ bilden wichtige Zwischenschritte in der Erforschung zweier zentraler Texte aus der Frühzeit der deutschen Literatur, die den verbindlichen Editionen von Karl Lachmann (1833) und Wilhelm Wackernagel (1827) den Boden bereiten.

Die Sammlungen der Brüder und ihre daraus gewonnenen Erkenntnisse haben von Jahr zu Jahr kontinuierlich zuge-

In seinen ›**Kritischen Wäldern**‹ (3 Bände, 1769) hatte der Theologe und Literaturtheoretiker Johann Gottfried Herder (1744–1803) sich sowohl gegen die moralisierende Kritik von Kunstwerken gewandt wie gegen jede normative Ästhetik. Stattdessen bemüht sich Herder dem einzelnen Kunstwerk gerecht zu werden, indem er sich in die Bedingungen seiner Entstehung und die Absichten des Künstlers einzufühlen versucht.

14 Schloss Wilhelmshöhe in Kassel

nommen. Die Breite ihrer Studien bringt es mit sich, dass sich vieles von dem, was mitteilenswert erscheint, nicht unmittelbar in den Kontext großer zusammenhängender Veröffentlichungen fügt. Auch stellen sie fest, dass sie sich mit ihren Vorhaben nicht beliebig Zeit lassen können, denn andernorts wird ebenfalls geforscht und publiziert. Das zeigt sich vor allem an der Ausgabe der ›Edda‹, in die sie viel Hoffnungen gesetzt haben. 1812 lässt der Berliner Kollege Friedrich Heinrich von der Hagen seine ›Lieder der älteren Edda‹ erscheinen, unbeeindruckt von der 1811 erfolgten Ankündigung Wilhelm Grimms – in der Nachschrift zu seinen ›Dänischen Heldenliedern‹ sowie in den ›Heidelberger Jahrbüchern‹ –, dass die Brüder Grimm eine Ausgabe planen. Die Verärgerung der Brüder ist groß und sie liefern für Cottas ›Morgenblatt‹ eine grimmige Besprechung des oberflächlichen Konkurrenzunternehmens. Ihre eigene Ausgabe erscheint erst im Mai 1815, zeitgleich mit der des nordischen Altertumsforschers Martin Friedrich Arendt, und stößt auf kein großes Echo mehr. Solche Erfahrungen führen 1813 zur Gründung einer Zeitschrift, der ›Altdeutschen Wälder‹. Der Name weist auf Herders Zeitschrift ›Kritische Wälder‹ und weiter zurück auf die römische Literatur, in der eine nach Form und Inhalt unzusammenhängende Sammlung kürzerer Gedichte als »silvae« (Wälder) bezeichnet wurde. Dieses offene Konzept passt gut zu dem, was den Brüdern vorschwebt. Nur drei Bände erscheinen (1813 und 1815/16), danach stellen die

Brüder die Zeitschrift ohne großes Bedauern wieder ein. Schon 1808 hatte Jacob Grimm der ›Zeitung für Einsiedler‹ gewünscht, sie solle womöglich nicht länger als ein halbes Jahr erscheinen, sonst werde daraus etwas Fabrikmäßiges und nicht Freies. Zeitschriften kommen und gehen, das geht den Großen des literarischen und wissenschaftlichen Lebens nicht anders. Weder Schillers ›Horen‹ noch Goethes ›Propyläen‹ haben sich lange gehalten. Ähnlich wie Goethes zwischen 1817 und 1824 in unregelmäßiger Folge erscheinende naturkundliche Schriftenreihe ›Zur Naturwissenschaft überhaupt, besonders zur Morphologie. Erfahrung, Betrachtung, Folgerung durch Lebensereignisse verbunden‹ dienen die ›Altdeutschen Wälder‹ in erster Linie den Interessen der Herausgeber, die den Inhalt hauptsächlich selbst bestreiten. Wilhelm Grimms Bemühungen um die Erforschung der deutschen Heldensage und die Herausgabe mittelhochdeutscher Texte schlagen sich hier bereits ebenso nieder wie sich Jacob Grimms künftige Hauptforschungsgebiete in grammatischen und metrischen Untersuchungen und Aufsätzen über Sitten und Gebräuche ankündigen.

Den ersten Jahrgang der ›Altdeutschen Wälder‹ hat August Wilhelm Schlegel gehässig besprochen. Wieder einmal bekommen die Brüder zu hören, dass sie sich zu viel mit Unbedeutendem abgäben. Zudem spottet Schlegel, die Etymologie sei für beide Herren Grimm eine Klippe, welche sie niemals berührten, ohne zu scheitern. Wie eine briefliche Äußerung Jacob Grimms an Savigny vom April 1815 zeigt, hat er sich mit solcher Kritik beschäftigt. Mit der ihm eigenen Beharrlichkeit entwickelt er sich in den Folgejahren zu dem wichtigsten deutschen Sprachforscher seiner Zeit.

Wenn man die ganze Rumpelkammer wohlmeinender Albernheit ausräumt und für jeden Trödel im Namen der ›uralten Sage‹ Ehrerbietung begehrt, so wird in der Tat gescheiten Leuten zu viel zugemutet.

August Wilhelm Schlegel in seiner Rezension der ›Altdeutschen Wälder‹

Nationale Hoffnungen, politische Enttäuschungen

Im Jahr 1813 beginnt eine neue Zeit. Napoleons gescheiterter Russland-Feldzug, der Zusammenbruch der Großen Armee – mit über 700 000 Mann, davon zwei Drittel Deutsche, Italiener und Polen, bricht der Kaiser auf, weniger als 100 000 kehren im Winter 1812 zurück – und die Entscheidung des Zaren Alexander I., Napoleon über die Grenzen Russlands hinaus nachzusetzen, bilden den Auftakt zu den Befreiungskriegen.

Die so genannte Völkerschlacht bei Leipzig bringt im Oktober 1813 die Entscheidung zugunsten der Alliierten. Napoleon muss sich fluchtartig nach Frankreich zurückziehen. Auch sein Bruder Jérôme in Kassel ergreift die Flucht. Das Königreich Westfalen hört auf zu existieren.

Am 21. November kehrt der Kurfürst aus dem Exil zurück und wird von der Bevölkerung begeistert empfangen. Jacob und Wilhelm Grimm machen da keine Ausnahme. In seiner ›Selbstbiographie‹ schreibt Wilhelm: »Die Wiederherstellung von Hessen ist von uns mit der reinsten Freude gefeiert worden und ich habe niemals etwas Bewegenderes und Ergreifenderes gesehen als den feierlichen Einzug der fürstlichen Familie. Das Volk zog die Wagen nicht mit einem tobenden, für den Augenblick erregten Eifer, sondern wie jemand, der ein lang entbehrtes, von Gott wieder gewährtes Gut in die Heimat zurückführt. Mir schien in diesem Augen-

Ereignisse des Jahres 1813

Februar 1813: Preußen ruft die allgemeine Wehrpflicht aus
März 1813: Preußen erklärt Frankreich den Krieg
Mai 1813: Napoleon gewinnt mit einer neu formierten Armee zwei Schlachten bei Lützen und Bautzen. Waffenstillstandsangebot an die Alliierten
Sommer 1813: England, Schweden und schließlich auch Österreich treten in den Krieg gegen Napoleon ein

blicke, als könne keine Hoffnung auf die Zukunft unerfüllt bleiben.«

Mit der Kurfürstin, die zwei Tage nach dem Kurfürsten eintrifft, kommt auch die Tante Zimmer zurück nach Kassel, die weiterhin sehr an den Geschwistern Grimm hängt und sie finanziell unterstützt.

Die Euphorie über die Rückkehr des Landesvaters hält nicht lange vor. Während anderswo in den von den Franzosen geräumten Gebieten deren modernere Verwaltungsstrukturen und Verfassung weitgehend übernommen werden, fällt Kurhessen in die vornapoleonischen Formen des alten Regimes zurück. Zu Neujahr 1814 bilanziert Jacob Grimm gegenüber Savigny, dass die inneren Angelegenheiten des Landes nicht gut stünden. Der Kurfürst wolle die sieben Jahre als verschlafen betrachten und nicht zählen. Ineffizienz, Geiz und Misstrauen bestimmten seine Haltung. Dabei wünscht sich Jacob, »dass man etwas davon empfindet, das Volk bedeute in dieser Zeit etwas und sei etwas Herrliches«.

Dass das Volk etwas Herrliches sei, wollen die Brüder Grimm in den Jahren der Befreiungskriege nicht nur in ihren Arbeiten zeigen. Sie wollen sich auch direkt an der patriotischen Opferbereitschaft des Volks beteiligen. Alle fünf Brüder sind im wehrfähigen Alter. Die Kriegssekretärsstelle, die Jacob Grimm nach der Wiederherstellung der alten Ordnung wieder einnehmen soll und deren Gehalt automatisch weiterläuft, lehnt er zum Unwillen des Kurfürsten ab. Der Lebensunterhalt der Geschwister lässt sich damit ohnehin nicht finanzieren. Wenn er keine Anstellung erhalte, die ihm ermögliche, für die Geschwister zu sorgen, sei er fest entschlossen, unter die Landwehr zu gehen, schreibt er an Savigny.

[…] wenn der Krieg ausbricht, werden alle Gebiete zwischen Rhein und Oder zum Herd eines heftigen Aufstandes werden. Die mächtige Triebfeder dieser Bewegung ist nicht nur die Ungeduld über das fremde Joch. In stärkerem Maße liegt die Ursache dieser Unruhe im Ruin aller Schichten der Gesellschaft, in der Überlastung durch Steuern, Kriegskontributionen, der Unterhaltung von Truppen, dem Durchzug von Soldaten […] *Jérôme Bonaparte, König von Westfalen, noch vor dem Russland-Feldzug an Napoleon*

Wilhelm bemüht sich nun ebenfalls um eine Stelle, vorerst ohne Erfolg. Als Jacob im Dezember 1813 zum Legationssekretär des hessischen Gesandten im alliierten Hauptquartier, Graf Dorotheus Ludwig von Keller, bestellt wird, reden Jacob und Wilhelm ihren Brüdern in München und Hamburg zu, der Landwehr beizutreten, »damit doch ein paar von uns vielen Brüdern dem Vaterland leiblich helfen« (an Savigny, 24.12.1813). Ludwig Emil reist aus München an und wird Leutnant beim ersten hessischen Landwehrregiment. Carl kommt aus Hamburg. Er findet Aufnahme beim Ersten Eskadron freiwilliger Jäger zu Pferd. Ferdinand ist krank und bleibt zunächst in München. Anschließend ist es zu spät. Aus den zahlreichen Briefen, die Jacob und Wilhelm in den folgenden Monaten wechseln, spricht der Stolz auf den Einsatz der beiden Brüder, auch wenn deren Einheiten nur am Rande in Kampfhandlungen verwickelt werden. Jacob und Wilhelm selbst engagieren sich finanziell. Der Erlös ihrer Edition des ›Armen Heinrich‹ von Hartmann von Aue, an der sie, neben anderem, in dieser Zeit arbeiten, soll zur Ausrüstung der Freiwilligen beitragen. Zu diesem Zweck richten sie eine Subskription auf die Ausgabe ein. Als das Buch schließlich 1815 erscheint, gehen die Honorare von 194 Talern – das Doppelte des allerdings sehr geringen Jahresgehalts Wilhelms zu dieser Zeit – an die Hinterbliebenen der hessischen Kriegsteilnehmer.

Während die alliierten Armeen Norddeutschland von französischen Truppen befreien und von verschiedenen Seiten nach Frankreich vorzudringen beginnen, stellt Napoleon um den Jahreswechsel 1813 auf 1814 ein letztes Heer von 120 000 Mann westlich des Rheins auf. Wenige Tage vor seinem

In der glücklichen Zeit, wo jeder dem Gedanken Opfer bringt, wollen wir das altdeutsche, schlichte, tiefsinnige und herzliche Buch vom Armen Heinrich, worin dargestellt ist, wie kindliche Treue Blut und Leben ihrem Herren hingibt und dafür herrlich von Gott belohnt wird, neu herausgeben.

Beginn der Pränumerationsanzeige zur Edition des ›Armen Heinrich‹ durch die Brüder Grimm vom 10. Dezember 1813

29. Geburtstag am 4. Januar 1814 reist Jacob Grimm aus Kassel ab, um zum Großen Hauptquartier der Verbündeten zu stoßen. Als Legationssekretär erhält er ein Gehalt von 600 Reichstalern. Graf von Keller bekommt 9000, »worüber man sich hier wundert«, wie Jacob aus Frankfurt an Wilhelm schreibt (4. 1.). Jacobs anfängliche Hoffnung, etwas von dem Gehalt für die Geschwister beiseite legen zu können, zerschlägt sich rasch. Während der Graf von Einladung zu Einladung eilt, muss sich Jacob oft selbst versorgen. Bald fürchtet er, seinen Lebensunterhalt teils aus eigener Tasche bestreiten zu müssen. Spätere Zulagen bringen nur eine relative Verbesserung der finanziellen Lage. Der Graf, ein Diplomat der alten Schule, schon bejahrt, kultiviert eine »zeitverschwenderische Lebensart« (JaG an WiG, 20. 1.), die Jacob Grimm stark widerstrebt. Auch fehlt ihm, der »von Geburt kein Hesse« ist, »der recht hessische Trieb«, wie Jacob Grimm in seiner ›Selbstbiographie‹ anmerkt. Er arrangiert sich jedoch mit dem Vorgesetzten und erkennt dessen Gutmütigkeit und Wohlwollen an.

Die Reise geht zunächst über Frankfurt, Darmstadt, Karlsruhe und Freiburg nach Basel. In Karlsruhe besucht Jacob Grimm Johann Peter Hebel, der von den ›Märchen‹ noch nichts weiß, Wilhelms dänische Balladen aber bereits dreimal ausgelesen hat. Tags darauf trifft er ihn auch in Gesellschaft, wo viel Politisches diskutiert wird. Dabei fällt ihm die feine Zurückhaltung Hebels auf. Wenn er von ihren »Zänkereien« mit den wissenschaftlichen Konkurrenten hörte, schreibt er daraufhin an Wilhelm, »würde es ihn an uns stören, und um solcher frommen Leute willen wollen wir uns von nun an vor dergleichen hüten, soviel es bestehen kann« (12. 1.).

Die Einwohner waren im Februar hier unnapoleonischer als in Vesoul und Langres gestimmt und so sind sie noch, aber ich fand sie diesmal viel klagender über unsere schlechte Manneszucht. [...] Wir hätten unsere reine Sache auch in dem reinen Kleid erhalten sollen! Gott gebe, dass ihr innerer Kern dennoch siegt und diese Flecken mitverbrennt.

Jacob Grimm am 19. März 1814 aus Chaumont an Wilhelm Grimm

Von Basel aus zieht die Gesandtschaft über Mömpelgard (Montbéliard), Vesoul, Langres und Chaumont nach Troyes und von dort im März, als die Franzosen die Verbündeten in einer Folge kleinerer Schlachten erfolgreich wieder zurückdrängen, über Vesoul und Chaumont nach Dijon. Über die militärische Lage herrscht oftmals große Unklarheit. Die französische Bevölkerung ist, nach Jacob Grimms Eindrücken, des Krieges und des Kaisers müde. Die Alliierten verspielen jedoch durch ihr Auftreten die meisten Sympathien.

Was die politische Lage angeht, fürchtet Jacob Grimm nichts mehr als einen vorzeitigen Friedensschluss der Alliierten mit Napoleon, der für ihn der böse Dämon der Epoche ist und den er ein für alle Mal ausgeschaltet sehen möchte. Den zwischenzeitlichen Niederlagen der Verbündeten kann er insofern Gutes abgewinnen, als sie die Entschlossenheit der Alliierten auf die Probe stellen. Besorgt verfolgt er deren Verhandlungen in Châtillon. »Das Heiligste, Einfachste, das, was der größte und beste Teil unseres Volkes klar will, wofür Hunderttausende gestorben sind, steht so auf dem Spiel, dass uns nur Gott rettet oder die finstere Verblendung unseres Widersachers«, schreibt Jacob Grimm am 9. März aus Vesoul nach Hause. Das Scheitern des Kongresses von Châtil-

15 Jacob Grimm als kurhessischer Legationssekretär. Bleistiftzeichnung von Ludwig Emil Grimm (Juli 1815)

lon kommentiert er mit unverhohlener Freude (19.3.). Die »Austeilung der herrnlosen Länder« müsse »nach dem innern Bedürfnis der zu verteilenden Völker, nicht nach dem derer geschehen, die sich darin teilen wollen«. Für Jacob heißt das unter anderem, dass die linksrheinischen Gebiete, vor allem das Elsass, deutsch werden sollen. Machtpolitische Erwägungen wie die des österreichischen Staatskanzlers Fürst Metternich, dass Frankreich als Gegengewicht zu Russland stark bleiben müsse, will er nicht gelten lassen. »Wir brauchen«, schreibt er am 26. März an Wilhelm, »das linke Rheinufer wieder, aber nicht, um uns damit zu schützen, oder der Festungen wegen, die darin liegen, sondern weil es deutsch ist und spricht.« Zudem fordert er innere Reformen, die langsam und öffentlich vollzogen werden und die »besten Individualitäten« der Deutschen in alle Entscheidungen einbeziehen sollen (an Savigny, Pfingsten 1814).

Im April 1814 ist Jacob Grimm in Paris, wo am 31. März der Waffenstillstand vereinbart worden ist. Napoleon dankt am 6. April ab und wird nach Elba gebracht.

Bei seinem zweiten Besuch in Paris fühlt sich Jacob Grimm im Vergleich mit dem ersten Aufenthalt viel weniger angenehm und frei. Seine Dienstgeschäfte werden ihm »täglich unrechter, zumal hier, wo ich so viel Zeit für mich haben möchte und sie sich nun natürlich vermehren« (an WiG, 19.4.). Schon auf der Hinreise hat er keine Gelegenheit versäumt, sich nach interessanten Manuskripten zu erkundigen. Nun entdeckt er in der Pariser Bibliothek einen umfangreichen »lateinischen Isengrinus und Reinardus in elegischen Versen«, von dem bis dahin noch niemand wusste (19.4.). Die Ausgabe des ›Reinhart Fuchs‹ wird damit um ein wichti-

Überhaupt nach allem, was ich sehe und höre, scheint mir der Elsass und das Volk darin von tüchtigem, kerngutem deutschem Schlag, der sich hier der langen Zeit ungeachtet kräftiger und eigentümlicher erhalten hat als in Ländern wie Baden, Württemberg etc. […] Ich fühle bei diesem allem deutlich, dass in Deutschland die uralten in Sprache, Sitte und anderm noch jetzt nicht erloschenen Abteilungen in Schwaben, Bayern, Franken, Sachsen, Hessen, Thüringen usw. wiederhergestellt werden soll-

ges Textzeugnis reicher. Doch die Freude über literarische Funde bleibt überschattet von dem Verdruss über die politische Entwicklung. Er gelangt zu der Überzeugung, dass die Russen und Engländer, die nun maßgeblich mitsprechen, das »eigentliche deutsche Wesen« nicht verstehen, und dass andererseits Österreich und Preußen »die Sache nicht deutsch genug nehmen und unbegreiflicherweise nur wenige einzelne, recht herzlich deutsch anfassende und durchgreifende Menschen an Ort und Stelle« sind (19.4.). Auf einem großen Friedenskongress in Wien soll die Nachkriegsordnung ausgehandelt werden. Wien reizt Jacob Grimm wegen der dort liegenden Manuskripte und der dort anzuknüpfenden Verbindungen. Aber die Aussicht, dort weiterhin einen Großteil seiner Zeit mit als sinnlos empfundenen Schreibereien zuzubringen, ist ihm so zuwider, dass er am liebsten gleich gar nicht mitgehen möchte. Dringend wünscht er, wieder einmal eine Weile zu Hause in Ruhe arbeiten zu können. Doch noch scheut er sich, den Dienst gegen den Willen des Kurfürsten aufzusagen. So muss er mit nach Wien. Zuvor reist er allein über Metz, Nancy und Straßburg nach Hause. Ende Juni ist Jacob für einen kurzen Sommer wieder in Kassel.

Ein halbes Jahr war Jacob Grimm abwesend. Wie immer fiel die Trennung, besonders am Anfang und besonders für den zu Hause Zurückbleibenden, schwer. Am Abend nach Jacobs Abreise im Januar sucht Wilhelm mit der Schwester Trost bei Familienbriefen, »die ich einmal, wenn Zeit ist, recht genau ordnen will, es hat ein eigenes wunderbares Interesse und jede Familie sollte ihr Archiv haben« (an JaG, 18.01.1814).

Anfang Februar wird Wilhelm Bibliothekssekretär an der Kasseler Bibliothek im Museum Fridericianum. Am 11. De-

---

ten. Alles andere ist schlechter, und es hängt viel weniger daran und man irrt, wenn man verkennt, wie viel gutes Jetziges an jenem Alten hängt.

Jacob Grimm am 21. Juni 1814
aus Straßburg an Wilhelm Grimm

zember 1813 hatte er ein Gesuch um diese Anstellung an den Kurfürsten gerichtet. Der Geheime Hofrat Friedrich Wilhelm Strieder, der seit der Rückkehr des Kurfürsten die Leitung der Bibliothek wieder übernommen hat, hatte ihm geraten, sich nur als Sekretär zu bewerben, da der Kurfürst eine volle Bibliothekarsstelle wohl nicht bewilligen werde. Wilhelm Grimm charakterisiert Strieder in seiner ›Selbstbiographie‹ als einen »Mann von redlicher, aber finsterer und bitterer Gesinnung«, der aus Hass gegen die Franzosen während ihrer Anwesenheit sieben Jahre lang keinen Fuß aus seinem Hause gesetzt habe. Eine solche Haltung wiegt viel beim Kurfürsten. Dieser gibt sich Wilhelm Grimm gegenüber bei dessen Antrittsbesuch wohlwollend. Enttäuschend ist jedoch das Gehalt von 100 Talern, zumal die Stelle des zweiten Bibliothekars vakant ist und Wilhelm auf das dem zweiten Bibliothekar zustehende Gehalt gehofft hatte. Nach acht Wochen bittet er um eine Aufbesserung der Bezüge. Er führt die Dienste Jacobs an, der ein nur geringes Gehalt bekomme, ferner, dass zwei seiner Brüder von weit her aus dem Ausland gekommen seien, um in der Armee des Kurfürsten gegen den Feind zu ziehen. Ihre Reisekosten und einen Teil ihrer Ausrüstung habe er, Wilhelm, tragen müssen, der zudem noch zwei jüngere Geschwister zu versorgen habe und dazu »jeder möglichen Einschränkung ungeachtet« gezwungen gewesen sei, »Geld aufzunehmen, dessen Betrag schon sechsfach meinen jetzigen jährlichen Gehalt übersteigt, von welchem ich nicht im Stand bin, bloß die Kosten der Wohnung und unaufhörlichen Einquartierung zu bestreiten.« Nach vierzehn Tagen wird das Gesuch abschlägig beschieden.

Nachdem Wir den Kandidaten Wilhelm Carl Grimm allhier zum Sekretarius bei Unserer hiesigen großen Bibliothek im Museo gnädigst ernannt, ihm auch, vom 1. Februar dieses Jahres an, einen monatlichen Gehalt von acht Reichstalern 10 Albus 8 Heller mithin jährlich Ein Hundert Reichsthaler aus unserer Kammer-Kasse bewilligt haben, so hat unsere Direction besagter Bibliothek ihn, Sekretarius Grimm, zu seinen Obliegenheiten anzuweisen, Unsere Regierung denselben auf deren treue Verrichtung zu

Der erste Bibliothekar, Johann Ludwig Völkel, ist fast 25 Jahre älter als Wilhelm Grimm und erweist sich als ein guter Kollege. Als Strieder 1815 mit 66 Jahren stirbt, rückt Völkel in dessen Position des Oberbibliothekars auf. Neben Strieder, Völkel und Wilhelm Grimm gehört auch ein Registrator Enzeroth zum Bibliotheksteam. »Wenn nur das Schwein und Branntweinfass, der Enzeroth, weg wäre«, schreibt Wilhelm schon nach den ersten Arbeitstagen (an JaG, 9.2.1814). Unverhofft geht dieser Wunsch im November desselben Jahres in Erfüllung. Enzeroths Bruder stirbt, er beerdigt und beerbt ihn, kehrt heim, erkrankt selbst und ist nach wenigen Tagen tot. Wilhelm beantragt, das frei gewordene Gehalt von 200 Talern als Zulage zu erhalten, was ihm auch gewährt wird. Vor allem aber fehlt nun ein weiterer Angestellter in der Bibliothek und Jacob, mittlerweile in Wien, wünscht sich immer dringlicher fort aus dem diplomatischen Dienst.

Mitte April wird ein Umzug in Kassel notwendig. Wilhelm Grimm hatte den Hausbesitzer gebeten, die Miete, »wie allgemein geschieht«, herabzusetzen, dieser verlangt jedoch eine noch höhere Summe, »wofür man jetzt eine Etage auf der Neustadt bekommt.« Also ziehen die Geschwister aus, mit Wehmut, denn hier ist die Mutter gestorben und alles war »gut und angenehm eingerichtet«. Auch die Nachbarschaft der Apothekerfamilie Wild wird man vermissen. Wilhelm mietet für 40 Taler die zweite Etage »in dem letzten Haus an der Wilhelmshöher Allee« (15.4.). Ende April ist die neue Wohnung bezogen. Neben der Bibliothek und den Papieren der Brüder ziehen die Bücher von Carl und Ferdinand, die Zeichnungen des Luis und Bücherbestände von Brentano mit um. Die neue Wohnung hat sechs Zimmer und zwei Dach-

verpflichten, Unsere Ober-Rent-Kammer aber die Auszahlung obigen Gehalts zu verfügen. Kassel den 4ten Februar 1814. Wilhelm K. vt. Schmerfeld

Wilhelm Grimms
Bestellung zum Bibliothekssekretär

stübchen. Für die Brüder richtet Wilhelm wieder eine gemeinsame Arbeitsstube ein.

Neben dem Dienst in der Bibliothek bleibt Zeit für Besuche bei der Tante Zimmer und für das fortbestehende Lesekränzchen. Vor allem aber arbeitet Wilhelm Grimm der Drucklegung des zweiten Märchenbandes, des ›Armen Heinrich‹ und der ›Edda‹ entgegen. Auch die ›Altdeutschen Wälder‹ werden nun fortgeführt. Hierzu schickt Jacob aus Wien eine Reihe von Beiträgen. Die mühsamen Korrekturen der Bücher und der Zeitschrift sowie die Verhandlungen mit den verschiedenen Verlegern muss Wilhelm allein auf sich nehmen.

Mitte September ist Jacob Grimm zum Wiener Kongress aufgebrochen. Über Marburg, Frankfurt, Würzburg und Nürnberg geht es nach Regensburg und von dort mit dem Schiff die Donau hinab. In Regensburg entsteht einer der bekenntnishaften Briefe, die Jacob Grimm von Zeit zu Zeit an Savigny richtet. Er zeigt, wie zwiespältig und eigentlich ablehnend er der neuen Dienstreise gegenübersteht: »Ich glaube wohl, dass ich einer der arbeitslustigsten Menschen bin und finde Goethes Bemerkung, dass es keinen gebe, der nicht des Abends frei werde oder sich frei machen könne, um ins Schauspiel zu gehen, an mir völlig unwahr; nur zwei Dinge stören mich, Kränklichkeit an den Augen und Kopfschmerz, der mir oft in jeder Woche einen Tag verdirbt, den ich dann wieder einbringen möchte. Sollte mir eine gewisse heimliche Hast und Eile, die ich in mir spüre, ein kurzes Leben bedeuten? Unruhe kann ich es doch gar nicht nennen,

16 Das Wilhelmshöher Tor in Kassel. Im Oberstock des rechten Gebäudes wohnten die Geschwister Grimm zwischen 1814 und 1822. Aquarell von Ludwig Emil Grimm (1. Oktober 1820)

sondern ich arbeite mit der größten Ruhe und Zufriedenheit dabei und wünsche mir, alt zu werden und was ich gesammelt und ausbedacht, recht fleißig und treu auskochen zu können, geschieht es nicht, so hat Gott auch Recht, den ich täglich mehr finde und erkenne. Nur auf den Fall er einen von uns (da auch der Wilhelm schwächlich ist) früher wegnähme, wüsste ich gar nicht, was aus dem andern werden sollte. Wie wir sämtlich aneinander hängen, so waren mir die Tage seit meiner Rückkehr von Paris und die Verzögerung der Reise nach Wien eine große Wohltat und ich wäre gern zu Haus geblieben, wenn mich nicht die plagenden Nahrungssorgen zwängen ohne Verschub zu tun, was ihnen steuern kann und dabei bin ich in meiner Wahl glücklich genug gewesen. In Paris und Wien auf den Bibliotheken sind Dinge für uns von größter Wichtigkeit, wozu wir uns unzählige Mal gewünscht, und wie mir in Paris Zeit dazu blieb, werde ich auch in Wien, wenngleich wenigere, finden. Die Dienstarbeit und fatale Zeitversplitterung und dann die politische Unruhe kommen mir freilich dabei quer in Weg«.

Vom Kongress hat Jacob Grimm schon wenige Tage nach seiner Ankunft in Wien einen negativen Eindruck. Dass dann auch noch der hessische Kurfürst auftaucht, hebt seine Stimmung nicht. »Du kannst dir denken«, schreibt Jacob am 2. Oktober an Wilhelm, »wie unerwartet und widerwärtig mir die Ankunft des Kurfürsten war; der Sache wird dadurch gewiss nicht genutzt«. Insgesamt erscheint der Kongress dem hessischen Legationssekretär als ein »Gewirr von Grobheiten, Welthöflichkeiten, Intrige, Verschlossenheit und Leichtsinn.«

Sooft es seine Dienstverpflichtungen zulassen, sucht Jacob Grimm die Bibliothek auf. Er beschäftigt sich mit den slawi-

Das Haus ist das letzte in der Stadt nach der Wilhelmshöher Allee, wo die Kurfürstin erst wohnt, dadrüber, es stehen Säulen davor und ist der Wache gerad gegenüber; es ist still und ländlich mit einer freien, in der Abendsonne prächtigen Aussicht.

Wilhelm Grimm am 5. Mai 1814
aus Kassel an Jacob Grimm

schen Sprachen und macht gelehrte Bekanntschaften. Zudem versucht er sich, nach dem weitgehend wirkungslosen Aufruf vom Januar 1811, zum zweiten Mal als Organisator eines volkskundlichen Großprojekts. Für »die Sammlung der Volkspoesie«, teilt er Wilhelm Silvester 1814 mit, hoffe er etwas Gutes zu tun, indem er hier in Wien »eine förmliche Gesellschaft, die sich allerwärts in Deutschland verbreiten soll«, stiften wolle. Gesammelt werden sollen Volkslieder, Sagen, Märchen, Tierfabeln, Schwänke, Sprichwörter, Redensarten, Puppenspiele, aber auch Beschreibungen der Sitten des Volkes, von Volksfesten und anderem Brauchtum. All dies, legt die Satzung fest, müsse »getreu und wahrhaftig ohne Schminke und Zutat aus dem Munde der Erzählenden gefasst, und wo tunlich in ihren selbsteigenen Worten, so sprachwidrig sie immer klingen oder gefasst sein mögen auf das Umständlichste aufgenommen und niedergeschrieben werden.« Wie schon die ›Aufforderung an die gesamten Freunde deutscher Poesie und Geschichte‹ von 1811 findet der ›Zirkularbrief wegen Aufsammlung der Volkspoesie‹, von dem bis 1816 360 Exemplare verschickt werden, nur ein geringes Echo. Der Ertrag bleibt gering. Jedoch ergeben sich unter den Gründungsmitgliedern der Vereinigung, die nach ihrem Versammlungslokal in der Wollzeile Wollzeiler-Gesellschaft genannt wird, dauerhafte Freundschaften, so mit dem Breisgauer Reichsfreiherrn Joseph von Laßberg, der später Jenny von Droste-Hülshoff, die enge Freundin Wilhelm Grimms, heiratet. Laßberg erwirbt auch das »zweite verlorene Hohenemser Manuskript der Nibelungen«, das in diesen Monaten in Wien unter den Kennern für Aufregung sorgt. Ein Franzose bietet es zum Verkauf, August Wilhelm Schlegel »hat es

---

Der 1770 in Donaueschingen geborene **Joseph von Laßberg** (Meister Sepp von Eppishausen) hatte in Straßburg und Freiburg Jura und Kameralistik studiert und seit 1813 die Oberdirektion des Forst- und Jagdwesens im Fürstentum Fürstenberg inne. Als Sechzehnjähriger war er zum Ritter geschlagen worden und zwar, wie er glaubte, als letzter vor der Auflösung des Deutschen Reiches. 1815 war Laßberg in Wien der Initiator des Adelsvereins »Die Kette«, in dem mediatisierte Fürsten und Mitglieder der Reichsritterschaft für die

hier im Haus gehabt und vermutlich aus Faulheit schlecht benutzt« (an WiG, 21.10.1814). Durch Schlegels »Geheimniskrämerei« wird der Besitzer erst darauf aufmerksam, was für eine Kostbarkeit er da besitzt, sehr zum Ärger der anderen interessierten Parteien. Schließlich gelingt es Jacob Grimm, »nach zwanzig vergeblichen Gängen« (an WiG, 12.11.), den Kodex auf drei Tage zu leihen. Um den Besitzer nicht zu schädigen, schreibt er nur einen Teil davon ab. Mit diesem Material entstehen Beiträge für die ›Altdeutschen Wälder‹.

Dass sich der hessische Legationssekretär Grimm neben der Erfüllung seiner diplomatischen Dienstpflichten Zeit für seine wissenschaftlichen Neigungen nimmt, erregt schon bald Anstoß. Zur Zeit des Wiener Kongresses finden die Verhandlungen noch nicht in Plenar- und Ausschusssitzungen, sondern vielfach in den Salons und am Rande glänzender Einladungen statt. Von solchen gesellschaftlichen Terminen hält sich Jacob Grimm möglichst fern. Schon unmittelbar nach seiner Ankunft hatte er mitgeteilt: »An Festen und Aufzügen fehlts nicht; wäre alles gut beendigt, so würde man mit leichterm Herzen dabeisein; zur heutigen Redoute von 10000 Masken bin ich mit meinem Billett auch schon darum nicht gegangen« (An WiG, 2.10.1814).

Mitte November, Jacob ist kaum sechs Wochen in Wien, schreibt Wilhelm, ein Bekannter habe ihm im Vertrauen gesagt, »dass jemand dem Kurfürsten bemerklich gemacht, *dass du die Zeit, die du in Gesellschaft zubringen solltest, um so viel als möglich zu erfahren etc., für deine Arbeit auf der Bibliothek zubrächtest.* Ich sagte ihm, dass du durch diese Lebensweise wichtigere und bessere Bekanntschaften erwürbest als durch fruchtloses Herumlaufen in den großen Gesellschaften, dass

Wiederherstellung des Status des alten Reichsadels eintraten. Auch Werner von Haxthausen gehörte dem Verein an. Nach dem endgültigen Scheitern der reichsritterlichen Kampagne im Jahre 1817 zog sich Laßberg auf sein Gut Eppishausen im Thurgau zurück. Er wurde einer der bedeutendsten Sammler mittelalterlicher Schriften und Bilder. 1834 heiratete er in zweiter Ehe Jenny von Droste-Hülshoff. 1837 bezog das Ehepaar das Alte Schloss in Meersburg, wo ab 1846 auch Jennys Schwester Annette dauerhaft wohnte.

du wahrscheinlich so viel wüsstest als einer erfahren könnte, und dass diese Nebenarbeiten auf etwas auch Förderliches, z.B. das alte Recht, hinausgingen, und dass dir ja die deutschen Angelegenheiten von selber schon so am Herzen lägen. Er gab mir völlig Recht und sagte nur, solche Menschen könnten es nicht begreifen, dass jemand neben seinem Amte noch für sich arbeite.« Jacob reagiert gelassen. Sein Amt ist ihm bereits so verleidet, dass er sich wenig um seine Stellung sorgt. Im Übrigen hat er ein gutes Gewissen. Schreibereien nehme er mehr auf sich »als irgend einer meiner Kollegen, ich, der ihre Unnützlichkeit und Verkehrtheit bei jeder Blattseite fühle und dieses Leben nicht in die Länge von mehrern Monaten ertragen möchte. Alle Woche berichten wir zweimal und unser letzter Bericht war achtzehn Folioseiten, der heutige gar vierundzwanzig von meiner Schrift stark und von allen Beilagen werden Kopien behalten. In den letzten vierzehn Tagen habe ich wirklich nur dreimal auf die Bibliothek gehen *können*« (an WiG, 23.11.1814). Das Allerschlimmste sei aber, »dass man so deutlich sieht, wie das Rechte und Reine nicht geschieht, das ich und jeder, der die Sache recht ansieht, […] im zehnten Teil der verschwendeten Zeit« würde »raten, tun und schreiben« können. Er habe in diesem Sinn »schon Aufsätze gemacht«, aber am Ende falle gewöhnlich doch alles in die übliche Mittelmäßigkeit zurück.

Zu Jacob Grimms wohl für den internen Gebrauch bestimmten »Aufsätzen« gehört vermutlich auch ein Kommentar zu einem in 32 Paragraphen gegliederten Entwurf einer Reichsverfassung. Seine Anmerkungen beschäftigen sich mit Fragen der Reichsinnen- und -außenpolitik, dem Verhältnis der kleineren Staaten zu den beiden Großmächten, den

---

Jacob Grimm hält den hessischen Geheimen Regierungsrat **von Lepel** für seinen Anschwärzer. Als Jacob Grimm sich ein dreiviertel Jahr später um die vakante Stelle an der Bibliothek in Kassel bewirbt, kommt er in einem zweiten Schreiben vom selben Tag (10. August) nochmals auf die Vorwürfe zurück, um seine Anstellung durch keine unwidersprochen im Raum stehende üble Nachrede zu gefährden. »Ponatur ad acta«, verfügt der Kurfürst und lässt die Sache auf sich beruhen.

Landständen, Religion, Heeresverfassung, der Freizügigkeit der Studenten. Auffallend ist, dass Gelehrte bei der Verteilung der Wahlstimmen bevorzugt werden sollen. Jacobs Vorschlag für die ersten beiden Artikel lautet: »1) dass jeder Deutsche frei 2) dass jeder Deutsche gebunden ist an sein Vaterland«. Weil solche Anmerkungen und Vorschläge offensichtlich auf taube Ohren stießen, verfasst Jacob Grimm zusätzlich eine Reihe von Beiträgen für den ›Rheinischen Merkur‹, den ein langjähriger Bekannter der Grimms, Johann Joseph von Görres, zwischen Januar 1814 und Januar 1816 herausgibt. Dann wird die Zeitung von der preußischen Regierung verboten. Insgesamt erscheinen 357 Ausgaben. Obwohl der ›Rheinische Merkur‹ nicht über eine Auflage von 3000 Exemplaren hinauskommt, ist er eine der einflussreichsten Zeitungen dieser Jahre. Zuweilen wird er als die fünfte Großmacht apostrophiert. Er ist das Organ der deutschen Verfassungsbewegung. Mitte Februar 1814 hatte Görres die Brüder brieflich aufgefordert, ihm Artikel für seine Zeitung zu schicken. Darauf kommt Jacob Grimm nun zurück. So schreibt er im Winter 1814/15 unter anderem über die beabsichtigte Teilung Sachsens sowie über die Bundesverfassung und schreibt ein langes Gespräch ›Der Kaiser und das Reich‹. Dort bringt er beispielsweise seine Auffassungen über die Bedeutung des Kaisertums vor, diskutiert die Vorteile und Nachteile von Einheit und Vielfalt des künftigen Deutschland und erläutert, warum sich Preußen von Russland emanzipieren müsse. Die Beiträge sind nicht unterzeichnet, und Görres greift als Herausgeber stark ein – so habe er, schreibt Jacob Ende Januar 1815 an Wilhelm, »namentlich in dem Gespräch, das durch viel Nummern geht [...], allerhand unter-

Johann Joseph von Görres war zehn Jahre älter als Jacob Grimm. Als früher Anhänger der Französischen Revolution hatte er sich, nach einem Besuch in Paris um 1800, zunächst ernüchtert von der Politik ab- und dem Studium der Literatur zugewandt. Zwischen 1806 und 1808 lehrte er als Privatdozent in Heidelberg, als Clemens Brentano und Achim von Arnim dort das ›Wunderhorn‹ abschlossen und die ›Zeitung für Einsiedler‹ herausbrachten. Anschließend war er in Koblenz im Schulwesen tätig.

einandergeworfen und zerfetzt«. Demnach darf man Jacob Grimm nicht durchweg mit den in seinen Beiträgen für den ›Rheinischen Merkur‹ geäußerten Auffassungen identifizieren. Auch Wilhelm Grimm liefert einige Artikel für die Zeitung, so über die hessische Ständeversammlung, aber auch Nichtpolitisches.

Anfang 1815 lässt Jacob Grimm in Wien noch zwei eigene Bücher erscheinen. Die altspanischen Romanzen (›Silva de romances viejos‹) sind sein Gegenstück zu Wilhelm Grimms ›Dänischen Balladen‹. Sie sind Görres gewidmet. Das zweite Buch ist eine überarbeitete alte Abhandlung, ›Irmenstraße und Irmensäule‹, die ihm für die ›Altdeutschen Wälder‹, wo Wilhelm Grimm sie gerne aufnehmen möchte, zu umfangreich vorkommt.

Schon zuvor ist der zweite Band der ›Kinder- und Hausmärchen‹, wiederum zu Weihnachten, herausgekommen. Jacob Grimm findet ihn im Ganzen weniger gelungen als den ersten und moniert Druck und Papier und den hohen Preis. Für einen dritten Textband, der dann nicht mehr erscheint, hat er bereits neue Beiträge erhalten. Sie finden in den Neuauflagen der ›Kinder- und Hausmärchen‹ Aufnahme.

Schon seit 1813 ist auch Jacob Grimms Interesse an rechtsgeschichtlicher Quellenforschung neu erwacht. Als Savigny Ende 1814 den Plan zu einer juristischen Zeitschrift fasst und Jacob Grimm um Beiträge bittet, nimmt dieser die Einladung freudig an und arbeitet noch in Wien zwei Aufsätze aus – ›Von der Poesie im Recht‹ und ›Über eine eigne altgermanische Weise der Mordsühne‹, der eine alte Form des Lösegelds behandelt –, die 1815 im ersten und zweiten Band der ›Zeitschrift für geschichtliche Rechtswissenschaft‹ erschei-

In der letzten Zeit hatte ich mir ein eigenes Heft fürs altdeutsche Recht gehalten und viele Formeln und Gebräuche daraus exzerpiert. [...] Schwerlich ist irgend eine Jurisprudenz so poetisch gewesen, und eben damit war sie dennoch sinnlich praktisch im höchsten Grad, sie verhält sich zum römischen Recht wie das Epos zur Spekulation.

Jacob Grimm am 24. Dezember 1813
aus Kassel an Friedrich Carl von Savigny

nen. Die Arbeit an diesen Abhandlungen macht ihm Lust, in dieser Weise fortzufahren und auch auf diesem Feld auf ein großes umfassendes Werk hinzuarbeiten.

Am 15. April 1815 stirbt die Tante Henriette Zimmer im Alter von 67 Jahren überraschend im Anschluss an ein dreitägiges »ganz unbedeutendes Katarrhfieber«. Fern von den Geschwistern trägt Jacob Grimm besonders schwer an der Nachricht. »Wir sterben«, antwortet er Wilhelm schwermütig, »immer mehr zusammen und haben gar keine Verwandten mehr; in wie wenig Jahren können wir alle mit all unsrer Liebe, Sorge und Mühe in ein Häufchen Erde zusammensinken. Ich bin jetzo so hauptsächlich an dich gebunden, dass ich nicht aus noch ein wüsste, wenn du mir mangeltest« (24. 4.). Er ist nun entschlossen, sich aus seiner gegenwärtigen Lage, »dieser unordentlichen, verlassenen, mir auf alle Weise verleideten Lebensart« herauszureißen. Noch im April richtet er an den Kurfürsten die schriftliche Bitte, ihn, sobald der Kongress in Wien auseinander gehe, seines Amtes zu entbinden. Dass Napoleon Mitte März 1815 von Elba flieht, im Triumph nach Paris zieht und sich ein letztes Mal gegen das restliche Europa aufbäumt, bedeutet für Jacob Grimm – bei aller Betroffenheit über die »unleidlichen Nachrichten« aus Frankreich, die Aussicht auf erneuten Krieg – ein um einige Wochen früheres Ende seiner Tätigkeit. Denn nun geht auf einmal alles schnell. In Eile werden die Verhandlungen abgeschlossen und die Armeen in Stellung gebracht. Anfang Juli reist Jacob Grimm nach Hause.

In Kassel schickt sich eben Ludwig Emil Grimm an, zur Abrundung seiner künstlerischen Ausbildung auf längere Zeit nach Italien zu gehen. Die Kurfürstin ist ihm und Wil-

---

Wann ich einmal wieder nach Haus komme, will ich die altdeutschen, nordischen und englischen Gesetze und alte Statuten studieren, nicht nur ist darin Neues zu tun, sondern es könnte auch äußerlich zu einer Anstellung beförderlicher werden als die Geschichte der Poesie [...]. Auch glaube ich, dass bei einer dereinstigen Erfrischung unserer deutschen Rechtsverfassung man aus diesen Quellen manches brauchen sollte.

Jacob Grimm am 27. März 1814 aus Dijon an Wilhelm Grimm

helm Grimm besonders gewogen und hat Wilhelm nach dem Tod der Tante erklärt, die Geschwister möchten nun sie als ihre Tante betrachten. Ludwig Emil erhält ein Reisestipendium, so dass er sich »drei Jahre ohne uns« wird »forthelfen können« (WiG an JaG, 2.6.1815). Ferdinand Grimm ist seit dem Frühjahr als Korrektor beim Verlagsbuchhändler Reimer in Berlin untergebracht, wo sich auch Savigny um ihn kümmert. Zudem erscheint »in Zschockes Erheiterungen, drittes Bändchen 1814« ein Gedicht von ihm über Ernst Wagners Grab. »Es ist ganz gewöhnlich«, kommentiert Wilhelm, »ich fürchte aber, nachdem es gleichsam zum Durchbruch gekommen, es erscheint nun mehr der Art. Wie Gutes hätte er in Sagen und Märchen sammeln können!« (An JaG, 18.1.1815) Carl Grimm ist als Reisender für die Hamburger kaufmännische Firma, bei der er angestellt ist, unterwegs in Frankreich.

Im Frühherbst 1815 möchte sich Savigny nach jahrelanger Trennung einmal wieder länger mit den Brüdern treffen »und besonders auch mit Jacob über manches Politische mich zu vereinigen suchen« (28.7.1815). Eine gemeinsame Rheinreise wird verabredet. Am 2. September trifft Wilhelm in Frankfurt ein. Ludwig Emil stößt, von Steinau kommend, hinzu, Jacob will nachkommen. Goethe ist in diesen Tagen in Frankfurt, und Wilhelm trifft ein zweites Mal mit ihm zusammen. In Mainz besteigen Savigny, Wilhelm und Ludwig Emil ein Schiff nach Köln. In Koblenz sind die Brüder ohne Savigny acht Tage bei Görres zu Besuch, von dem Ludwig Emil eine Zeichnung anfertigt, die seine erste Radierarbeit werden soll. In Heidelberg treffen Savigny und Wilhelm Grimm wieder zusammen. Dort kommt es zu einer erneuten Begegnung mit Goethe, der bei dem Kunstsammler Sulpiz Boisserée

Aus der Distanz wirkt die Bindung an die Geschwister besonders stark. Ende Januar hatte Jacob Grimm an Wilhelm Grimm geschrieben:
In der Ferne hat man sich viel reiner lieb; daheim ist manches Kleine ein Anstoßstein und man scheut sich gleichsam, die rechte Liebe auszulassen. Gott will aber diese Sparsamkeit mit der rechten Liebe, dass sie nicht ohne Not gezeigt werde. Also euch ebenfalls hab ich zwar zu Haus im Grunde ebenso lieb, aber ich bin in der Ferne viel weicher gegen euch gesinnt und gäbe euch

wohnt, Arabisch lernt und »ein Päckchen Gedichte in Hafiz' Geschmack gemacht« hat (WiG an JaG, 20.10.1815). Natürlich suchen auch Wilhelm Grimm und Savigny die berühmte Gemäldesammlung Boisserées auf. Goethe erkundigt sich bei Wilhelm nach den literarischen Arbeiten der Brüder und kommentiert dessen Auskünfte auf die für ihn charakteristische abgemessene Art. Der Heidelberger Philologieprofessor Georg Friedrich Creuzer, ein enger Freund Savignys, sagt Wilhelm Grimm hinterher, dass Goethe besonders die Prosaübersetzung in der ›Edda‹-Ausgabe der Brüder gefreut hat, er rede noch immer »von einer ähnlichen Arbeit beim Homer«. Mitte Oktober trifft Wilhelm wieder in Kassel ein, wo Savigny mit seiner Familie auf der Heimreise nach Berlin noch zwei Tage bei Wilhelm und Lotte zu Gast ist. Die sechswöchige Spätsommerreise hat Wilhelm sehr genossen, »und jeder behauptet, dass ich dicker geworden und rüstiger aussehe« (an JaG, 20.10.1815).

So sehr sich Jacob Grimm gewünscht hätte, bei all dem mitzutun: Seit Mitte September ist er erneut in diplomatischer Mission in Paris, »dem verwünschten Ort« (JaG aus Mainz an WiG und LEG, 13.9.1815). Gerade als er den Brüdern nach Frankfurt folgen wollte, hat er den Auftrag bekommen, ohne Verzug dorthin zu reisen, um über die Rückführung geraubter Kunstschätze zu verhandeln. Während seiner Eroberungskriege hatte Napoleon aus den besetzten Ländern systematisch bedeutende Kunstwerke ermitteln und nach Paris schaffen lassen. Dort, am Sitz des Fortschritts und der Freiheit, sollten die glänzendsten Erzeugnisse menschlichen Genies vereinigt werden. Geleitet wurde der Kunstraub vom Generalinspekteur der französischen Museen, Dominique Vi-

viel leichter alles nach; die Lotte ist mir zu Haus wie eine sich sträubende, widerspenstige Provinz; aber hier könnte ich unmöglich etwas gegen sie haben.

vant Baron Denon, einem sachverständigen wie unerbittlichen Mann, der in Europa bald als *l'emballeur* (»der Einpacker«) bekannt war. Kurz nach der Besetzung Kurhessens, bei der gleich vieles weggekommen war, war Denon im Januar 1807 in Kassel erschienen und hatte Bilder abtransportieren lassen. Bei seiner Flucht im Sommer 1813 ließ Napoleons Bruder Jérôme nochmals eine lange Kolonne von Fahrzeugen mit Hunderten von Kunstwerken von Kassel nach Paris in Marsch setzen. Jacob Grimm hatte als Privatbibliothekar des Königs bei der Auswahl der Gegenstände helfen müssen und viele wertvolle Manuskripte und Urkunden zurückhalten können. Als Legationssekretär war Jacob 1814 bereits an der Rückforderung der aus Hessen geraubten Kunstwerke beteiligt gewesen. Die meisten von ihnen hingen im Louvre und waren leicht wiederzuerlangen.

Nach dem zweiten, endgültigen Sieg der Verbündeten über Napoleon im Juni 1815 schickte der Kurfürst seinen Geheimen Rat Karl Buderus von Carlshausen nach Paris, um die noch fehlenden Bilder zu ermitteln und ihre Rückführung zu veranlassen. Dort entwickelten die Geschäftsträger der deutschen Länder den Plan, den Franzosen als Entschädigung für zahlreiche nicht mehr auffindbare Kunstwerke wertvolle Manuskripte wegzunehmen. Die Königlich Preußische Behörde wollte, dass der Legationssekretär Grimm, über dessen Fachkundigkeit man orientiert war, die Auswahl übernehme und die Verhandlungen führe.

Viele Briefe und Akten, die Jacob Grimms Mission bei seinem dritten Aufenthalt in Paris betreffen, sind überliefert und vermitteln eine Vorstellung von der Energie und dem

[…] ich sollte die aus einigen Gegenden Preußens geraubten Handschriften ermitteln und zurückverlangen, nebenbei auch einige Geschäfte des Kurfürsten besorgen, der in dem Augenblick keinen Bevollmächtigten dort hatte. Zwar jener Auftrag brachte mich in ein unangenehmes Verhältnis zu den Pariser Bibliothekaren, die mich früher sehr gefällig behandelt hatten. Jetzt aber wurde einmal Langlès, den ich besonders drängte, so bitter, dass er mir nicht mehr gestatten wollte, auf der Bibliothek zu arbeiten, was ich in Nebenstunden immer zu tun fortfuhr; nous ne

Geschick, mit denen er die Aufgabe erfüllt hat. Besonders heikel ist dabei, dass sich die hessischen Bilder mittlerweile im Besitz des Zaren Alexander befinden. Die Versuche der französischen Behörden, die Verhandlungen zu verschleppen oder sich ihnen ganz zu entziehen, reißen nicht ab und verlängern den Aufenthalt in unerwünschter Weise. Auch die unterschiedlichen Interessen der Alliierten behindern eine glatte Rückgabe. So hat der französische Außenminister Talleyrand mithilfe der Engländer durchgesetzt, dass nur die magazinierten Kunstwerke herauszugeben seien, nicht aber die schon in Museen öffentlich ausgestellten, weil man die Gefühle des französischen Volkes schonen und vor allem alles vermeiden müsse, was die Franzosen gegen die zurückgekehrten Bourbonen aufbringen könne. Der Grund für die Haltung der Engländer ist, dass ein erheblicher Teil der von den Franzosen entwendeten Kunstwerke in der Zwischenzeit nach England gelangt war.

Im Dezember 1815 kann Jacob aus Paris abreisen. Im Spätsommer 1816 erhält er ein Schreiben des preußischen Staatskanzlers Fürst von Hardenberg, der ihm seine Zufriedenheit darüber ausdrückt, wie er sich in Paris der Angelegenheiten Preußens angenommen hat. Sein eigener Fürst und Buderus, den er in Paris vertritt, lassen ihn dagegen ohne Dank.

Der Pariser Aufenthalt bringt noch die Bekanntschaft mit Johann Albrecht Friedrich Eichhorn, der ein Vierteljahrhundert später als preußischer Kultusminister an der Berufung der Brüder Grimm nach Berlin beteiligt sein wird.

Am 19. Oktober 1815, Jacob ist noch in Paris, stirbt unerwartet der Direktor der Kasseler Bibliothek Friedrich Wil-

devons plus souffrir ce Mr. Grimm, qui vient tous les jours travailler ici et qui nous enlève pourtant nos manuscrits [wir dürfen diesen Herrn Grimm hier nicht mehr dulden, der täglich zum Arbeiten zu uns kommt und uns dennoch unsere wertvollen Handschriften fortnimmt], sagte er öffentlich. Ich machte die Handschrift, die ich eben auszog, zu, gab sie zurück und ging nicht mehr hin, um zu arbeiten, sondern nur, um zu beendigen, was mir aufgetragen worden war.

Jacob Grimm, ›Selbstbiographie‹

helm Strieder. Die Brüder beratschlagen brieflich, was nun zu tun sei. Wilhelm schlägt vor, dass er sich selbst um die zweite Bibliothekarsstelle bewerbe, während Jacob sich um die ebenfalls vakante Position des Hofarchivars bemühen soll, was schon seit längerem im Gespräch ist. Doch das Arrangement schlägt fehl. Beide Aussichten scheitern. Stattdessen soll Jacob Buderus, den beide Brüder verachten, gleich nach Erledigung der Pariser Geschäfte als Gesandtschaftssekretär zum Bundestag in Frankfurt am Main begleiten. Jacob lehnt ab. Die Kurfürstin interveniert zu seinen Gunsten und hat Erfolg. Noch ist die Gefahr abzuwenden, dass der Kurfürst Jacob Grimm seine Privatbibliothek anvertraut. Auch diese Stelle ist durch den Tod Strieders vakant. Sie bringt viel geistlose Arbeit mit sich und erfordert eine tägliche Präsenz von sechs bis sieben Stunden. Doch als sich Jacob Grimm im April 1816 noch einmal an den Kurfürsten wendet und um die Hofarchivarsstelle bittet – da er sein weiterlaufendes Gehalt eines Legationssekretärs »bloß in der steten Hoffnung einer bald erfolgenden anderweitigen, meinen geringen Talenten entsprechenden Wiederanstellung fortbezogen« habe –, ernennt ihn der Landesherr wenige Tage später zum zweiten Bibliothekar an der großen Bibliothek des Museum Fridericianum. Sein Jahresgehalt beträgt unverändert 600 Taler. Wilhelm verdient 300 Taler. Dabei bleibt es für die nächsten fünfzehn Jahre. 900 Taler sind mehr, als gerade zum Überleben notwendig ist. Wer gewohnt ist, sich einzuschränken, kommt damit aus. Jacob und Wilhelm Grimm sind dazu bereit.

> Mir hat der Kurfürst die zweite Bibliothekarsstelle nicht gegeben, ohngeachtet ich sie versehen und kein anderer darauf Ansprüche hat […]. Der Jacob sollte als Sekretär zum Buderus nach Frankfurt; als ich es hörte, erklärte ich gleich in seinem Namen, dass er, wenn auch nicht schon der Sache, doch der Person wegen dies nicht annehmen würde und im Notfall lieber den Abschied fordern als neben diesem unreinen Menschen dienen, der sich eben in Paris durch sein kriechendes Betragen verächtlich gemacht. […] Der Jacob hat es ihm rund abgeschlagen und eine neue Vorstellung dem Kurfürst eingeschickt.
>
> *Wilhelm Grimm Anfang Dezember 1815*
> *aus Kassel an Friedrich Carl von Savigny*

Zwischenbetrachtung

Das dritte Lebensjahrzehnt ist oft die entscheidende Zeit. Für die Biographie der Brüder Grimm gilt das in besonderer Weise. Die Jahre zwischen 1805 und 1815 sind daher in den vorausgegangenen Abschnitten ausführlicher geschildert worden. Was danach kommt, ist zu einem hohen Anteil Resultat und Konsequenz dieser Voraussetzungen. Als Jacob und Wilhelm Grimm dreißig sind, kommen sie – begünstigt durch die allgemeine Lage, die europäische Erschöpfung nach Jahrzehnten der kriegerischen Konflikte, die politische Stagnation der Restaurationszeit – zur Ruhe. Sie haben, gegen manche Widerstände, zu ihrer selbst gewählten Aufgabe gefunden und arbeiten, immer weiter ausgreifend, an ihrem Werk.

Das Verzeichnis von Jacob Grimms Schriften enthält fast 500 Titel, das von Wilhelm Grimm etwa 225. Darunter sind natürlich viele kleine Aufsätze und Rezensionen, aber auch eine erstaunliche Fülle von Büchern und langen Abhandlungen. In einem kleinen Buch über das Leben der Brüder kann man all dies nicht darstellen. Es ist aber im Grunde auch

17 Wilhelm Grimm kurz vor seinem 28. Geburtstag. Bleistiftzeichnung von Ludwig Emil Grimm (31. Januar 1814)

nicht nötig. Die meisten Veröffentlichungen der Brüder Grimm sind wissenschaftliche Spezialforschungen, auch wenn sie immer den Wunsch hatten, ihre Forschungen möchten in die Breite wirken. Teilweise war das tatsächlich der Fall; besonders und im Laufe der Zeit geradezu überwältigend mit den ›Märchen‹, die ja zunächst auch vorwiegend an ein gelehrtes Publikum adressiert waren. Für die meisten Schriften der Brüder Grimm gilt das jedoch nicht. Wilhelms Ausgaben mittelhochdeutscher Literatur sind wichtige Wegmarken der frühen Germanistik und heute noch für Mediävisten von Interesse, doch philologisch und editionstechnisch überholt. Die von Wilhelm herausgegebenen alten Texte selbst rufen heute nur bei wenigen Spezialisten und Liebhabern Interesse hervor. Seinerzeit wird es nicht viel anders gewesen sein. Das deutsche Volk, dessen Selbstwerdung ihre Studien dienen sollten, verfolgte nicht von Jahr zu Jahr, was die Grimms der Öffentlichkeit boten. Für Jacob Grimms großes grammatisches Werk, für seine Anthologien der ›Deutschen Rechtsaltertümer‹ und der ›Weistümer‹, für die ›Deutsche Mythologie‹ und die ›Geschichte der Deutschen Sprache‹ gilt das ebenso wie für Wilhelm Grimms Bücher ›Zur Literatur der Runen‹ und ›Die deutsche Heldensage‹. Von den meisten dieser Werke wird noch die Rede sein, aber doch nur so, dass man eine Vorstellung davon hat, worum es geht. Alles tiefer gehende Interesse, das vielleicht bei der flüchtigen Erwähnung geweckt wird, muss auf die jeweilige Spezialforschung verwiesen werden.

Man ist, ausgehend von den ›Märchen‹ und vom ›Deutschen Wörterbuch‹, gewohnt, die Brüder Grimm als Autorengespann zu sehen. Gemessen am Gesamtumfang ihres

Gemeinschaftliche Werke
Neben den ›Kinder- und Hausmärchen‹ (1812) und dem ›Deutschen Wörterbuch‹ (ab 1854) sind die wichtigsten gemeinschaftlichen Werke der Brüder Grimm: das ›Hildebrandlied‹ (1812), die ›Altdeutschen Wälder‹ (1813–1815), ›Der arme Heinrich‹ (1815), die ›Edda‹ (1815), die ›Deutschen Sagen‹ (1816) und die ›Irischen Elfenmärchen‹ (1826).

Werkes ist das eine irrige Vorstellung. Von den zusammen über 700 Veröffentlichungen der Brüder sind nur zwanzig, neun selbstständige Veröffentlichungen und elf Aufsätze, unter gemeinsamer Verfasserschaft erschienen. Unter diesen zwanzig aber sind eben die ›Märchen‹ und das ›Wörterbuch‹, die die Popularität der Brüder begründeten.

Diese Popularität ist in der Verfasserbezeichnung Brüder Grimm bereits angelegt, worauf Ludwig Denecke aufmerksam gemacht hat: Sie mache nicht bekannt (vielmehr setze sie Bekanntheit schon voraus), sondern vertraut (Denecke, 54 f.). Das intellektuelle Männerpaar war in der Zeit nach 1800 in Deutschland geradezu eine Obsession, ob es nun um Goethe

18 Jacob und Wilhelm Grimm. Ölgemälde von Elisabeth Jerichau (1855)

und Schiller, August Wilhelm und Friedrich Schlegel, Achim von Arnim und Clemens Brentano oder Wilhelm und Alexander von Humboldt ging. Neu aber ist die ganz unfeierliche, familiäre und deshalb so einprägsame Formulierung, die Jacob und Wilhelm Grimm gewählt haben. Als *Brüder Grimm* wurden sie Zeitgenossen und Nachwelt zum Begriff. Dass das ›Deutsche Wörterbuch‹ nicht mehr die *Brüder*, sondern *Jacob und Wilhelm Grimm* als Verfasser nennt, ist nur aufmerksamen Beobachtern bewusst.

Noch bleibt viel zu erzählen: von der Familie Wilhelm Grimms, von der Professorenlaufbahn der Brüder und vom ›Deutschen Wörterbuch‹, von den Kasseler Jahren, dem langen Göttinger Zwischenspiel und schließlich der Berliner Zeit. Noch zweimal stellen äußere Ereignisse dramatisch ihre gesamte Existenz in Frage. Die politischen Verhältnisse in Deutschland lassen sie bis zuletzt nicht los.

19 Das Museum Fridericianum in Kassel. In der dort untergebrachten Bibliothek waren Jacob und Wilhelm Grimm zwischen 1816 bzw. 1814 und 1929 als Bibliothekare tätig.

Als Bibliothekare in Kassel

Es ist erstaunlich, wie sehr Jacob, der weit Gereiste, und Wilhelm, der Gesellige, an der hessischen Heimat hängen. Dass Kassel kein sehr geeigneter Ort ist, um eine international ausgreifende wissenschaftliche Tätigkeit zu entfalten, beklagen die Brüder schon früh und seither immer wieder in ihren Briefen. An Gelegenheiten fortzugehen fehlt es nicht. Besonders Savigny bemüht sich immer wieder, sie aus ihrem engen Kreis zu lösen. Im November 1814 erkundigt er sich, ob Jacob und Wilhelm Grimm nicht für eine in Köln neu zu gründende Universität zur Verfügung stünden. Solange die Tante noch lebe, antworten sie, sei das gar nicht denkbar. Im Mai 1816 erneuert Savigny die Anfrage und fragt konkret, ob sie an der Neugründung – die letztlich in Bonn angesiedelt wurde – das Amt eines Generalsekretärs zusammen mit einer Professur übernehmen würden. Jacob antwortet ausweichend: »Es geht uns jetzt hier wohl und mancher Wunsch ist uns erfüllt worden.« Sie möchten die Entscheidung aufschieben. Zuletzt bleiben sie doch wieder in Kassel.

Die gemeinsame Anstellung an der dortigen Bibliothek stellt die Brüder, auch wenn ihre berufliche Position kaum ihren Fähigkeiten entspricht, für anderthalb Jahrzehnte vollauf zufrieden. Dort müssen sie gewöhnlich nur drei Stunden

Wir waren bisher nie getrennt gewesen und entschlossen, solange es in unsern Kräften stehe, beisammen zu bleiben; aber ein solches gemeinschaftliches Amt erfüllte unsern liebsten Wunsch. Fast gegen Erwartung wurde die Bitte gewährt. Dankbar haben wir die glückliche Zeit genossen, wo wir eine willkommene und belehrende Beschäftigung in dem pünktlich verwalteten Amte fanden, daneben Muße zum Studieren und zur Ausführung mancher literarischer Pläne. Wir dachten nicht, dass wir je diese Stellung aufgeben würden, und Anträge, dieses zu tun, selbst solche, die uns nicht getrennt haben würden, wie viel glänzender auch die äußere Lage dabei gewesen wäre, haben wir ohne langes Bedenken abgelehnt. *Wilhelm Grimm, ›Selbstbiographie‹*

am Tag zubringen, und selbst diese Zeit können sie oft für ihre eigenen Interessen nutzen. Auch teure Fachbücher zu den ihnen nahe liegenden Feldern können sie in der Regel für die Bibliothek anschaffen. 1830 hat Jacob Grimm diese Jahre rückblickend als die »ruhigste, arbeitsamste und vielleicht auch die fruchtbarste Zeit meines Lebens« bezeichnet (›Selbstbiographie‹).

Den Auftakt dieser arbeits- und ertragreichen Jahre macht zu Ostern 1816 der erste Band der ›Deutschen Sagen‹. Die Sagensammlung galt ihnen als Fundament aller Beschäftigung mit der literarischen Überlieferung und der Geschichte. »Die älteste Geschichte jedwedes Volkes«, schreiben sie, »ist Volkssage«.

Jacob und Wilhelm Grimm haben in ihren beiden Bänden der ›Deutschen Sagen‹ zwischen Ortssagen (Band 1, 1816) und geschichtlichen Sagen (Band 2, 1818) unterschieden. Der konkrete örtliche und zeitliche Bezug gehört jedoch zu den Grundmerkmalen aller Sagen. Von daher ist die heute gängige Unterscheidung zwischen abergläubischen und historischen Sagen überzeugender. Jene schildern zumeist Schrecken erregende Begegnungen des Menschen mit dem Übernatürlichen, diese kreisen um historische oder für historisch gehaltene Personen und ihre wirklichen oder angeblichen Taten.

Auch scheinen aus heutiger Sicht Sage und Märchen bei den Brüdern Grimm nicht immer klar auseinander gehalten. So sprechen sie in ihrem Stoff- und Motivverzeichnis etwa von der »Sage vom Aschenputtel«, die sie dann aber doch richtigerweise in die Märchensammlung einfügen. In die ›Kinder- und Hausmärchen‹ sind dagegen eine Reihe von Texten aufgenommen (›Die Wichtelmänner‹, ›Die Unke‹,

---

Die **Sage** ist eine volkstümliche, ursprünglich mündlich überlieferte (daher der Name), meist einepisodige kurze Erzählung. Sie berichtet oft von übersinnlichen Ereignissen, deren Wahrheitsgehalt nicht angezweifelt wird. Das Numinose und das Menschliche bleiben dabei als unvereinbare Sphären streng geschieden. – Im **Märchen** ist das Übersinnliche selbstverständlicher Teil des Erlebens und Handelns aller Figuren. Die Naturgesetze sind außer Kraft, was weder bei den Märchenfiguren noch bei den Zuhörern Verwunderung auslöst.

›Gevatter Tod‹ und andere), die deutlichere Merkmale einer Sage aufweisen. Über die Abgrenzung der beiden Gattungen voneinander, ein mittlerweile gründlich diskutiertes Problem, war vor der Zeit der Brüder Grimm erst wenig nachgedacht worden. Auch auf diesem Feld hatten die Brüder Pionierarbeit zu leisten. In der Vorrede zu den ›Deutschen Sagen‹ bringen sie ihre Überlegungen auf die wegweisende Formel, das Märchen sei poetischer, die Sage historischer.

Der gattungsgerechten formalen Kunstlosigkeit der Sage haben die Brüder Grimm Rechnung getragen, indem sie sie im Gegensatz zu den Märchen keiner einheitlichen Bearbeitung unterzogen haben. Dabei wird eine Rolle gespielt haben, dass die Redaktion der Sagen zu weiten Teilen in den Händen Jacob Grimms lag – den zweiten Band hat er nahezu allein besorgt –, vor allem aber, dass Jacob und Wilhelm Grimm ihre insgesamt 579 Sagen, anders als die Märchen, bis auf wenige Ausnahmen aus alten Büchern entnommen haben. Das erklärt die sprachliche Heterogenität der Sammlung. Diese Heterogenität, der »ernste und trockne Ton«, die nicht immer einleuchtende Anordnung sowie der Anspruch, mit den Sagen Quellen geschichtlichen Rangs zu bieten und dem deutschen Volk einen Dienst zu erweisen, forderte manche Kritik heraus. Ein übel wollender Rezensent urteilte: »Ein ungeheurer Karren voll unnützen Schuttes und Steinbrocken zusammengekehrt, der Him-

20 Jacob Grimm an seinem Schreibtisch in der Wohnung am Wilhelmshöher Tor. Bleistiftzeichnung von Ludwig Emil Grimm (18. 11. 1817)

mel weiß warum.« Ein Publikumserfolg sind die ›Deutschen Sagen‹ nicht geworden. Dennoch war ihre Wirkung groß. Gab es auch schon vor Erscheinen der ›Deutschen Sagen‹ eine literarisch geprägte Sagenmode – etwa in Balladen Goethes und Schillers –, so stehen die Brüder Grimm doch am Anfang einer philologischen Beschäftigung mit der deutschen Sage. Seither erst wird Sage auch als wissenschaftlicher Begriff gebraucht. Die ›Deutschen Sagen‹ lösten eine wahre Flut von regionalen Sagensammlungen aus. Was Jacob Grimm mit seinen Zirkularbriefen nicht erreicht hatte, kam nun auf diesem Wege, durch das unmittelbare Vorbild, zustande. Zudem haben sich viele Sagen, wie etwa die vom Rattenfänger zu Hameln, erst durch die Brüder Grimm im allgemeinen Bewusstsein festgesetzt. Vor allem die bildenden Künstler des 19. Jahrhunderts fanden in der Grimmschen Sammlung zahlreiche Motive. So wurden die ›Deutschen Sagen‹ zumindest mittelbar doch noch populär. Und wenn die heutige Forschung auch von vielen Sagen bessere Fassungen als die bei den Brüdern Grimm gedruckten zu haben meint: Viele neue Sagen sind nicht hinzugekommen. Auf Anhieb haben die Brüder Grimm mit ihren beiden Bänden nahezu den gesamten Kreis der deutschen Sagenüberlieferung ausgeschritten. Ein geplanter dritter Band mit einem wissenschaftlichen Kommentar blieb ungeschrieben. Das hierfür gesammelte Material ging in Jacob Grimms ›Deutscher Mythologie‹ auf.

Privat bringt das Frühjahr 1816 Aufregung durch eine schwere Erkrankung des Freundes Achim von Arnim, der zehn Tage lang zwischen Leben und Tod steht. Kaum geht es ihm etwas besser, wünscht er dringend, Jacob oder Wilhelm

[…] da er nun bei dieser ersten Hoffnung äußerte: ›Wie schön wärs, wenn ich nun einen lieben Freund wie Wilhelm bei meiner Genesung um mich haben könnte‹, so hab ich euch dies geschrieben, ob einer oder zwei seine Wünsche erfüllen könnten. Ihr seid alle so gut und so treu und Arnim hat eine so schöne Liebe zu euch, dass ich mir dies recht als möglich denke, auch seid ihr die einzigen, nach denen er einen Wunsch geäußert […].

Bettine von Arnim Anfang Mai 1816 an Jacob und Wilhelm Grimm

Grimm bei sich zu sehen. Jacob, der gerade die Bibliothekarsstelle angetreten hat, erhält keinen Urlaub. So reist Wilhelm nach Wiepersdorf, dem Gut Arnims. Als er eintrifft, ist Arnim schon wieder auf den Beinen. Lebhaft berichtet Wilhelm an Jacob von der Pracht des Arnim'schen Hauses, der gleichzeitigen Geldnot der Familie, von Bettines virtuos nachlässiger Haushaltsführung, von den Kindern, von dem sich einstellenden Besuch: Savigny kommt mit seiner Frau Gunda, der Schwester Bettines, und seinen beiden Kindern über Pfingsten und bringt Clemens Brentano mit, den Wilhelm seit den Wochen in Halle und Berlin im Herbst 1809 nicht mehr gesehen hat. Er findet ihn »äußerlich [...] dicker und älter geworden«, sonst aber »nicht sehr verändert in seinem Wesen.« Einen »Anstrich von Frömmigkeit« habe er angenommen, sei aber nach wie vor voller Späße und hätte ihm, Wilhelm, gern »einen Rücken voll Pläne und Vorschläge [...] aufgehockt«, wogegen er sich aber verwahrt habe. Etwas Leid tue er ihm, denn zwar lasse sich jeder gern von ihm unterhalten, »dennoch will ihn jeder, sobald es ernst ist, los sein«, was er selbst genau wisse und ausspreche. Kurz nachdem Savigny mit den Seinen wieder abgereist ist, kommt der Bruder Ferdinand von Berlin herüber. Dort scheint er nach Wilhelms Eindrücken vernünftiger geworden zu sein, »doch hat er noch seine meisten Eigenheiten, selbst sein Zucken mit dem Kopf und seine wunderlichen Urteile, z. B. dass Schiller gar kein Dichter wäre.« Dafür hat er nun selbst begonnen, einige Komödien und Erzählungen zu schreiben und denkt daran, diese Werke vielleicht herausgeben. Wilhelm ist peinlich berührt, will den Bruder aber nicht vor den Kopf stoßen und bittet ihn, ihm und Jacob seine Arbeiten zuzuschicken.

Dass Ferdinand Grimm über Literatur nicht nur skurrile Ansichten entwickelte, zeigt sein Brief an die Brüder vom 1. Mai desselben Jahres 1816, der einen Einblick in seine Tätigkeit als Korrektor bietet:

Ein neues und herrliches Buch, welches im Sommer erscheint, nenne ich euch in: Heinrich Kleists Nachlass. Es besteht aus zwei Schauspielen, Die Herrmannsschlacht und Der Prinz von Hessen-Homburg, letzter aus dem 7-jähr. Krieg. Tieck gibt das Buch mit einer Lebens-Beschreibung d.V. heraus.

Auf der Rückreise über Dresden stattet Wilhelm Grimm Goethe in Weimar einen neuerlichen Besuch ab und schickt ihm nach seiner Rückkunft in Kassel im August die bis dahin erschienenen Schriften: das ›Hildebrandlied‹, die ›Märchen‹, die ›Sagen‹, die ›Edda‹, den ›Armen Heinrich‹ und die ›Altdeutschen Wälder‹. Etwas später bittet Goethe um ein Gutachten zu dem Plan des preußischen Staatsmanns Freiherr vom und zum Stein, eine Gesellschaft für deutsche Geschichte ins Leben zu rufen. Auch Savigny ist mit dieser Idee befasst und hat sich deswegen bereits an die Brüder gewandt.

Gemeinsam verfassen die Brüder die gewünschte Stellungnahme. Jacobs Reserve gegenüber einer solchen Gesellschaft ist deutlich. Ungern lässt er sich, wie sich 1823 am Kontakt mit der »Frankfurter Gesellschaft für deutsche Geschichte« zeigt, in kooperative Forschungsvorhaben einbinden. Dennoch ist er für das Unternehmen, das er auch als Demonstration gegenüber der »undeutschen« Politik der deutschen Teilstaaten begreift. Regierungsschelte, Lob des Volks und Zutrauen zu einzelnen Persönlichkeiten, die der Sehnsucht des Volks nach Zusammengehörigkeit durch ihre Arbeiten Ausdruck verleihen: Das umreißt das kulturpolitische Selbstverständnis Jacob Grimms zu Beginn der Restauration.

In diesem Geist macht er sich im Winter 1816 an eine Arbeit, die seinen Studien auf Jahre hinaus eine neue Richtung gibt: die Erforschung der deutschen Sprache. Unvermittelt kommt das nicht. Bereits 1810 hatte er dem Göttinger Philologen George Friedrich Benecke, einem der besten Fachgelehrten für Fragen der deutschen Grammatik, in einem Brief seine Erklärung des Unterschieds zwischen starken und schwachen Verben erläutert. Zwei Jahre später rezensierte er

1819 begründete der **Freiherr vom Stein** (1757–1831) »Die Gesellschaft für ältere deutsche Geschichtskunde«, die die ›Monumenta Germaniae Historica‹, Quellen zur mittelalterlichen Geschichte, sammelte und herausgab. **Georg Heinrich Pertz** (1795–1876), Bibliothekar und Archivar in Hannover und ab 1842 Oberbibliothekar in Berlin, wurde in den Folgejahren zu einer zentralen Figur der organisierten Quellenerschließung. Im Januar 1824 suchte er Jacob Grimm in Kassel auf. Dieser schätzte ihn hoch und schrieb wenige Tage später an Savigny:

ein Buch des dänischen Sprachforschers Rasmus Christian Rask. Hier zeigt sich, wie bewandert er schon zu dieser Zeit in grammatischen Fragen ist. 1816 sichtet Jacob Grimm seine Aufzeichnungen zur Grammatik und entdeckt Ende des Jahres den deutschen i-Umlaut. An Benecke schreibt er Mitte November: »Der vielbesprochene Umlaut in unserer alten Sprache ist mir nun völlig klar geworden, d.h. ich kann ihn historisch begründen und beweisen.« Darauf kommt es Jacob Grimm als Sprachforscher an: ein sprachliches Phänomen in seiner Entstehung nachzuvollziehen. Dieser Ansatz liegt ganz in der Konsequenz seiner bisherigen Arbeiten. Da ihm das bis dahin angesammelte Material als Grundlage ausreichend erscheint, beginnt er mit der Ausarbeitung. Nachdem auch der zweite Band der ›Deutschen Sagen,‹ der zwischendurch eingeschoben werden muss, fertig geworden ist, arbeitet Jacob zwischen Januar 1818 und März 1819 ohne Unterbrechung an der Grammatik. Ende 1818 schreibt er an den Jugendfreund Paul Wigand, er tue, neben der Arbeit in der Bibliothek, beinahe nichts anderes, und Savigny hat er schon früher im Jahr gestanden, er könne sich nicht erinnern, jemals an etwas so streng und unablässig gearbeitet zu haben. 14 Monate lang wird die Grammatik parallel geschrieben und gedruckt. Jacob Grimm folgt keinem festen Entwurf, das Buch entsteht während des Schreibens, wichtige Entdeckungen macht Jacob Grimm oft erst »kurz vor Toresschluss«, wenn der entsprechende Manuskriptbogen schon beinahe nach Göttingen in die Druckerei geschickt ist. Aus dieser Arbeitsweise, die dem ungeduldigen Forscherdrang des Verfassers entspricht, erklärt sich »die Ungleichheit und Mangelhaftigkeit der Anordnung« (JaG an Savigny, 18.3.1819).

»Ich muss gestehen, dass meine Vorurteile gegen die Gesellschaft sich gewaltig vermindert haben, seit ich nun mit Pertz bekannt geworden bin. Dies scheint ein zum Geschäft und seiner Belebung höchst tüchtiger Mann.«

Doch bei allen Mängeln bietet das fertige Buch im Gegensatz zum trockenen Regelwerk früherer normativer Grammatiken »eine Naturgeschichte der Sprache«, wie Benecke den 1819 erscheinenden ersten Band in seiner Rezension in den renommierten ›Göttingischen Gelehrten Anzeigen‹ nennt. »Ein Meisterwerk«, urteilt Benecke.

Das umfangreiche Fachbuch wird, überraschend genug, nicht nur von den Philologen mit Staunen und Zustimmung aufgenommen, sondern auch ein verlegerischer Erfolg. Binnen eines Jahres ist die Erstauflage vergriffen. Man wartet auf den nächsten Band. Doch Jacob Grimm nimmt den Ausverkauf des ersten Bandes zum Anlass, das Buch nochmals gänzlich umzuarbeiten und im Grunde neu zu schreiben. Mitte 1822 ist die Neufassung fertig.

Die ausschließliche Arbeit an dem weit ausgreifend konzipierten Werk wird selbst dem besessenen Arbeiter Jacob Grimm zuweilen zur Last. Nur ungern lässt er seine anderen Sammlungen und Quellen unbearbeitet beiseite. In den letzten Jahrzehnten seines Lebens, als die ersten Bände des ›Deutschen Wörterbuchs‹ entstehen, werden sich diese Klagen wiederholen.

Wer sich einen Eindruck von der Intensität der Arbeit an der ›Grammatik‹ verschaffen will, sollte im zwei starke Bände umfassenden Briefwechsel Jacob und Wilhelm Grimms mit Karl Lachmann blättern, der 1919 zur Zeit der Umarbeitung des ersten Bandes der ›Deutschen Grammatik‹ einsetzt. Der acht Jahre jüngere Karl Lachmann, ein Schüler Beneckes, lehrt seit 1818 in Königsberg klassische und deutsche Philologie. Seine Editionen antiker und altdeutscher Literatur machen ihn zum bedeutendsten Mitbegründer der philologi-

Es kommt auf hunderterlei und die Erwägung von viel tausend Zitaten an, da ich nun auf die Länge ein sehr untreues, für die Kürze, d. h. den Kreis einer gewissen Arbeit ein scharfes und genaues Gedächtnis habe, so ist mir eine unitas actus in allem was ich tue höchst förderlich, jedes Verschieben aber ein Schaden. Es sind jetzo erst 432 Seiten gedruckt und ich werde, da der Band etwa 800 enthalten wird, erst um Neujahr fertig sein können.

Jacob Grimm am 6. September 1818 an Friedrich Carl von Savigny

schen Textkritik. Aus einem Werkstattgespräch in Briefen über Fragen der historischen Sprachforschung entwickelt sich eine lebenslange Freundschaft.

Die ›Deutsche Grammatik‹ ist eigentlich eine *germanische* Grammatik. Sie beschreibt und vergleicht historische Sprachstufen (beispielsweise die altgermanischen Sprachen Althochdeutsch, Altsächsisch, Angelsächsisch, Altfriesisch und Altnordisch) und stellt zudem den Sprachwandel dar (den Übergang vom Gotischen zu den altgermanischen, den mittleren germanischen bis hin zu den neugermanischen Sprachen). Der erste Band von 1819 handelt von der Flexion. Die Neufassung stellt dann die Lautlehre in den Mittelpunkt. Hier nimmt Jacob Grimm die Entdeckungen des dänischen Sprachforschers Rask zur ersten oder germanischen Lautverschiebung auf und ergänzt sie um die Beschreibung der zweiten oder hochdeutschen Lautverschiebung. Der damit erstmals nachvollzogene Prozess der Umformung des Konsonantensystems ist als das Grimm'sche Gesetz auch im Ausland bekannt geworden (»Grimm's law«, »Loi de Grimm«). Die Bezeichnung geht auf Rudolf von Raumer zurück, der in den dreißiger Jahren zu Jacob Grimms Göttinger Studenten gehörte.

Der zweite Band der ›Grammatik‹ erscheint 1826 und behandelt die Wortbildung, hier vor allem den Ablaut. Der dritte Band von 1831 setzt das Thema Wortbildung fort und befasst sich besonders mit dem grammatischen Geschlecht. Der vierte Band entsteht schon ganz in Göttingen und kommt 1837 heraus. Er handelt auf 1000 Seiten von der Syntax des einfachen Satzes. Ein fünfter Band, der die Syntax des mehrfachen Satzes behandeln sollte, bleibt ungeschrieben.

Der Begriff der **Lautverschiebung** stammt von Jacob Grimm. Die zweite Lautverschiebung scheint sich im sechsten und siebten Jahrhundert n. Chr. vollzogen zu haben. Sie trennt die hochdeutschen Mundarten von den anderen germanischen Sprachen ab und mündet in das althochdeutsche Konsonantensystem, das im Neuhochdeutschen weitgehend erhalten geblieben ist (Beispiele für den Konsonantenwandel sind: *water/Wasser; maken/machen; dag/Tag; geven/geben*).

Zahlreiche der heute gängigen grammatischen Begriffe gehen auf die ›Deutsche Grammatik‹ zurück. Nie mehr ist eine solche Materialfülle verarbeitet worden. Das weist jedoch auch auf die Kehrseite des gewaltigen Werks. Jacob Grimm begriff es, wie viele seiner übrigen Werke auch, als vorläufige Darstellung, die künftigen Forschern den Weg weisen und die Weiterarbeit erleichtern sollte. Gerade dies aber trat nicht ein. Die Gründe dafür liegen im Werk selbst: Es ist zu groß angelegt, als dass sich unmittelbar daran anknüpfen ließe. Auch fehlt ihm, eine Folge von Jacob Grimms Arbeitsweise, die klare innere Organisation in der Darstellung, auf der sich leicht aufbauen ließe. Zudem hält sich Jacob Grimm in seiner ›Grammatik‹ auffällig zurück, seine Erkenntnisse in klaren Thesen zu formulieren. Der in erster Linie beschreibende Duktus sollte überall gewahrt bleiben. Auch dies behindert die produktive Auseinandersetzung mit dem Werk. So blieb die ›Deutsche Grammatik‹ in der Sprachwissenschaft ohne direkte Nachfolger. Jacob Grimm scheint das gegen Ende seines Lebens geahnt zu haben, wie die Vorrede zu seiner ›Geschichte der deutschen Sprache‹ von 1848 zeigt.

Zu Beginn der zwanziger Jahre sind alle sechs Grimm-Geschwister noch unverheiratet. Jacob und Wilhelm sind mittlerweile Mitte dreißig. Weil sie keine Familien gründen, bilden sie selbst noch eine Familie, in der es zwar nicht durchwegs harmonisch zugeht; dennoch kommen sie nicht

Der einzige Jacob Grimm hat für die Sprachwissenschaft mehr geleistet als eure ganze französische Akademie seit Richelieu. Seine deutsche Grammatik ist ein kolossales Werk, ein gotischer Dom, worin alle germanischen Völker ihre Stimmen erheben, wie Riesenchöre, jedes in seinem Dialekte. Jacob Grimm hat vielleicht dem Teufel seine Seele verschrieben, damit er ihm die Materialien lieferte und ihm als Handlanger diente bei diesem ungeheuren Sprachbauwerk. In der Tat, um diese Quadern von Gelehrsamkeit herbeizuschleppen, um aus diesen hunderttausend Zitaten einen Mörtel zu stampfen, dazu gehört mehr als ein Menschenleben und mehr als Menschengeduld.

Heinrich Heine 1837 in Paris am Anfang der Schrift ›Elementargeister‹ im Buch ›De l'Allemagne‹ anlässlich des Erscheinens des vierten Bandes der ›Deutschen Grammatik‹

voneinander los. Das gilt besonders für Jacob Grimm. Der Älteste schenkt seinen Geschwistern zu Weihnachten 1820 ein »Hausbüchel für unser Lebenlang«, das er im Selbstverlag hat drucken lassen. Es enthält, neben einem Bildnis der Lotte auf der ersten Seite, einen immer währenden Kalender, in den bereits Familiendaten eingetragen sind, die zukünftig handschriftlich ergänzt werden sollen. Einer der Begleittexte beschwört den geschwisterlichen Zusammenhalt: »Bleibt mir alle gut und duldet das Menschliche an mir, das einmal aufhören wird, wenn die Hauptsache, nämlich dass wir uns lieb haben, fortdauert. Was mich anbelangt, so will ich alle Scharten, die an mir sind, nach und nach auszuwetzen trachten, wenn auch meine Klinge dadurch kleiner wird.«

Jacob, Wilhelm, Ludwig Emil und Lotte Grimm bilden in diesen Jahren einen Haushalt. Luis hat seine mit einem der Brentano-Brüder gemeinsam unternommene Kunstfahrt durch Italien nach einem Jahr beendet. Er unterhält nun Kontakte in die Kasseler Kunstakademie und versucht dort als Lehrer unterzukommen, was aber zunächst nicht gelingt. Finanziell bleibt er noch auf Jahre von den älteren Brüdern abhängig. Erst 1832 wird er Professor an der Kunstakademie und heiratet die vermögende Tochter eines verstorbenen Professors der Akademie, Marie Böttner.

Zehn Jahre zuvor, im Sommer 1822, verlässt Lotte mit 29 Jahren den gemeinsamen Haushalt. Sie heiratet den um ein Jahr jüngeren Oberlandesgerichtsrat Hans Daniel Ludwig Friedrich Hassenpflug, dessen Familie zu den langjährigen Kasseler Freunden der Grimms gehört. »Einen redlichen Menschen, der eine schnelle und glückliche Laufbahn macht«, charakterisiert Jacob Grimm den künftigen Schwa-

Bemerkenswert ist, dass Jacob Grimm auch Dorothea Wild, die Apothekerstochter aus der unmittelbaren Nachbarschaft der ersten Kasseler Wohnung, unter folgender Begründung in das Familienbuch aufnimmt:
Dass ich dich mit hineingezogen habe, ehrliches Dortchen, vergib mir, denn es geschah, teils um durch dich das Büchelchen etwas ansehnlicher zu machen, da unsere Verwandtschaft fast ausgestorben und ohne rechten Anhalt ist, teils weil ich dich so lieb habe als meine Geschwister, was gewiss genug sagen will.

ger etwas zurückhaltend, als er Savigny im August 1821 die bevorstehende Heirat ankündigt, und er fügt hinzu, der Achtundzwanzigjährige beziehe »mehr Gehalt als wir beide zusammen.« Dass die Wohngemeinschaft der Brüder nun wieder einen »halbstudentischen« Charakter annimmt, sieht Jacob Grimm ungern. Lästige Pflichten sind »z. B. das Zusammensuchen und Aufschreiben der Wäsche« (an Savigny, 14. 7. 1822). Erst der Weggang der Schwester veranlasst Jacob und Wilhelm Grimm offenbar, sich mit dem Gedanken an eine eigene Ehe zu beschäftigen. Noch zu Lebzeiten der Brüder – und Wilhelms Frau – nahm 1853 ein gewisser, sonst nicht weiter bemerkenswert hervorgetretener Alexander Victor Zechmeister (unter dem Pseudonym Alexander Wilhelmi) diese Lustspielsituation zum Anlass, ein kurzes Bühnenstück ›Einer muss heiraten‹ zu verfassen, das anspruchslos genug ist, von der Grimm-Literatur aber gerne zitiert wird. Immerhin zeugt es für eine gewisse Popularität der Grimms in ihren späten Jahren. Und es deutet darauf, dass das weitgehende Fehlen intimer Beziehungen zum anderen Geschlecht nicht nur dem engen Bekanntenkreis der Grimms auffällig war und charakteristisch schien. Tatsächlich ist etwas daran. Dass Jacob Grimm jemals eine Leidenschaft für eine Frau entwickelte, ist nicht bekannt. 1824, zwei Jahre nach dem Weggang der Schwester, ist eine Ehe mit der entfernten Verwandten Luise Bratfisch vage im

21 Lotte Grimm, im »Hausbüchel für unser Lebenlang«. Radierung von Ludwig Emil Grimm (1820)

Gespräch. Doch am 11. November notiert Jacob in seinem Tagebuch: »der Luise aufgesagt«. Nach einer Romanze klingt das nicht. So ist es dann doch der umgänglichere Wilhelm, der um eine Frau wirbt. Persönlicher gefärbte freundschaftliche Beziehungen zu Frauen hat er ja bereits unterhalten, besonders zu Jenny von Droste-Hülshoff. Doch die heftigeren Gefühle sollen von ihr ausgegangen sein. Und nichts spricht dafür, dass er vor seiner Ehe ein näheres Verhältnis zu einer Frau gehabt hat. Kurz nachdem Jacob Grimm entschieden hat, Luise Bratfisch nicht zu heiraten, verlobt sich Wilhelm Grimm mit Henriette Dorothea Wild. Man kennt sich seit zwanzig Jahren, als »Dortchen«, die nun zweiunddreißig ist, noch ein Kind war. Die Erinnerung der Brüder Grimm, dass ihre Mutter das Mädchen wie ihre eigenen Kinder geliebt habe, wird eine Rolle gespielt haben. Auch ist Dorothea ja seit der Eintragung von 1820 im »Hausbüchel« in den Kreis der Grimm'schen Familie bereits aufgenommen. Im Januar 1825 teilt Jacob Grimm Karl Lachmann die bevorstehende Heirat in folgenden Worten mit: »Die Sache war schon sehr lang im Werk, hat sich aber erst gegen Weihnachten bestimmt entschieden; seine Braut ist ein uns allen angenehmes, willkommnes und redliches Mädchen, namens Dortchen Wild. […] In unserm Hauswesen wird es nur gute Folgen haben; denn es versteht sich und ist auf ältere, unverbrüchliche Übereinkunft, sogar auf stillschweigende, gegründet, dass wir

GERTRUDE. […] Ich lebe deshalb, dass solche personifizierten Buchstaben, wie ihr seid, mich quälen und ärgern können. […] Oh, ich weiß es wohl, ich bin euch zur Last!
WILHELM. Aber beste Tante, davon war ja gar nicht die Rede!
JACOB *(zu Wilhelm)*. Geschieht dir ganz recht, warum lässest du dich mit Frauen in Streitfragen ein. […]
GERTRUDE *(wütend zu Jacob)*. […] Wir sind für nichts, für gar nichts auf der Welt? Aber recht, du bist ja der Ältere und musst mit deinen guten Lehren noch das bisschen Leben Wilhelms zerstören. Der hat doch noch Gefühl, noch ein Herz im Leibe; aber du, du tätest am besten, dich in Leder binden und zu deinen alten Scharteken stellen zu lassen.

Kostprobe aus dem Ersten Auftritt von ›Einer muss heiraten‹ von Alexander Wilhelmi

Brüder zusammen wohnen bleiben und alles [Geld] zusammenwerfen. Also können Sie dem Wilhelm Glück wünschen, obgleich ich es schreibe, er schämt sich selbst davon zu reden.« Dass der Ehebund mit dem Brüderbund vereinbar ist, macht ihn erst möglich, denn die Gemeinschaft der Brüder hat, wie Jacob Grimm eigens erwähnt, gegenüber der Gemeinschaft der Eheleute ältere und unverbrüchliche Rechte. Das unbeeinträchtigte Fortdauern der brüderlichen Gemeinschaft ist die Voraussetzung, dass Dorothea auch Jacob willkommen ist. Wilhelm wird es selbst wohl auch nicht viel anders empfunden haben. Und Dorothea Wild kennt die Brüder lange genug. Sie weiß um ihre Unzertrennlichkeit und setzt sie vermutlich als gegeben voraus. Nichts deutet darauf, dass sie sich daran störte. Sie scheint vielmehr die Scheu der Brüder vor intimen Beziehungen zu teilen. Als Zwanzigjährige schrieb sie an Lotte: »Dass mir dein Bruder in Gedanken eine Hand gibt, ist mir lieber, als wenn er mir sie in natura gäbe, denn du weißt, da bin ich kein Freund von«.

Diese beiderseitige Zurückhaltung steht aber letztlich einer nach allen Zeugnissen guten und liebevollen Ehe nicht im Wege, auch wenn die gelebten und geäußerten Ansichten beider Brüder über die Rolle und Stellung der Frau in Ehe und Gesellschaft nicht gerade modern wirken und es wohl schon damals nicht waren. Dem Pfarrer Bang beschreibt Wilhelm seine Braut als »meine älteste und liebste Freundin [...] und wir Geschwister, keinen ausgenommen, lieben sie längst wie eine Schwester; wenn jemand zu uns und unserm Wesen passt, so ist sie es.« Es ist ein ruhiges Glück, dass sich hier einstellt. Den Wünschen und Bedürfnissen der zwei bzw. drei Hauptbeteiligten scheint dies entsprochen zu haben.

Kurz nach der Hochzeit am 15. Mai 1825 teilt Wilhelm Grimm dem Marburger Philosophieprofessor Suabedissen mit:
Ich glaube nicht, dass ich, wie man sagt, in Flitterwochen lebe, aber ich habe das Vorgefühl, dass ich mein Lebtag glücklich sein werde, wie ich es seit acht Tagen bin. Sie ist herzlich, natürlich, verständig und heiter, hat Freude an der Welt und ist doch jeden Augenblick bereit, sie für etwas Höheres und Besseres hinzugeben, wonach wir streben und was die Welt nicht gewährt.

Im April 1826 bringt Dorothea einen Jungen zur Welt, der nach seinem Paten Jacob genannt wird. Lotte und Ludwig Hassenpflug haben zu dieser Zeit bereits zwei Kinder, Karl (Januar 1824) und Agnes (Dezember 1825). Doch im November 1826 muss Jacob Grimm dem Schulfreund Paul Wigand die Mitteilung machen, sie seien sehr heimgesucht worden. »Der Lotte schönes Kind Agnes starb.« Unmittelbar darauf erkrankt der kleine Jacob und stirbt nach sechswöchigem Leiden im Dezember. Wie die kleine Cousine wird er neben seine Großmutter Dorothea Grimm gebettet. Es ist ein schwerer Schock. Niemals werde er die schreckliche Nacht vergessen, in der sein Kind starb, schreibt Wilhelm Grimm und wird noch Monate später in den Träumen davon verfolgt. Und wehmütig erinnert er sich daran, wie die beiden kleinen Kinder sich im Leben gern hatten, einander in die Gesichtchen griffen und sich anlachten. Auch Jacob Grimm kann den Tod des Patenkindes, an dem er mit besonderer Liebe gehangen hat, lange nicht verwinden. Bis zu dessen letztem Atemzug soll er stundenlang zu ihm hinabgebeugt gesessen haben.

Gelindert wird der Schmerz durch die Geburt weiterer Kinder: Friedrich im September 1827 bei Hassenpflugs und Herman Friedrich kurz nach Neujahr 1828 im Hause Grimm. Es folgen in Abständen von etwa zwei Jahren die Geschwister Rudolf George Ludwig und Auguste Luise Grimm sowie Berta, Louis und Dorothea Hassenpflug, zu denen sich zwei Monate nach Dorotheas Geburt Ende Juli 1833 noch Ludwig Emils Tochter Friederike Lotte Amalia Maria gesellt. Auch Berta Hassenpflug stirbt noch vor ihrem ersten Geburtstag. Die anderen Kinder überleben.

Herman Friedrich Grimm studierte Jura und Philologie, wurde ein bekannter Schriftsteller und Gelehrter. Schriftstellerisch versuchte er sich zunächst als Dramatiker – mit geringem Erfolg. Besser aufgenommen wurden seine Novellen. Mit literatur- und kunstgeschichtlichen Essays verbuchte er schließlich bedeutende Erfolge. Seine Bücher, etwa das viel gelesene ›Leben Michelangelos‹ (1860–63), wandten sich an den gebildeten Laien. 1873 wurde er auf den Berliner Lehrstuhl für Neuere Kunstgeschichte berufen. Er starb 1901.

Nicht nur die Kinder vergrößern den Haushalt. Auch Carl Grimm zieht wieder bei den Brüdern ein. Nach dem Ende der Befreiungskriege war er für eine Hamburger Weinfirma in Frankreich gereist, drei Jahre später vorübergehend nach Kassel zurückgekehrt, hatte dann wiederum in Hamburg einen beruflichen Neubeginn gesucht und war schließlich erneut gescheitert. 1826 kehrt er endgültig heim. Natürlich ist er willkommen, aber ebenso natürlich ist er eine Belastung. Schon früher hatte Wilhelm Grimm gegenüber Achim von Arnim geklagt, »einen so unbeschäftigten, pedantischen, hypochondrischen Menschen immer unruhig um sich herum zu haben und in jedem Gedanken gestört zu werden«, sei »so ein paar Jahre lang schwer zu ertragen«. Seinen Lebensunterhalt verdient Carl selbst, indem er Französisch und Englisch unterrichtet. Zudem bringt er 1828 eine Anleitung zur doppelten italienischen Buchhaltung heraus. Als zurückgezogen lebender Sonderling bleibt er bis zu seinem Tod im Jahre 1852 in Kassel, hält jedoch bis zuletzt mit den Brüdern Kontakt.

Die politische Lage in Kurhessen während der Restauration zwischen 1815 und 1830 ist geprägt von Spannungen zwischen Fürst und Untertanen. In kaum einem deutschen Staat wird nach 1815 so rigide und borniert die vornapoleonische

22 Wie man sich das Zusammenleben mit Carl vorzustellen hat, veranschaulicht eine Federzeichnung von Ludwig Emil Grimm, die »Carl Grimm in meiner Stube, den Tag ehe er nach London reisete 1829« überschrieben ist.

Ordnung wiederhergestellt wie in Kurhessen. Symbolisch drückt sich das in der Wiedereinführung des Zopfes für die Truppen aus, worüber auch Jacob Grimm sich mokiert. Der Geiz und die Kontrollsucht des Kurfürsten vergiften binnen kurzem die Atmosphäre. Die versprochene Verfassung kommt nicht zustande, was Jacob Grimm übrigens eher begrüßt, da ihr Charakter seiner Auffassung vom Volkswillen nicht entspricht: »Überall tragen die Staatsmänner Lust zu neuen förmlich breiten Verfassungen und Gesetzgebungen, dem Volk ist es bloß um wenige einfache und kurze Sätze zu tun, deren Reform sich sehr wohltätig an die Beibehaltung gewohnter und geliebter Einrichtungen schließen würde« (an Savigny, 6.7.1817). Ob Jacob Grimm hiermit die Stimmung der ca. 570000 Kurhessen richtig einschätzt, ist nicht leicht zu sagen. Zweifellos ist seine Sicht voreingenommen durch die kulturpolitische Emphase seiner altdeutschen Studien. Auf der anderen Seite registriert er genauer und empfindlicher als viele seiner Zeitgenossen, dass die Verfassungsbewegung von relativ kleinen Parteiungen und deren Partikularinteressen getragen ist. Das Parteiweisen ist ihm, dem Teilhabe an Macht und materieller Vorteil wenig bedeuten, von Anfang an zuwider.

Insgesamt sind die Aussichten bedrückend. Bereits 1816 gibt es erste Bauernproteste. Dass aber eine üble Situation keine Gewähr bietet, dass nicht alles noch schlechter kommen kann, erweist sich, wenigstens nach der Einschätzung Jacob Grimms, als Wilhelm I. Anfang 1821 stirbt und sein Sohn als Wilhelm II. die Herrschaft übernimmt. Schon ein halbes Jahr später schüttet Jacob Grimm Savigny in einem Brief sein Herz über die neuen Zustände aus. Die Regierung

In seinem rückblickenden Urteil über diese Zeit werden Ludwig Emil Grimm besonders die eigenen Landesherren vor Augen gestanden haben:

Die Fürsten, die jahrelang entfernt von ihrem Lande leben mussten, kamen ungebessert zurück. Nachdem das Volk ihren Thron und ihr Land mit seinem Blute wieder errungen hatte, wurde es ohne Liebe, nur mit Undank und Härte behandelt.

sei »nicht so, dass sie einem gefallen könnte.« Das »verwilderte, rohe Wesen des jetzigen Kurfürsten« sei längst bekannt gewesen. Seine Hauptleidenschaft neben der Bausucht in einem geschmacklosen, überladen dekorierten Stil sei »das Verhältnis zu der Tochter eines Berliner Juweliers namens Ortlöpp, mit welcher er schon mehrere Kinder gezeugt« habe. Schon am Morgen nach dem Tod des Vaters sind die Sachen der Mätresse ins Palais geschafft worden. Kurz darauf ist sie zur Gräfin Reichenbach ernannt worden. Nun übe sie mit einer Clique ihr ergebener Kreaturen überall ihren Einfluss aus. Dabei werden die Universitäten und Wissenschaften vernachlässigt, ebenso die Bedürfnisse der Bibliothek. Der neue Kurfürst verstehe nichts davon, während der alte zumindest eine Liebhaberei für Bücher besessen habe, wenn auch nur für wohlfeile und schlecht eingebundene. Unter der misstrauischen heftigen Laune des Fürsten habe seine Umgebung viel zu leiden. Ehrliebende Menschen zögen sich zurück, »ekelhaft übertreibende [...] Schmeicheleien« breiteten sich aus: »In einem kleinen Land fallen diese widriger auf, weil sie die Formeln größerer Länder nachahmen und die Nichtigkeit der Formeln auf der Stelle zu übersehn ist.«

Ihre Bekanntschaft mit der Kurfürstin, schreibt Jacob Grimm gegen Ende des Briefes, könne ihnen jetzt eher schaden als nützen. Sein Resümee ist bezeichnend: »Unerachtet also meine Aussichten in die Zukunft trüb und eingeschränkt sind, hat meine Zuneigung zu dem Land nicht abgenommen, sondern sich eher verstärkt.« Vielleicht erwarte den Kurfürsten ja ein früher Tod. Er jedenfalls »empfände auswärts große Sehnsucht nach der Heimat« (20. 8. 1821). Savigny wird es mit innerlichem Kopfschütteln gelesen haben.

Auch die **verwaltungstechnischen Modernisierungen**, die sich größtenteils am Vorbild Preußens orientieren, stoßen auf Jacob Grimms Kritik. Dass Justiz und Verwaltung nun auch in Kurhessen getrennt werden, hält er für verkehrt, denn jede Zersplitterung der Autoritäten schade ihrem moralischen Ansehen und ihrer Bedeutung unter dem Volk. »Ein guter Amtmann«, meint Jacob Grimm und denkt dabei sicher an seinen Vater, »wurde in seinem Bezirk wie der Stellvertreter des Fürsten geachtet.«

Den Brief gibt Jacob Grimm einem Bekannten mit, da er ihn »der erbrecherischen Post nicht vertrauen« will. Dass Briefe geöffnet werden, dürfte Jacob Grimm auch deshalb bekannt sein, weil er zu seinem Unwillen seit 1816 der kurfürstlichen Zensurkommission angehört.

Deren Dienstanweisung vom Juni 1816 sieht vor, sowohl alle im Lande erscheinenden Schriften vor der Drucklegung einer Vorzensur zu unterwerfen als auch darüber zu wachen, dass die von auswärts eingeführten Veröffentlichungen nichts »dem Staate, der Religion und den Sitten« Nachteiliges enthalten. Als gefährlich zu betrachtende Werke sind zu verbieten, etwa schon vorhandene Exemplare zu konfiszieren. Besondere Aufmerksamkeit soll die Kommission darüber hinaus der Überwachung von »Journalen und Zeitungen« widmen.

Die vier Mitglieder der Kommission – der General-Superintendent Justus Philipp Rommel, der Leiter des Hofarchivs Burkhard Wilhelm Pfeiffer, der erste Bibliothekar Ludwig Völkel und Jacob Grimm – versuchen diese *Instruction* mit Gutachten zu mildern, die Jacob Grimm im August 1816 zu einer gemeinsamen Stellungnahme der Kommission zusammenfasst. Darin ist der Zweifel der vier unfreiwilligen Zensoren am Zensurwesen überhaupt deutlich ausgesprochen. Vor allem aber wird betont, dass eine so weit reichende Kontrolle, gerade der Zeitungen, undurchführbar sei. Rommel schlägt vor, die ganze Kommission an die Universität Marburg zu verlegen. Weder der Kurfürst noch sein Geheimer Rat reagieren auf diese Einwendungen, und so nimmt die Kommission lustlos ihre Arbeit auf. Eine Vorzensur hat sie mehrfach vorgenommen, eingeführte Bücher dagegen nur sehr selten

[…] dass eine Zensureinrichtung nach den Vorschriften allerhöchster Verordnung in Kurhessen unausführbar, schon im bloßen Versuch kostspielig, im Erfolg zweideutig und nichtig, dem Lande nachteilig und den freien Stand der Wissenschaften schädlich beengend zu werden scheine; dass sie selbst bösgesinnte und unverständige Menschen zu solchen Anzüglichkeiten aufreizen könne, deren Unterdrückung ihr vorgesetzter Zweck war.

Aus der Stellungnahme der Zensurkommission vom 18. August 1816

und nie aus eigener Initiative verboten. Darüber kommt es ab und zu zum Konflikt mit dem Fürsten. Dennoch geht die Kommission nicht von ihrer Linie ab – auch weil sie finanziell unzureichend ausgestattet ist und die Mitglieder ihre Zeit nur ungern an diese Aufgaben verschwenden. Über »das so traurige und eitle Geschäft« notiert Jacob Grimm Anfang 1818 in einer internen Mitteilung: »Die Kommission hat sich bekanntlich nicht über viele Arbeiten zu beschweren […].«

Ende 1818 beantragt der Marburger Historiker Dietrich Christoph von Rommel, Jacob und Wilhelm Grimm die Ehrendoktorwürde der Universität Marburg zu verleihen. Neben der Würdigung ihrer Forschungen verfolgt die Ehrung den Zweck, die Brüder für die Universität zu gewinnen. Das lehnt die Regierung jedoch ab. Am 13. Januar 1819 werden beide Brüder nichtsdestoweniger zu Ehrendoktoren ihrer ehemaligen Universität ernannt. Zweimal 13 Reichstaler an Gebühren für Druckkosten, Trinkgelder und fromme Stiftungen sind dafür zu entrichten. Rommel kennen Jacob und Wilhelm Grimm seit ihrer Studienzeit und schätzen seine Fähigkeiten gering. Nichtsdestotrotz wird Rommel 1820 zum Direktor des Staatsarchivs in Kassel und zum Hofhistoriografen des hessischen Fürstenhauses ernannt.

So geht es den Brüdern Grimm, solange sie in kurhessischen Diensten sind: Mittelmäßige Leute machen Karriere, sie selbst werden übergangen. An seinem vierzigsten Geburtstag schreibt Jacob Grimm sarkastisch an Savigny: »Auf Weihnachten hat uns die Göttinger Sozietät zu Korrespondenten ernannt. Die Leute, unter denen wir hier stehen, sind so unbestechlich, dass in ihren Augen diese

23 Schloss Schönfeld

oder jede ähnliche Auszeichnung uns vor dem ersten besten Probator oder Abschreiber nicht im mindesten hervorhebt.«

Nicht einmal die beim Regierungsantritt Wilhelms II. »allgemein verheißene Besoldungszulage« (an Savigny, 16.4.1823) wird den Brüdern zuteil. Ludwig Völkel, der als erster Bibliothekar Jacob Grimms Kollege war, wird zum Direktor der Bibliothek ernannt und bezieht seither ein höheres Gehalt. Weder wird Jacob im selben Zuge finanziell besser gestellt, noch erhält Wilhelm »die faktisch vakant gewordene zweite Bibliothekarsstelle« (an Savigny, 9.9.1823). Mehr noch: Sie müssen für den Dienst »eine kostspielige doppelte, an sich widerwärtig zu tragende Uniform« anschaffen, »die ein Viertel des Jahresgehaltes wegnimmt« (an Savigny, 16.4.1823). Und an Lachmann schreibt Jacob Grimm: »Sie sollten sehen, was ich für ein Aussehen zum Lachen habe, wenn ich in dem Zeug erscheine.«

Mit der Kurfürstin Auguste lebt Wilhelm II. auf fortwährend gespanntem Fuß. Bereits im ersten Jahr seiner Regierung hat er ihr Schloss Schönfeld übereignet, wo sie sich seither zumeist aufhält. Die Kurfürstin fördert die Künste und besonders Ludwig Emil Grimm, der das Leben auf Augustenruhe in Zeichnungen und schriftlichen Erinnerungen dokumentiert hat. Wie anders sich der Kurfürst verhält, zeigt eine Mitteilung Wilhelm Grimms an Savigny aus dem Jahre 1823: Eine »fleißig ausgeführte« und nach Meinung des kritischen Bruders »auch gelungene Komposition, das erste ganz fertig gewordene Ölgemälde«, hat der Kurfürst »seit anderthalb Jahren behalten und ihm nichts dafür gegeben, und will es, wie er bei einer spätern Erinnerung geäußert hat, als ein Geschenk betrachten. Über dergleichen würden Sie sich aber

---

Der Bankier Karl Jordis, Schwager Brentanos und zeitweiliger Arbeitgeber Carl Grimms, hatte das 1777 erbaute **Schloss Schönfeld** 1805/06 erworben. Hier wie im Kasseler Stadthaus versammelte sich der schöngeistige Kreis Ludovica Jordis-Brentanos, in den auch Jacob und Wilhelm Grimm einbezogen wurden. 1809 kaufte König Jérôme seinem Bankier das Schloss ab. In den ersten Jahren der Restauration blieb es ungenutzt. Durch die Kurfürstin wird Schloss Schönfeld unter dem neuen Namen Augustenruhe erneut zum Musenhof.

nicht verwundern, wenn Sie hier wären« (16. 4.). Augustenruhe wird nicht nur Mittelpunkt der schöngeistigen Interessen in der Residenz, sondern auch und in gleichem Zug Sammelpunkt oppositionell denkender Leute. Weil die Kurfürstin die beiden Bibliothekare ein paarmal jährlich zu ihrer Tafel bittet, weil Wilhelm dem Prinzen, mit offizieller Einwilligung des Kurfürsten, Geschichtsunterricht erteilt, sind die Brüder, wie sie wohl zurecht vermuten, »schlecht angeschrieben« (JaG an Savigny, 16. 4. 1823). Urlaubsgesuche, die Jacob einreicht, um hin und wieder auf Reisen seine wissenschaftlichen Vorhaben zu fördern, werden wiederholt abgeschlagen oder gar nicht erst beachtet, ebenso Urlaubsanträge rein privater Natur. Schon die erste auf seine Bibliothekare bezogene Amtshandlung Wilhelms II. ist 1822, ihnen die schöne »herrschaftliche Wohnung« am Wilhelmshöher Tor zu kündigen, »in der wir für 40 Reichstaler Miete noch einmal so gut und bequem eingerichtet waren, als wir uns jetzt für 100 Reichstaler einrichten können; auch hier war von billiger Entschädigung keine Rede« (JaG an Savigny, September 1823).

In Jacob Grimms neuem »Arbeitsstübchen« findet nicht einmal mehr das Sofa Platz. Zwischen den Bücherschränken an den Wänden und den Tischen in der Mitte bleiben »nur schmale Gänge« (an Savigny, 16. 4. 1823). Wie Wilhelm vermisst Jacob die Aussicht in die Natur. Nun blickt er auf Nachbarhäuser und sieht nur »zwei kleine Eckchen Himmel«. Im Sommer 1826 ziehen die Geschwister zwei Häuser weiter in das Eckhaus der Georgenstraße, die heutige Schöne Aussicht Nr. 9. Das Haus gehört Frau Böttner, der späteren Schwiegermutter Ludwig Emil Grimms. Hier können sie sich wieder angenehmer einrichten.

Wir sehen jetzt einer großen Last und Arbeit entgegen, da wir ausziehen müssen. Wir hatten gehofft, unsere Lage würde sich verbessern, indessen nimmt diese Hoffnung ab und wir haben im Gegenteil den Verlust, dass wir unsere schöne Wohnung verlassen und für noch mehr als einmal so viel Miete eine kleine und schlechte beziehen müssen. Ich kann Ihnen nicht sagen, wie Leid mir diese Aussicht in das Grüne, auf die schönen Berge und den blauen, duftigen Himmel tut. Wenn die Bäume in den Gär-

Die Missachtung, die Jacob und Wilhelm Grimm in Kassel erfahren, steht in krassem Gegensatz zu den auswärtigen Verbindungen, die sich vor allem durch die wachsende wissenschaftliche Geltung Jacob Grimms ergeben. Die Liste der Gäste ist glanzvoll und kompensiert manche kränkende Zurücksetzung im Alltag. 1819 kommt Friedrich Schleiermacher, 1822 Georg Friedrich Hegel, 1825 Johanna Schopenhauer, 1827 Heinrich Heine, der von Ludwig Emil im Profil porträtiert wird. 1828 ist Wilhelm von Humboldt zu Gast, im selben Jahr auch Achim von Arnim. Die Freunde Karl Lachmann und Georg Friedrich Benecke sind öfters da. Auch Savigny, überarbeitet und zunehmend von schweren Krankheiten heimgesucht, besucht die Brüder. Die 1815 in Paris geschlossene Freundschaft Jacobs mit dem späteren preußischen Kultusminister Johann Albrecht Friedrich Eichhorn hat Bestand, Eichhorns Bruder Karl Friedrich, der in Göttingen Professor der Rechte ist, kommt als neuer Bekannter hinzu. Ein weiterer Freund ist Freiherr Hartwig Gregor von Meusebach, den Wilhelm Grimm 1815 bei Joseph Görres kennen gelernt hat und der die Brüder im selben Jahr 1819, in dem er Präsident des Rheinischen Kassationshofes in Berlin wird, in Kassel aufsucht, woraus sich ein reger Kontakt entwickelt. Meusebach ist ein ausgezeichneter Kenner der Literatur des 16. Jahrhunderts und durchaus in der Lage, auf diesem Gebiet nicht nur mitzureden, sondern Jacob Grimm in manchen Punkten zu belehren und zu korrigieren. Umfangreiche und über nationale Grenzen hinweg geführte wissenschaftliche Briefwechsel mit namhaften Sprachforschern der Zeit und anderen Gelehrten ergänzen das Geflecht der Beziehungen und Anregungen, das gegen Ende der Kasseler Zeit immer

---

ten ringsherum im Frühjahr ausbrachen, war es ein ganzer Wald von Blüten. So ein Anblick am Morgen kann einem den ganzen Tag über im Sinn bleiben. Wir haben noch die Überbleibsel eines ordentlichen Haushalts von den seel. Eltern her, wir wissen nun nicht, wo wir alles bergen sollen und es tut einem weh, dass es so zu Grunde geht. Die Schwester heiratet erst zu Johanni, zieht also noch mit uns, ohne dass Platz für sie da ist.

Wilhelm Grimm am 11. April 1822 an Friedrich Carl von Savigny

weitläufiger wird. Seit Wochen, notiert Wilhelm Grimm 1827, habe man einen gelehrten Besuch über den anderen gehabt, und die Fortschritte, die er dabei in seiner Bildung gemacht habe, könne er noch gar nicht übersehen.

Dass bei so viel Besuch und Korrespondenz die Arbeit nicht zu kurz kommt, dafür sorgt der ruhige Kasseler Alltag. »Meine Lebensart«, berichtet Jacob Grimm im April 1823 an Savigny, »ist die einförmigste, ich gehe täglich drei Stunden auf die Bibliothek, Nachmittag eine spazieren (und allein, weil ich dem Wilhelm zu schnell schreite und er mir zu langsam). Samstag Abend isst die Schwester mit ihrem Mann bei uns zu Abend, Sonntag Abend besuche ich sie. Andere Besuche und Einladungen treffen mich selten«. Frühmorgens verbringen die Brüder in der Regel schon Zeit an ihren Schreibtischen, bevor sie frühstücken und um zehn Uhr zur Bibliothek gehen. Wilhelm Grimm liest meist am frühen Nachmittag, bevor er sich wieder den Studien zuwendet, und verbringt die Abende öfter als Jacob Grimm in Gesellschaft. Dieser sitzt in der Regel bis in die Nacht über seinen Schriften. Dafür hat für ihn der tägliche Spaziergang noch

größere Bedeutung. Schnell lässt er dabei die Stadt hinter sich. Und auch in der Natur können die Brüder vom Sammeln nicht lassen. Mit Blumensträußen kehren sie in der schönen Jahreszeit nach Hause zurück. Getrocknete Blumen finden sich als Andenken und Lesezeichen zwischen den Seiten ihrer Bücher. Diese Routine bleibt über Jahre mehr oder weniger unverändert. Die Geburt der Kinder bringt neue Aufgaben mit sich, die aber vor allem Dorothea Grimm zufallen.

Wilhelm Grimms wichtigste Veröffentlichungen zwischen 1820 und 1830 sind ein Buch ›Über deutsche Runen‹ (1821), die kleine Ausgabe der ›Kinder- und Hausmärchen‹ (1825) und sein wissenschaftliches Hauptwerk ›Die deutsche Heldensage‹ (1829).

Mit der ›deutschen Heldensage‹ löst Wilhelm Grimm für die frühe Dichtung in mancher Hinsicht ein, was den Brüdern am Anfang ihrer altdeutschen Studien vorgeschwebt hatte: eine Geschichte der deutschen Nationalpoesie zu schreiben, die vollständiger und gründlicher sein sollte als alles, was bisher dazu publiziert worden war. Schon im ersten Band ihrer Zeitschrift ›Altdeutsche Wälder‹ hatte Wilhelm Grimm Zeugnisse zur deutschen Heldensage zusammengestellt. Diese legt er nun in erweiterter Form und ergänzt um eine zusammenhängende geschichtliche Darstellung auf über vierhundert Seiten vor. Da die germanische Dichtung aus der Zeit der Völkerwanderung ursprünglich mündlich vorgetragen, erst später aufgeschrieben und nur bruchstückhaft überliefert wurde, muss die Darstellung zu Teilen spekulativ bleiben. Dass die Sänger ihre Stoffe aus der im Volk unmittelbar lebendigen eigenen Geschichte nahmen, schließt Wilhelm Grimm aus dem Umstand, dass »die alten

24 Eine **Zeichnung** Ludwig Emil Grimms mit der Bildlegende »So ist es, wenn Donnerstag bei der Lotte die Zeitungen gelesen werden. Kassel im Sommer 1829 so gesehn« zeigt eine wohl typische Szene. Ist es Zufall, dass Jacob (stehend rechts) und Wilhelm Grimm (auf dem Sofa mit Dortchen) in die Zeitungen vertieft sind, während Ludwig Emil Grimm im Vordergrund mit einem der Kinder Späße treibt?

Lieder sich nicht um eine in Beziehung auf den Inhalt vollständige Darstellung der Sage bemühen«.

So wie die deutsche Heldensage nach Wilhelm Grimm nicht einfach Kunstdichtung ist, sondern geschichtliche Entwicklung und kollektives Bewusstsein reflektiert, so sind auch die ›Deutschen Rechtsaltertümer‹, die Jacob Grimm ein Jahr zuvor hat erscheinen lassen, nicht nur als rechtsgeschichtliche Quellensammlung gemeint, sondern, umfassender, als Beitrag zur germanistischen Volkskunde. Wie Wilhelm Grimms Buch über die Heldensage beruhen die ›Rechtsaltertümer‹ auf langjährigem Sammeleifer und knüpfen an frühe Veröffentlichungen an. Nach anderthalb Jahren Bearbeitungszeit liegt 1828 das tausend Seiten umfangreiche Werk vor. Mit ihm verfolgt Jacob Grimm den Zweck, »das sinnliche Element der deutschen Rechtsgeschichte« hervorzuheben. Die Sammlung ist nach Rechtsgebieten in sechs Bücher aufgeteilt (Stand, Haushalt, Eigentum, Gedinge, Verbrechen und Gericht). Entsprechend ist das sachlich, nicht das zeitlich Zusammengehörige zusammengerückt.

Das Echo auf das Buch, das dem Freiherrn von Meusebach gewidmet ist, ist groß und positiv. Die Universitäten zu Berlin und Breslau verleihen Jacob Grimm das juristische Ehrendoktorat. Im Ausland entstehen ähnliche Werke, darunter Jules Michelets ›Origines du droit français‹ (1837), in dem mehr als die Hälfte des Materials aus den ›Rechtsaltertümern‹ übernommen ist, wie Grimm im April 1839 in einem Brief an Karl Goedeke vermerkt. Jacob Grimm selbst hatte, wie schon in der Grammatik, das Attribut deutsch im Sinne von germanisch weiter gefasst und auch angelsächsische und nordische Quellen einbezogen.

Liebster Wigand, leider ist der Grund meines langen Stillschweigens mein fortfahrendes Übelbefinden. […] An Trostgründen und Ausflüchten ist kein Mangel, auch bin ich von Natur gar nicht schwermütig gestimmt; allein ich habe doch oft keine rechte Arbeitslust und wundere mich selbst, dass unter solchen Umständen über 800 Seiten meiner Rechtsaltertümer bereits gedruckt sind. Ich werde noch einige Monate damit zu schaffen haben […]

Jacob Grimm am 12. Juni 1828 aus Kassel an Paul Wigand

Im Zuge der Arbeit an den ›Rechtsaltertümern‹ ist Jacob Grimm auf die von ihm so genannten ›Weistümer‹ aufmerksam geworden, die er als echt deutsche Besonderheit ansah und für das urwüchsig entstandene Gewohnheitsrecht des Landvolks hielt – zu Unrecht, denn es handelt sich um kodifiziertes Herrenrecht. Als Quellen verlieren sie durch dieses Missverständnis nicht an Wert. Weil Jacob Grimm glaubte, die ›Weistümer‹ führten »recht in heimliche Schlupfwinkel des Volkslebens«, lagen sie ihm besonders am Herzen. In einer Selbstanzeige schrieb er, sie seien »ganz eigentlich meine Sache, hätte ich nicht Hand an sie gelegt, so wären sie nie gesammelt worden.« Ursprünglich als Hilfsmittel für eine Neubearbeitung der ›Rechtsaltertümer‹ gedacht, die aber nie zustande kam, veröffentlichte Jacob Grimm das in den dreißiger Jahren auf Studienreisen, in weit verzweigtem Briefverkehr und mit Hilfe fleißiger Mitarbeiter – vor allem des Schweizers Bluntschi – eingebrachte Material ab 1840 in drei Bänden (1840, 1840 und 1842), bevor die weitere Bearbeitung in die Hände der Bayerischen Historischen Kommission überging, die 1863, noch zu Lebzeiten Jacob Grimms, den vierten Band herausbrachte und bis 1870 drei weitere folgen ließ.

Die Zahl und das Gewicht der zwischen 1815 und 1830 veröffentlichten Werke, die jeweils auf ihrem Gebiet wegweisend sind und neue Forschungsrichtungen erst begründen, wird mit ermöglicht durch die zwiespältigen Kasseler Dienstverhältnisse der Brüder. Man achtet sie kaum, was die auswärtigen Freunde immer wieder veranlasst, sie zum Weggehen zu bereden. Doch immer wieder entscheiden sie sich für Kassel. Und es ist auch eine kluge Entscheidung:

Johann Caspar Bluntschi wurde 1808 in Zürich geboren und studierte ab 1827 bei Savigny in Berlin. Er promovierte in Bonn und wurde 1833 Professor des römischen Rechts an der neu gegründeten Universität seiner Heimatstadt. Sein tiefes Interesse für das heimische Recht mündete in die 1838/1839 in zwei Bänden erschienene ›Staats- und Rechtsgeschichte der Stadt und Landschaft Zürich‹.

Weil man sich hier nichts aus ihnen macht, haben sie Zeit für das, was ihnen ohnehin wichtiger ist als Vermögen und gesellschaftliche Position. Freilich bringt ihre untergeordnete Stellung neben vielen Freiheiten zuzeiten auch zermürbende Routinearbeiten mit sich. Im ersten Halbjahr 1825 müssen sie den aus 80 Folianten bestehenden Realkatalog der Bibliothek abschreiben, »was aber pur unmöglich ist«, wie Jacob Grimm Savigny empört mitteilt (4.1.). Der einzige Zweck sei eine fortlaufende Bezifferung aller Bücher »zum Behuf einer eingebildeten Kontrolle der Finanzbehörde«; denn für die Bibliothek und deren Gebrauch befinde sich alles in völliger Ordnung und der Katalog sei dreifach vorhanden. Wenn solche stumpfsinnigen Arbeiten die zügige weitere Ausarbeitung der Grammatik behindern, ist das frustrierend und beinahe demütigend. Aber wer garantiert ihnen, dass der Broterwerb anderswo angenehmer ist und dass künftige Vorgesetzte genauso kollegial sind wie Ludwig Völkel, der »von Natur gutmütig« sei und dem nicht einfalle, den Direktor zu spielen, wie Wilhelm Grimm im September 1823 an Savigny schreibt. Und er fügt hinzu: »Dazu kommt, dass er bejahrt ist und wir nach seinem Tode beide zugleich fortrücken würden, wenn man nicht eine ganz ungewöhnliche Ungerechtigkeit, zu der doch kein Grund da ist, an uns ausüben will.«

Genau das jedoch geschieht 1829. Am 29. Januar stirbt Ludwig Völkel. Nach

25 Jacob Grimm, ›Deutsche Rechtsaltertümer‹. Erstausgabe von 1828. Illuminiertes Handexemplar von Ludwig Emil Grimm

vier Tagen richten die Brüder ein gemeinsames Gesuch um Beförderung an den Kurfürsten. Nur drei Tage später verfügt der Kurfürst: »Beide Gesuche werden abgeschlagen. Wilhelm K.« Die Leitung der Bibliothek wird dem Direktor des Staatsarchivs Dietrich Christoph von Rommel anvertraut, auf dessen Vorschlag hin Jacob und Wilhelm Grimm seinerzeit Ehrendoktoren in Marburg geworden waren. Von Rommel ist nur vier Jahre älter als Jacob Grimm und für die Leitung der Bibliothek nichts weniger als qualifiziert, wie sich bald herausstellt. Spöttisch schreibt Wilhelm Grimm in seiner ›Selbstbiographie‹, Völkels Stelle sei nach dessen Tode »einem Gelehrten übertragen« worden, »dem anderweitige Beschäftigungen vielleicht ebenso wenig als seine Neigung gestattet hatten, sich irgend mit bibliothekarischen Arbeiten zu befassen.« In Jacob Grimms ›Selbstbiographie‹ heißt es: »Die getroffene neue, alle bescheidenen Wünsche vernichtende Einrichtung musste mich tief kränken.« Mit jeweils 100 Talern Gehaltserhöhung abgefertigt verbleiben die Brüder zunächst auf ihren Stellen. Aber es ist klar, dass ihre Lage nun endgültig unmöglich geworden ist. Mitte Mai dringt Savigny, der von dem Affront aus den Zeitungen erfahren hat, brieflich darauf, dass sie nun endlich Hessen den Rücken kehren mögen. In Berlin kann er momentan nichts für sie tun. Stattdessen kommt ein Angebot aus Göttingen, das Benecke vermittelt hat. »Unter der Hand«, so Jacob Grimm in seiner ›Selbstbiographie‹, »geschah uns nun im Sommer 1829 der Antrag, einem ehrenvollen Rufe nach Göttingen zu folgen. Alle zu Rat gezognen Freunde ermahnten uns dazu aus Kräften. Die geliebte und gewohnte Heimat aufzugeben schien uns hart und schmerzhaft wie vorher, aus dem Gelei-

Wir dachten nicht, dass wir je diese Stellung aufgeben würden, und Anträge, dieses zu tun, selbst solche, die uns nicht getrennt haben würden, wie viel glänzender auch die äußere Lage dabei gewesen wäre, haben wir ohne langes Bedenken abgelehnt.

Wilhelm Grimm, ›Selbstbiographie‹

se genau bekannter Beschäftigungen und einer uns Frucht bringenden Muße herauszutreten fast unerträglich. Allein auch in dem Verhältnis zu einem neuen Vorgesetzten, der, wo er eingreifen oder schonen wollte, selbst noch nicht zu wissen schien, lag etwas Peinliches und Unheimliches. In dieser Stimmung folgten wir dem Gefühl der Ehre und entschieden uns für die unbedingte Annahme des Gebotenen. Unterm 20. Okt. erfolgte zu Hannover die förmliche königliche Vokation, die mich zum ordentlichen Professor und Bibliothekar, meinen Bruder zum Unterbibliothekar ernannte, mit angemessenen Besoldungen, die unsrer steten Nahrungssorge im hessischen Dienst ein Ende machten. Schon unterm 30. Okt. wurde zu Kassel unsere Entlassung ausgefertigt. Neujahr 1830 haben wir die hiesigen Stellen angetreten.«

Ihr Abschiedsgesuch wird unmittelbar akzeptiert. Schon am nächsten Morgen erhalten sie es zurück. Wilhelm Grimm kommentiert, es sei die einzige schnelle Beförderung, derer sie sich im hessischen Dienst zu erfreuen gehabt hätten. Der Abschied wird auf den Oktober zurückdatiert, um das Novembergehalt zu sparen. Der Kurfürst soll geäußert haben: »Die Herren Grimms gehen weg! Großer Verlust! Sie haben nie etwas für mich getan!«

Überraschend macht der Kurfürst ganz zuletzt doch noch einen Versuch, die Brüder Grimm in Hessen zu halten, doch kann es nach dem Vorausgegangenen zu keiner Versöhnung mehr kommen. Die Grimms verlassen die Heimat.

Die Göttinger Zeit

In Göttingen wohnen die Grimms die ersten zwei Wochen bei Benecke, danach bis Ostern in einer Übergangswohnung, um dann in eine der Bibliothek nahe gelegene geräumige Wohnung in der Allee Nr. 6 zu ziehen. Hier bleiben sie, solange sie in Göttingen sind. Im selben Haus wohnt der Archäologe Otfried Müller, dessen im Erdgeschoss gelegenen Hörsaal Jacob Grimm mitbenutzen darf. Seine Vorlesungsverpflichtungen beginnen mit dem Sommersemester 1830.

Von ihrem Bibliotheksdienst können sich die Brüder schon früher ein Bild machen. Es fällt nicht günstig aus. Bereits am 8. Februar teilt Jacob Grimm Karl Lachmann mit, die neue Lebensart wolle »noch nicht recht schmecken, obgleich sie auch erst fünf Wochen lang versucht worden ist. In Kassel war, vom Kurfürsten allein abgesehen, alles für unsere Natur und Arbeiten günstiger.« Zudem ist der – 35 Jahre ältere – Oberbibliothekar Jeremias David Reuß »ein höchst eigensinniger kleinlicher Mann.« Solange dieser »da ist, wird es mir nicht recht heimlich werden können.« Mitte Juli hat sich der Eindruck gefestigt, »dass es ein dummer Streich war, von Kassel wegzugehen, obgleich Sie und Savigny auch dazu geraten haben. Dort war ich ein freier Mann, hier komme ich mir wie ein Knecht im Joch vor.« Das unablässige Umarbeiten der Kataloge sei unabsehbar, weil die ursprünglichen Kataloge so eng angelegt worden seien. Kassel sei dagegen ein Himmelreich gewesen.

Vielleicht hat Jacob Grimm die Verhältnisse etwas ungerecht beurteilt. Die **Bibliothek** war weithin berühmt und wurde als »Mutter aller wissenschaftlichen Bibliotheken der Welt« bezeichnet. Früher als anderswo gab es hier ebenso viele deutsche wie lateinische Bücher und früher als anderswo wurde hier der große und moderne Buchbestand systematisch aufgestellt. Nicht nur war die Bibliothek für Studenten zugänglich, was keine Selbstverständlichkeit war, sie konnte zudem mittels Fernleihe auch von auswärtigen Gelehrten genutzt werden.

Ähnlich wie Jacob Grimm urteilt Wilhelm Grimm. Auch er beklagt, in einem Brief an Savigny vom 12. August, dass alle Kraft auf die Umarbeitung der Kataloge verwandt werde. Seiner Ansicht nach ist dagegen vor allem eine Revision erforderlich, »welche die Lücken, die in einigen Fächern sehr bedeutend sind, anzeigte und ausfüllte.« Mit dem Oberbibliothekar Reuß, mit dessen Beschränktheit und Heimlichtuerei, ist er ebenfalls unzufrieden.

Dass Reuß den Brüdern misstrauisch begegnet und eifersüchtig seine Vorrechte, vor allem bei der Entscheidung über Neuanschaffungen, zu wahren sucht, mag daran liegen, dass Benecke die Berufung seiner Freunde hinter dem Rücken des Vorgesetzten betrieben hat. Die alte, seit 1812 bestehende Direktion – Reuß, Benecke, Bunsen – wird aufgelöst. Reuß erhält den Titel des Oberbibliothekars und verwaltet die Gelder, Benecke und Jacob Grimm sind als erster und zweiter Bibliothekar für die Neuanschaffungen zuständig, und die Unterbibliothekare Bunsen und Wilhelm Grimm kümmern sich um die Ausleihe.

Auch in seine neue Rolle als Universitätslehrer muss sich Jacob Grimm erst mühsam einfinden. Ist er nicht in der Bibliothek, so bereitet er seine Vorlesung über Rechtsaltertümer vor, die ihm wenig Freude macht. Das ist kein Wunder, denn schon im Voraus hatte er an Meusebach geschrieben: »Was ich gelernt habe, teile ich von jeher am liebsten vollständig bis ins Kleinste mit, nicht in halbem Absud, wie es für Studenten nötig ist, und es wird, scheints mir, nicht ohne Mühe hergehen, bis ich mich hinein schicke.« Nach den ersten Vorlesungen teilt er Lachmann seinen Eindruck mit, dass den Hörern nur das gefalle, »was sie auch bei andern zu hören

Diese Bibliothek ist ein beständig umlaufendes Rad, in welches ich täglich sechs volle Stunden treten muss; und ohne innerliche Freude an der Arbeit. […] Ich suche Bücher auf, stelle andere hin, alles unter beständigem Herumrennen, und schreibe den Realkatalog der ganzen englischen Geschichte wörtlich auf einzelne Zettel ab, um sie demnächst für einen neuen zu ordnen, das heißt nochmals abzuschreiben. Das habe ich seit Neujahr getrieben.

Jacob Grimm Mitte Juli 1830 aus Göttingen an Karl Lachmann

kriegen, und was ich für besser halte, dabei sehe ich sie gleichgültig.« Diese Klagen dauern fort. Ende November 1831 schreibt Jacob Grimm an Meusebach, es koste viel Mühe, sich auf das zu besinnen, was Studenten »aus meinem Kram taugt und es für sie zu ordnen und einzurichten. Ich lerne nichts daraus. Das Auftreten zu bestimmter Stunde auf dem Katheder hat etwas Theatralisches und ist mir zuwider. So geht nun meine Zeit hin, pfeilschnell und einförmig. Ich arbeite in einem fort von Morgen bis Abend und muss alle Arbeiten liegen lassen, die mir lieb wären.«

Seine Lehrtätigkeit hätte Jacob Grimm einen Anlass bieten können, auch seinen wissenschaftlichen Werken eine fasslichere und gestrafftere Form zu geben. Diese Möglichkeit hat er ungeduldig beiseite geschoben. Die Vorlesungen, die aus den Werken gezogen waren, haben ihrerseits keinen Einfluss auf spätere Werke gehabt.

Seine Sprödheit scheint sich auch in den Vorlesungen mitgeteilt zu haben. Sein Vortrag, wiewohl weitgehend frei und aufgrund seiner immensen Kenntnisse beeindruckend, scheint wenig mitreißend gewesen zu sein, auch wenn seine Kollegs für damalige Verhältnisse und für die damals noch untergeordnete Bedeutung der von ihm vorgetragenen Gebiete zeitweise recht gut besucht gewesen sind. Wilhelm ist der gefälligere Redner gewesen. Er trug gerne vor und stellte in Berlin, als beide keine Vorlesungsverpflichtungen mehr hatten, seine Vorlesungstätigkeit erst 1852 ein, vier Jahre nach Jacob.

Seine akademische Antrittsrede hält Jacob Grimm am 13. November 1830 über die Liebe zur Heimat: ›De desiderio

26 Blick aus dem Fenster der Göttinger Wohnung auf die Bibliothek und die Türme der Johanniskirche. Unbezeichnetes Aquarell

patriae‹. Im gleichen Jahr habilitiert er sich mit der erstmaligen Herausgabe der so genannten ›Murbacher Hymnen‹ (27 Hymnen zu verschiedenen Anlässen des Kirchenjahrs), einem sehr frühen althochdeutschen Textzeugnis.

Wilhelm Grimm behandelt in seiner Antrittsvorlesung vom 10. Mai 1831 den ›Zusammenhang von Geschichte und Poesie‹. Er hat ab Februar 1831 zunächst eine außerordentliche Professur inne. In die Göttinger Akademie der Wissenschaften, der sie bereits seit Ende 1824 als korrespondierende Mitglieder angehörten, werden die Brüder schon im April 1830 als ordentliche Mitglieder aufgenommen. Jacob Grimm gehört zudem ab Sommer 1831 der Staatlichen Prüfungskommission für Schulamtskandidaten an. Zeitweilig wird ihm sogar der Vorsitz der Kommission übertragen. Das Nebenamt bringt zusätzliche hundert Taler ein, kostet andererseits weitere Zeit, die von den eigenen Arbeiten abgeht.

Die Situation verbessert sich, als Jacob Grimm im April 1832 von einem Teil seiner Dienstpflichten in der Bibliothek befreit wird. Im Gegenzug soll er eine kleine Grammatik für den Studiengebrauch verfassen. Jacob Grimm nahm dieses Angebot gerne an. Die gewünschte kurze Grammatik hat er aber nicht geschrieben. Stattdessen arbeitet er in der gewonnenen Zeit ein weiteres Hauptwerk, ›Die deutsche Mythologie‹, aus. Man hat ihm das offenbar nicht übel genommen. Vielmehr wird Jacob Grimm Ende 1834 ganz vom Bibliotheksdienst beurlaubt, bleibt jedoch Mitglied des Dreier-Bibliotheksdirektoriums. Auch dass er vom Wintersemester 1832/33 bis zum Sommersemester 1837 als gewähltes Mit-

> Wir vernehmen mit großer Teilnahme, dass die Vorlesungen des Professors Jacob Grimm über deutsche Grammatik mit vielem Beifalle gehört werden. Da Wir es nun für sehr wünschenswert erachten würden, wenn das Studium der deutschen Sprache auf der dortigen Universität immer mehr Anhänger gewinnen könnte; so geben Wir dem Professor Jacob Grimm zu erwägen anheim, ob dieser Zweck nicht dadurch ungemein möchte gefördert werden können, wenn der Professor Grimm [seine] durch die Herausgabe einer ausführlichen Grammatik sich erworbenen ausgezeichneten Verdienste noch dadurch vermehre […] dass

glied dem Senat der Universität angehört zeugt für sein Ansehen. Zudem wird er bereits 1833 zum Hofrat ernannt, was eine außergewöhnliche Ehrung ist.

Auch in Göttingen schließen die Brüder Grimm Freundschaften fürs Leben. Rasch entscheiden sie, welcher Umgang ihnen behagt und wo sie nicht mittun wollen. Anfangs überwiegt auch hier das Gefühl der Überforderung. In Kassel, schreibt Jacob Grimm im Juli 1830 an Lachmann, habe er nach vollbrachter Tagearbeit noch auf stillen Spaziergängen – die ihm »kindisch lieb« gewesen seien (so an Savigny am 29.9.) – seinen Sachen nachsinnen können. Wage er sich indessen »hier einmal auf den Wall, so lauft alles voll Kollegen und es wird dann ein Gespräch gepflogen, das mich eigentlich nichts angeht.«

Doch zu einigen Kollegen entwickelt sich schnell ein guter Kontakt: neben Benecke besonders zu dem gleichaltrigen Historiker Friedrich Christoph Dahlmann, der eben seine ›Quellenkunde der deutschen Geschichte‹ herausgebracht hat, aber auch zu dem Hausgenossen Otfried Müller, zum Juristen Wilhelm Eduard Albrecht und dem bereits älteren Gustav Hugo (1764–1844), einem Mitbegründer der historischen Rechtsschule, sowie zu den Theologen Gottfried Friedrich Christian Lücke und Georg Heinrich August Ewald. Im Frühjahr 1836 wird zudem der zwanzig Jahre jüngere Literarhistoriker Georg Gottfried Gervinus berufen, der bald ebenfalls zum engeren Bekanntenkreis gehört.

Den Gegensatz zu diesen zumeist jüngeren Kollegen bildet »der alte Stamm, den Sie ja kennen«, wie Wilhelm Grimm

derselbe mit der Bearbeitung einer kleineren Grammatik sich beschäftigte, welche zugleich dazu würde dienen können, um von ihm bei seinen Vorlesungen als Leitfaden zum Grunde gelegt zu werden. Sollte nun der Professor Grimm dieser Ansicht beipflichten und auf diese Idee eingehen wollen, so würden Wir gern geneigt sein, die Ausführung derselben durch eine einstweilige Erleichterung desselben bei den Bibliothek-Arbeiten […] zu befördern.

Aus dem Schreiben des Kuratoriums der Universität Göttingen in Hannover vom 10. Januar 1832

schon im ersten Göttinger Sommer vielsagend an Savigny schreibt. Dieser alte Stamm sei »innerlich in Parteien heftig zerspalten, äußerlich zeremoniös, zurückhaltend und etwas in der Weise veralteter Diplomaten, die es für ihre Pflicht hielten, wichtig zu tun, wenn auch keine Ursache dazu vorhanden war.« Ihr Umgang sei unerquicklich und ihre Soupers seien luxuriös und langweilig. Jacob und er sind bald entschlossen, sich auf dergleichen nicht einzulassen.

Mit den in Kassel zurückgebliebenen Geschwistern halten die beiden Ältesten engen Kontakt. Wilhelm, der weniger Dienstverpflichtungen hat als Jacob, ist öfters in Kassel, ebenso Dorothea, die sich in Göttingen zunächst nur schwer einlebt. So erfahren die Brüder nicht nur aus zweiter Hand von den politischen Umwälzungen, die die Pariser Julirevolution gerade in Hessen nach sich zieht.

»Weltereignisse« nennt Jacob Grimm in seinem Brief von Ende September 1830 an Savigny die Kette der von Paris über Brüssel auch in die deutschen Staaten übergesprungenen Unruhen, »über welchen einem die eignen Angelegenheiten klein und nicht der Rede wert erscheinen. […] Ich bin von Natur und von Kindesbeinen an der monarchischen und der fürstlichen Sache getreu, alle meine Studien und Erfahrungen führen mich darauf.« Die historische Ungleichheit der Stände erscheine ihm voll Farbe, Phantasie, Poesie und Glauben, während die Forderungen der Gegenwart eintönig, prosaisch und nüchtern seien. Und doch liege im Verlangen nach freieren Verfassungen »eine unabwendliche über uns alle hereinbrechende Gewalt, eine Macht derjenigen vergleichbar, die auch zur Zeit der Reformation gewirkt hat, ein Festhalten an der Helle des Tagelichts und Verwerfen aller Dämmerung.

Ludwig Hassenpflug war am 26. Februar 1894 in Hanau (als viertes von fünf Kindern und einziger Sohn einer seit Generationen im Dienst der hessischen Herrscher stehenden Familie) zur Welt gekommen. Sein Vater war Stadtschultheiß in Hanau und beendete seine Laufbahn als Regierungspräsident in Kassel. Der niederhessische Adel betrachtete ihn, dem Zeugnis Ludwigs zufolge, als Emporkömmling. Den Sohn scheint das nachhaltig gekränkt zu haben. Ludwig studierte Jura in Göttingen, nahm an den Freiheitskriegen teil und trat 1816

Was mich betrifft, ich gestehe, dass ich zu Paris entschieden es mit den Bürgern gehalten hätte, wie ich zu Luthers Zeit dem Glauben meiner Väter abtrünnig und Protestant geworden wäre. […] Es gibt Augenblicke, wo man bloß zu handeln hat, ohne Rücksicht auf Vergangenheit oder Zukunft.«

Wilhelm Grimm, auch wenn er sich in politischen Dingen weniger grundsätzlich äußert, teilt diese Gesinnung. Infolgedessen sind die Brüder nicht glücklich über den plötzlichen Aufstieg ihres Schwagers Hassenpflug zum politischen Statthalter eines verfassungsfeindlich eingestellten hessischen Kurfürsten. In Kassel belagern die Bürger im September 1830 das kurfürstliche Schloss. Am 15. September wird eine Delegation vorgelassen, die einen Forderungskatalog übermittelt. Ludwig Emil Grimm hat den Moment in einer Federzeichnung festgehalten. Auf dem Land stürmen aufständische Bauern die Schlösser und vernichten die Abgabenregister der Grundherren. Hessen, das vor 1830 zu den am reaktionärsten regierten deutschen Staaten gehörte, erhält auf Druck der Bürger Anfang 1831 eine Verfassung, die als demokratischste aller deutschen Konstitutionen vor 1848 gilt. Auch kommt es zur überfälligen Bauernbefreiung. Der Kurfürst überträgt die Regierungsgeschäfte seinem Sohn Friedrich Wilhelm. Dieser beruft Ludwig Hassenpflug und gibt ihm im Mai 1832 das Justiz- und das Innenministerium. »Dies ist die Lage, worin ich gern bin«, schreibt er an die Schwager in Göttingen und fügt etwas taktlos hinzu: »Ein Gehalt von 2500 Talern sichert mir ein anständiges Auskommen.« Jacob und Wilhelm Grimm sehen die Sache mit anderen Augen. Sie haben schon zuvor gewarnt, sich zu sehr gegen »die Gerechtigkeit der neuen Zeit« zu stellen, wie Wilhelm Grimm im Mai 1831 an

in hessische Staatsdienste. Neben seinem beruflichen Ehrgeiz verfolgte er zeitlebens schöngeistige Interessen, wobei ihm die neun bzw. acht Jahre älteren Brüder Grimm, laut seinen Jugenderinnerungen, »unbedingt als Ideale« galten. Er kannte sie seit etwa 1809, vermittelt durch seine Schwestern Marie und Amalie, die sich schon vorher mit den Grimms zu einem regelmäßigen »Lesekränzchen« trafen.

Hassenpflug geschrieben hat. Nun sehen die Brüder Eitelkeit im Spiel und zweifeln an Hassenpflugs Fähigkeit, die anspruchsvollen Ämter auszufüllen. Die Klagen der Kurfürstin, die sie bei ihren Aufenthalten in Kassel regelmäßig aufsuchen, über die Haltung ihres regierendes Sohnes und ihre resignative Einsicht, für Hessen sei von diesem Fürstenhaus kein Heil mehr zu hoffen, bestärken die Brüder in ihrer Beurteilung der Lage. Ludwig Emil Grimm immerhin profitiert von Hassenpflugs Aufstieg. Er erhält durch dessen Vermittlung im April 1832 endlich die angestrebte Anstellung als Lehrer in der Kunstakademie, mit dem Titel eines Professors und einem allerdings niedrigen Gehalt von 300 Talern. Nicht ohne Stolz konstatieren die älteren Brüder, dass nun drei der Geschwister Professoren geworden sind.

Krankheiten und Todesfälle überschatten die Göttinger Jahre. Anfang 1831 liegt Wilhelm Grimm mit einer lebensbedrohlichen Lungenentzündung im Bett. Die Schuld gibt Jacob Grimm in einem Brief an Lachman dem »hiesigen in allem Betracht widerwärtigen Aufruhr«. Im Januar haben Studenten und Bürger, angeführt von drei Privatdozenten, das Militär aus Göttingen vertrieben und die Stadt unter ihre Kontrolle gebracht. Erst nach einer Woche wird der Umsturzversuch von 7000 Soldaten, der Hälfte der Landesarmee Hannover, beendet. Die Lungenentzündung hat Wilhelm Grimm sich zugezogen, als er während des Aufstandes Nachtwache in der bedrohten Bibliothek halten musste.

Auch konstitutionell gesinnte Liberale wie Dahlmann distanzieren sich von dem Aufstand. Dahlmann geht im November 1831 vorübergehend nach Hannover, um dort in einer siebenköpfigen Verfassungskommission seinen Entwurf

1837, nach Jahren konfliktreicher Amtsführung, wurde **Ludwig Hassenpflug** aufgrund persönlicher Differenzen vom Regenten entlassen. Ende 1838 übernahm er die Leitung der Verwaltung des Fürstentums Hohenzollern-Sigmaringen und wurde ein Jahr später Zivilgouverneur im Großherzogtum Luxemburg. 1841 erfolgte seine Berufung als Obertribunalrat nach Berlin, nicht zur Freude der im Jahr zuvor eingetroffenen Brüder Grimm, die nach dem Tod der Schwester und Hassenpflugs neuerlicher Heirat auf Distanz gegangen wa-

einer Verfassung auszuarbeiten, die König Wilhelm IV. von England und Hannover 1833 erlässt. Mit ihren zwei Kammern orientiert sie sich an den süddeutschen Modellen, verfügt jedoch über ein großzügigeres Wahlrecht.

27 Ludwig Hassenpflug. Bleistiftzeichnung von Ludwig Emil Grimm (18. Mai 1815)

Wilhelm erholt sich, bleibt in der Folgezeit aber wieder auf regelmäßige Kuren angewiesen und verharrt lange Zeit in einer melancholischen Passivität, die Frau und Bruder geheimen Kummer bereitet. Eine positive Folge der Krankheit ist, dass man sich in der Universität beeilt, ihm eine außerordentliche Professur einzuräumen, damit seine Familie im Falle seines Todes materiell wenigstens ansatzweise abgesichert wäre.

Während Wilhelm Grimm noch in Gefahr ist, trifft durch Savigny die Nachricht ein, dass Achim von Arnim am 21. Januar »an einem Nervenschlag plötzlich und schmerzlos gestorben« ist. Erst nach einer Woche trauen Jacob und Dorothea sich, Wilhelm von dem Todesfall zu unterrichten, »und er begann laut zu weinen« (JaG an Lachmann). Bettine von Arnim bittet Wilhelm, sich des Nachlasses anzunehmen. »Arnim war so bescheiden«, schreibt sie Ende Januar, »ja so keusch mit seinen Poesien, dass es Pflicht ist, diese Bücher [...] dem reichsten kindlichsten Herzen anzuvertrauen, und

ren. 1844 wurde Hassenpflug Mitglied des preußischen Staatsrates, 1846 Präsident des Oberappellationsgerichtes in Greifswald. 1850 vom hessischen Kurfürsten als Staatsminister des Innern und der Justiz zurückgerufen, setzte er in Hessen seine scharf reaktionäre Politik fort und wurde im Oktober 1855, nach jahrelangem Verfassungskonflikt mit den Ständen, erneut entlassen. Danach lebte er zurückgezogen in Marburg. Er starb 1862.

dazu seid ihr mir ausersehen und vorab der Wilhelm […], dem er so manches hingab, was er anderen verweigerte«. Siebzehn Jahre lang hat Wilhelm Grimm die Herausgabe der Werke Achim von Arnims betreut.

Die Trauerbotschaften reißen nicht ab. Ende des Jahres meldet Karl Lachmann den Tod Hegels, den die in Berlin grassierende Cholera hingerafft hat. Im Frühjahr 1832 stirbt Goethe, kurz darauf Zelter, den, wie Lachmann am Tag nach dem Begräbnis schreibt, »Goethens Tod gebrochen hat, und so geht es über die geliebten Alten her« (19. 5. 1832 an WiG). Anfang 1834 folgt die Nachricht vom Tod Schleiermachers. Auch er ist einst bei den Grimms in Kassel zu Gast gewesen.

Dazwischen aber liegt der schmerzlichste Verlust, der Tod der Schwester Lotte am 15. Juni 1833. Sie stirbt kurz nach der Geburt ihres fünften Kindes Dorothea.

Kummer macht auch die haltlose Existenz Ferdinands, den Reimer nach 19 Jahren Ende 1833 entlässt. Seither lebt er beschäftigungslos im Göttinger Haushalt der Brüder: »Zwei Jahre ist er nun bei uns«, teilt Jacob Grimm im Februar 1836 Karl Lachmann mit, der Ferdinand noch von Berlin her kennt, »leiblich gesunder als wir anderen seit lange, aber unfähig etwas zu arbeiten und zu ergreifen, halsstarrig und faul über die Maßen, aber eingebildet und ohne Ehrgefühl. Der sitzt nun mit am Tisch, schweigt oder gebärdet sich albern mit den Kindern. Alle Leute wundern sich unseres Haushaltes und hätte Gott Dortchen nicht einen so heiteren Sinn, der sich immer von selbst neu aufrichtet, beschert, wäre es noch schwerer. Dabei sind die Kinder oft krank und machen viel Sorge. Sie sind, außer Dortchen, der einzige Mensch, dem ich mein Herz ausgeschüttet habe. Berühren Sie nichts davon in

---

»Zu leugnen ist nicht«, schreibt **Ferdinand Grimm** am 4. Januar 1834 über seinen Abschied von Reimer an die Brüder, »dass ich oft tage- und wochenlang abwesend sein musste, und dann, halb hergestellt, mit starker Missstimmung das Arbeiten mir weder zusagen, noch gelingen wollte, was mir selbst unangenehm war.« – In Kassel verschärfen sich schließlich die Spannungen zwischen den Geschwistern, als Ferdinand Ende 1835 den Anfang einer Erzählung veröffentlicht (›Tante Henriette‹), die die älteren Brüder boshaft und geschmacklos por-

Ihren Briefen.« Auch Wilhelms Melancholie dauert an. Für Jacob ist das bedrückender als alles andere.

Im Sommer 1836 bessert sich Wilhelms Zustand allmählich. Dann ist Ferdinand plötzlich fort, »ohne Sang und Klang, d.h. ohne Abschied« macht er sich davon und schreibt lediglich »von Münden aus einige rätselhafte, undemütige Zeilen an Dortchen«. Jacob Grimm ist »das Herz seitdem viel leichter, so sehr mich sein verschrobnes Wesen jammert, Wilhelm fürchtet, er versuche es auf dem Theater; ich bezweifles wegen seiner Faulheit, dann müsste er Rollen lernen« (an Lachmann, 3.7.1836). Damit ist das Kapitel von Ferdinands langem Gastspiel im Haushalt der älteren Brüder aber noch nicht abgeschlossen. Anfang September informiert Jacob Grimm Lachmann, Ferdinands Abzug habe er zu voreilig gemeldet. Er sei plötzlich zurückgekehrt, »wie ins Wirtshaus, und es ergab sich, dass er, ohne allen Plan, zu seinem Spaß oder bloß um uns beiden, solange Dortchen in Kassel blieb, auszuweichen, umhergestrichen war. Nachdem er sich ausgeruht hatte, fasste ich mir dann das Herz, ihm den längeren Aufenthalt bei uns aufzusagen.« Sie statten ihn mit Geld aus und, der Autorität des Ältesten sich fügend, geht er wieder eigene Wege.

Wilhelm Grimm vollendet während der Göttinger Jahre die Editionen zweier bedeutender mittelhochdeutscher Texte: ›Vridankes [Freidanks] Bescheidenheit‹ (1834) und den ›Rosengarten‹ (1836). Jacob Grimms Hauptwerke dieser Zeit sind der dritte und vierte Band der ›Deutschen Grammatik‹ (1831 und 1837), das lang aufgeschobene und nun endlich abgeschlossene Buch über ›Reinhart Fuchs‹ (1834) und ›Die deutsche Mythologie‹ (1836).

---

trätiert. – Ferdinand, der unter Pseudonym selbst zwei Sagensammlungen herausgegeben hat (›Volkssagen und Märchen der Deutschen und Ausländer‹, 1820, und ›Volkssagen der Deutschen‹, 1838), hat sich Zeit seines Lebens gegen die zielgerichteteren und talentierteren Brüder weder behaupten noch von ihnen lösen können.

Wie sich die Gelegenheit ergibt, die ›Deutsche Mythologie‹ in Angriff zu nehmen, ist schon erzählt worden. Das Dahlmann gewidmete Buch stellt Jacob Grimm in den Zusammenhang seiner Arbeiten über die ›Grammatik‹ und die ›Rechtsaltertümer‹. Ein Volk, heißt es in der Vorrede, könne zu einer Zeit, in der seine Sprache und sein Recht gesund dastünden und der Zusammenhang mit einem höheren Altertum fortbestehe, nicht ohne Religion gewesen sein. So folge dieses dritte Werk innerlich notwendig aus dem ersten und zweiten. Wie auch in den anderen beiden Arbeiten ist es Jacob Grimm um den Nachweis zu tun, dass »unsere Voreltern« in ihrer Weise Kultur besaßen. Mit der Mythologie begegnet er dem zu seiner Zeit verbreiteten Vorurteil, die Germanen seien ohne Götter gewesen. Dieser Eindruck hat vor allem mit der schwierigen und spärlichen Quellenlage zu tun. Dennoch gelingt es Jacob Grimm, Material zusammenzustellen – denn wiederum verstand er sein Werk in erster Linie als Materialsammlung –, das schließlich 870 Druckseiten umfasst. Möglich ist das, weil er der Arbeit einen weit gefassten Begriff von Mythologie zugrunde legt. Mythos ist für ihn »Götterglaube, wie er von Volk zu Volk in unendlicher Abstufung wurzelt«. Das Werk war sofort ein großer Publikumserfolg. Daneben hat es, mehr noch als die ›Deutschen Sagen‹, viele Künstler zu produktiver Aneignung angeregt. Richard Wagners ›Ring der Nibelungen‹ ist ohne Jacob Grimms ›Deutsche Mythologie‹ nicht zu denken. Wiederum brachte das Werk auch eine breite mythologische Feldforschung in Gang, die für Popularisierung, aber auch Verflachung des mythologischen Wissens sorgte. Jacob Grimm hat das gegen Ende seines Lebens mit Bedauern konstatiert.

Die ›**Deutsche Mythologie**‹ enthält Kapitel über Gott, Gottesdienst, Tempel, Priester, Götter, Wotan, Donner, Andere Götter, Göttinnen, Helden, Weiße Frauen, Wichte und Elbe, Riesen, Elemente, Bäume und Tiere, Himmel und Gestirne, Tag und Nacht, Sommer und Winter, Welten, Seelen, Tod, Heil und Schicksal, Gespenster, Entrückung, Teufel, Zauberei, Aberglaube und Krankheiten.

Die Göttinger Sieben

Im Jahr 1837 stirbt Wilhelm IV., König von Großbritannien und Irland sowie von Hannover, im Alter von 71 Jahren. Während in England die gerade volljährig gewordene Nichte Victoria den Thron besteigt und gleich versichert, sie werde sich ganz der Weisheit des Parlaments anvertrauen, folgt in Hannover im Juni der Herzog von Cumberland als Ernst August II. seinem nur fünf Jahre älteren Bruder auf dem Thron nach. Bereits einen Tag nach seinem Eintreffen vertagt er die Stände und erklärt im Juli, sich an das 1833 verabschiedete Staatsgrundgesetz nicht gebunden zu fühlen. Man werde prüfen müssen, inwiefern es abzuändern oder ob es etwa ganz abzuschaffen und durch die zuvor geltende Verfassung zu ersetzen sei. Ergebnis dieser Prüfung ist ein weiteres königliches Patent vom 1. November, in dem »das bisherige Staatsgrundgesetz von Uns für aufgehoben erklärt« wird, woraus sich »von selbst« ergebe, »dass die sämtlichen Königlichen Diener [...] ihrer auf das Staatsgrundgesetz

28 Ernst August, König von Hannover (1771–1851)

ausgedehnten, eidlichen Verpflichtung vollkommen enthoben sind.« Dieser Schritt wird überall im Land und besonders an der Göttinger Universität mit Bestürzung aufgenommen. Dass der neue König ein heftiger Gegner des politischen Liberalismus, zudem ein Raubein und Intrigant ist, war bekannt, seit er sich 1819 in Berlin niedergelassen und engen Kontakt mit den Führern des preußischen Ultra-Konservatismus aufgenommen hatte. Bereits seit 1815 ist er mit Friederike von Mecklenburg-Strelitz, einer Schwester der 1810 verstorbenen preußischen Königin Luise, verheiratet. Man ist gewarnt oder hätte gewarnt sein können. Dennoch scheint niemand im Land auf den Verfassungsbruch vorbereitet. Nur sieben Professoren der Göttinger Universität melden am 18. November in einem Schreiben an die vorgesetzte Behörde, das Hohe Königliche Universitäts-Kuratorium, ihren Widerspruch gegen die königliche Verfügung an. Was bald als ›Protestation der Göttinger Sieben‹ bekannt werden sollte, ist hier noch als ›Untertänigste Vorstellung einiger Mitglieder der Landes-Universität‹ bezeichnet, in der allerdings eine klare Sprache gesprochen wird. Die Unterzeichner erklären, dass die königliche Begründung, warum die Verfassung auszusetzen sei, juristisch nicht Stich halte und dass sie sich »nach ernster Erwägung der Wichtigkeit des Falles nicht anders überzeugen können, als dass das Staatsgrundgesetz seiner Errichtung und seinem Inhalt nach gültig sei.« Daher könnten sie es auch, »ohne ihr Gewissen zu verletzen«, »nicht stillschweigend geschehen lassen, dass dasselbe

Endlich aber erwarten wir von der Rechtlichkeit der Herren mit Zuversicht, dass sie in allen ihren Äußerungen über die vorliegende, wichtige Verfassungsfrage die größte Vorsicht beobachten und sorgfältig alles vermeiden werden, was unter der dort studierenden Jugend irgendeine Aufregung herbeiführen und dieselbe in unbedachtsamer Aufwallung vielleicht zu Schritten veranlassen möchte, welche für sie selbst und für das Wohl der ganzen Universität von den verderblichsten Folgen sein könnten.

Aus dem Schreiben Karl Friedrich Alexander Freiherr von Arnswalds, Kurator der Göttinger Universität, an die sieben Professoren vom 22. November 1837

ohne weitere Untersuchung und Verteidigung vonseiten der Berechtigten, allein auf dem Wege der Macht, zugrunde gehe.« Neben Friedrich Christoph Dahlmann (1785–1860), der 1833 maßgeblich an der Verfassung mitgearbeitet hatte und nun auch den Einspruch entworfen hat, unterschreiben der Privat- und Staatsrechtler Wilhelm Eduard Albrecht (1800–1876), der Bibelforscher und Orientalist Georg Heinrich August Ewald (1803–1875), der Physiker Wilhelm Eduard Weber (1804–1891), der Literarhistoriker Georg Gottfried Gervinus (1805–1871) sowie Jacob und Wilhelm Grimm. Nur Ewald, selbst noch ein junger Mann, ist aus der Göttinger Universität hervorgegangen. Die anderen Unterzeichner waren zwischen 1829 (Dahlmann) und 1836 (Gervinus) berufen worden. Niemand aus der Riege der alteingesessenen Göttinger Professoren tritt für den Rechtsfrieden im eigenen Land ein.

Das Kuratorium antwortet am 22. November beschwichtigend und teilt mit, man behandle das Schreiben einstweilen als vertrauliche Mitteilung an die Behörde und habe es noch nicht an den König weitergeleitet. Bevor die sieben Professoren auf diesen Bescheid reagieren können, ändert sich die Lage grundlegend: Die Existenz des Protestschreibens, wenn auch noch nicht sein voller Wortlaut, wird öffentlich und sogar in ausländischen Zeitungen gemeldet. Am 28. November schreibt Ernst August seinem Kabinettsminister Freiherr von Schele, man müsse schleunigst alles unternehmen, »um teils der Verbreitung der Eingabe der Göttinger Professoren entgegenzuwirken, teils dieser Verbreitung auf die Spur zu kommen«. Von der Eingabe selbst hat er erst gerade Kenntnis erhalten und aus ihrem Inhalt entnommen, »dass die Pro-

Seine Tätigkeit als Wissenschaftler hat **Gervinus** von Anbeginn mit politischem Engagement verknüpft. Als Sohn eines Gerbers hatte er zunächst eine kaufmännische Ausbildung absolviert. 1830 habilitierte er sich mit einer ›Geschichte der Angelsachsen im Überblick‹. Einen Namen machte er sich mit der ›Geschichte der poetischen Nationalliteratur der Deutschen‹ (1835–1842). Darin revolutionierte er die Literaturgeschichtsschreibung, indem er die Werke aus ihren historischen Grundlagen und gesellschaftlichen Bezügen heraus erläuterte.

fessoren augenfällig eine revolutionäre, hochverräterische Tendenz verfolgen« und »der Macht des peinlichen Richters verfallen« seien. Es müsse rasch gehandelt werden, um Eindruck zu machen. Schele antwortet am nächsten Tag und legt eine bereits von ihm gegengezeichnete Verfügung bei, die dem akademischen Gericht in Göttingen vorschreibt, die sieben Professoren zu verhören, um die »starken Indizien, fast schon Beweise, welche gegen die Professoren vorliegen, dass sie selbst ihr Schreiben an das Kuratorium verbreitet haben«, zu erhärten.

Die Vernehmung der Professoren am 4. Dezember ergibt, dass Dahlmann, Jacob Grimm und Gervinus den Text Bekannten zu lesen gegeben und Tage später auch einige wenige Abschriften an auswärtige Freunde geschickt haben. Der Kopist wird vernommen und gibt an, Dahlmann habe ausdrücklich von ihm verlangt, »die Sache nicht weiterzubringen«, woran er sich gehalten habe. Die anderen Unterzeichner haben den Protest überhaupt niemandem mitgeteilt.

Das Kuratorium der Universität wendet sich daraufhin am 8. Dezember an den König, rechtfertigt zunächst sein eigenes anfängliches Verhalten und schlägt dann vor, gegen »die Professoren Dahlmann und Konsorten« – zumal sie »auf unseren Erlass vom 22. v. M. bis jetzt noch nicht geantwortet« – »nunmehr mit weiteren Maßregeln […] hervorzutreten.« Dabei rät es, die Sieben zu spalten und einige zum Widerruf zu bewegen, während andere aus der Gruppe offenbar »gerade den Wunsch« hegten, »in dieser Sache gewissermaßen für Märtyrer der von ihnen verfochtenen Ansicht gehalten zu werden.« Zudem möge man ein zuverlässiges Rechtsgutachten darüber einholen lassen, »inwieweit die sieben Pro-

[…] habe ich über die Zweckmäßigkeit ihrer etwaigen Verhaftung nachgedacht und bei der sehr großen Wichtigkeit dieser Maßregel, rücksichtlich ihres Eindruckes auf die Studenten und Bürger von Göttingen und in ganz Deutschland […] muss ich dafür halten, dass eine Verhaftung, die nicht mehr der Bekanntmachung des Schreibens vorbeugen kann, nicht zweckmäßig und ratsam sein würde. *Kabinettsminister Freiherr von Schele an Ernst August von Hannover vom 29. November 1837*

fessoren – wenn sie aus ihrem Dienstverhältnisse entfernt werden – einen Entschädigungsanspruch würden geltend machen können«; denn sie seien »durch Königliche Reskripte unbedingt und ohne Vorbehalte angestellt worden«. Das Gleiche gelte für ihre Besoldungen.

Drei Tage später, am 11. Dezember, holen die sieben Professoren ihre Antwort an das Kuratorium nach. Vor allem entkräften sie den Hauptvorwurf, den Protest in französischen Blättern lanciert zu haben. Diese Erklärung ist gewissermaßen schon für die Nachwelt geschrieben. Noch am selben Tag unterschreibt Ernst August die Verfügung über die Entlassung.

Den Prorektor Bergmann weist Ernst August am folgenden Tag an, Dahlmann, Jacob Grimm und Gervinus, wenn er ihnen ihre Dienstentlassungsurkunden aushändige, anzukündigen, dass sie, als in besonderem Maße schuldig Gewordene, innerhalb von drei Tagen das Land zu verlassen hätten. Leisteten sie dem nicht Folge, seien sie zu verhaften. Ferner würde die gerichtliche Untersuchung, die fortzusetzen er einstweilen nicht gewillt sei, »nach aller Strenge« weiter gegen sie vorangetrieben. Die anderen vier entlassenen Professoren dürfen, sofern sie sich völlig ruhig verhalten, bis auf weiteres im Lande bleiben.

Die Verfasser der Protestationsschrift haben in derselben den Uns als ihrem rechtmäßigen Landes- und Dienstherrn schuldigen Gehorsam aufgekündigt, da sie in dem Wahne stehen, die Untertanentreue nur in dem Falle Uns eidlich angeloben zu können, wenn das von Uns in Unserm Patente vom 1. November d. J. aufgehobene Staatsgrundgesetz vom 26. September 1833 fortdauernd Gültigkeit und verbindliche Kraft hätte. [...] Die gedachten Professoren haben durch Erklärungen solcher Art, bei denen sie gänzlich verkannt zu haben scheinen, dass Wir ihr alleiniger Dienstherr sind, dass auch der Diensteid einzig und allein Uns geleistet werde, somit auch Wir nur allein das Recht haben, denselben ganz oder zum Teil zu erlassen – das Dienstverhältnis, worin sie bisher gegen Uns standen, völlig aufgelöst, wovon dann deren Entlassung von dem ihnen anvertrauten öffentlichen Lehramt auf der Universität Göttingen nur als eine notwendige Folge betrachtet werden kann.

Aus dem Entlassungs-Reskript vom 11. Dezember 1837

Als die Studenten erfahren, dass ihre Professoren entlassen und drei von ihnen ausgewiesen worden sind, kommt es zu Unruhen. Die Studenten sollen es auch gewesen sein, die für die schnelle öffentliche Verbreitung des Protestes gesorgt haben. Über Göttingen wird der Belagerungszustand verhängt. Um zu verhindern, dass die Studenten Dahlmann, Jacob Grimm und Gervinus einen triumphalen Auszug aus dem Königreich Hannover bereiten, wird kurzfristig ein Verbot erlassen, Reitpferde und Kutschen zu vermieten. Daraufhin marschieren mehrere hundert Studenten in der Nacht vom 16. auf den 17. Dezember bei eisiger Kälte nach Witzenhausen an der Grenze zu Kurhessen. Als die drei Vertriebenen an der Grenzbrücke über die Werra eintreffen, werden sie begeistert gefeiert. Die Studenten spannen sich selbst vor die Kutschen, um ihren Lehrern auf den letzten Metern ihre besondere Anhänglichkeit und Treue zu bezeugen.

Diese Kundgebung bildet gewissermaßen den Auftakt zu einer Welle öffentlicher Solidarität mit dem Schicksal der »Göttinger Sieben«. In allen Teilen Deutschlands hat man die Affäre mit großer Aufmerksamkeit verfolgt. Vielerorts bilden sich Komitees, um die Entlassenen finanziell zu unterstützen. Jacob Grimm, dem es besonders wenig liegt, gefeierter Held des Tages zu sein, zögert zunächst, fremdes Geld anzunehmen. Dahlmann kann ihn aber davon überzeugen, nicht durch eine Weigerung »ein warmes vaterländisches Interesse […] zu ersticken« (30. 12. 1837).

Die deutschen Fürsten und ihre Regierungen sind hingegen darauf bedacht, den König von Hannover nicht zu brüskieren. Nur der König von Sachsen, wohin sich Dahlmann

> Im Namen von 130 Bürgern der Stadt Königsberg ersuche ich Sie und Ihre würdigen Herren Kollegen, die durch freimütige Verteidigung des Rechts den Unwillen des Machthabers und den Dank jedes braven Deutschen erworben haben, Einliegendes als Zeichen unserer Achtung anzunehmen. Wer das Rechtsgefühl teilt, aus welchem Ihre Tat hervorgegangen, ist verpflichtet, Ihnen auch die Folgen dieser Tat tragen zu helfen.
>
> *Brief, der der Königsberger Gabe von 1600 Talern beigegeben ist; Jacob Grimm vom Empfänger Dahlmann mitgeteilt am 17. Februar 1838*

wendet, erklärt noch im Dezember, die sieben Professoren, als achtbare Männer bekannt, würden ihm sämtlich in seinem Lande willkommen sein und lässt Dahlmann ausrichten, es werde der Regierung angenehm sein, wenn er in Leipzig Vorlesungen halte. Als Dahlmann Anfang Januar eine Darstellung der Göttinger Ereignisse (›Zur Verständigung‹) verfasst und in Sachsen drucken lassen will, muss er allerdings einsehen, dass dem Entgegenkommen enge Grenzen gezogen sind. Er wird von Minister zu Minister geschickt, überall freundlich empfangen, in seiner Angelegenheit jedoch abgewiesen, da Schriften, die eine Verletzung der Verfassung oder Verwaltung eines Bundesstaats enthielten, nicht gedruckt werden dürften. Mitte Februar 1838 berichtet Dahlmann Jacob Grimm nach Kassel, wo dieser beim Bruder Ludwig Emil wohnt, von seinem Gespräch mit dem Kultusminister von Carlowitz. Man wolle ihm beweisen, sagt er diesem, »dass der Totgeschlagene der Verletzer seines Mörders sei. Er lachte und wandte das Gespräch auf andere Dinge.«

Zwischenzeitlich haben auch Ewald und Albrecht Schriften zur Erläuterung ihrer Haltung verfasst. Und auch Jacob Grimm hat im Januar seine Sicht der Ereignisse aufgeschrieben. Dahlmann, der ihn ausdrücklich ermuntert, sich »nach Ihrer eigentümlichen Weise vor der deutschen Mitwelt auszusprechen« (14.2.), und Wilhelm Grimm sollen seinen Entwurf redigieren. Auch der durchreisende Albrecht bekommt das Manuskript zu lesen. Es richtet sich weniger an die von Dahlmann angesprochene Mitwelt als an die Nachwelt. Er verlange, so Jacob Grimm an Dahlmann, »für unsern Schritt nicht den Beifall andrer Leute, nur dass unsre Gesinnung

Könnte jeder Nachfolger den Vertrag lösen, der mit dem Lande eingegangen war, so würde niemals Sicherheit, auch nicht während langer Regierungen, entspringen, weil hinter jedem Thronerben ein Umwurf drohen würde. Nicht dass Verfassungen ewige Dauer gebührt: Sie sollen gleich allem Irdischen vergänglich und zerbrechlich sein, nicht aber aus Willkür, sondern von beiden Teilen, zwischen welchen sie zu Stande gekommen waren, abgeändert oder zerbrochen werden.

›Jacob Grimm über seine Entlassung‹, Basel 1838

rein und ungefälscht der folgenden Zeit überliefert werde« (15. 1.). Auch den Aufsatz Ewalds sähe er gern gedruckt, »eben weil er seine Denkungsart treu darstellt. An solchen Berichten liegt der Zukunft am meisten« (13. 2.).

Mit diesen Kommentaren ist die Perspektive vorgegeben, aus der Jacob Grimm seine eigene umfangreiche Schrift aufgenommen wissen möchte. Sie erscheint unter dem selbstbewussten Titel ›Jacob Grimm über seine Entlassung‹ 1838 in Basel (wie auch die in Sachsen abgelehnte Schrift Dahlmanns). Auf die gedruckte Fassung hat Dahlmann kaum, wohl aber Wilhelm Grimm erheblichen Einfluss genommen. Sie schließt daher in vieler Hinsicht auch Wilhelm Grimms Stellungnahme zu der Affäre mit ein.

Eingangs wendet sich Jacob Grimm gegen jeden Versuch, den Protest parteipolitisch auszubeuten. Motiviert sei seine Haltung allein durch sein Gewissen und die Verpflichtung gegenüber den Studenten, für das geschichtlich überlieferte rechtliche Bewusstsein, das er lehre, auch persönlich einzustehen. Dieser Gesichtspunkt spielt auch in den gemeinsamen Erklärungen der sieben Professoren eine herausragende Rolle. Jacob Grimm akzentuiert diesen Zusammenhang zwischen Lehramt und persönlicher Vorbildfunktion noch eigens, indem er seiner Schrift einen Vers aus dem Nibelungenlied voranstellt: »war sint die eide kommen?« (»Wohin ist es mit den Eiden gekommen?«)

Nochmals legt Jacob Grimm den Rechtsstandpunkt der Göttinger Sieben dar und schildert das Versagen zunächst der Landstände, dann der Minister und Regierungsbeamten, sich gegen den Verfassungsbruch zur Wehr zu setzen. Daraufhin hätten sich alle Blicke auf die Universität Göttingen

---

Wenn auch der Schritt, den wir neulich getan, schon in der Ferne, wie ich hoffe, von Ihnen nicht verkannt oder gemissbilligt werden kann, so würden Sie von seiner Notwendigkeit noch weit lebhafter überzeugt gewesen sein, hätten Sie die drückende schwere Luft mit eingeatmet, in welcher wir uns hier befinden. Sie trauen mir zu, dass mir aller moderner Liberalismus von Grund zuwider ist, dass ich an der Konstitution von 33 an sich nicht viel mehr als an der von 19 hänge. Aber mein Gewissen

gerichtet, zumal sie durch die Hundertjahrfeier ihres Bestehens im selben Sommer in der öffentlichen Wahrnehmung besonders glanzvoll dastand. Der Widerwille unter den Professoren gegen die Gewaltstreiche des neuen Herrschers sei allgemein gewesen. Als aber über Reaktionen beraten wurde, fingen, »wie mein Bruder treffend bemerkte«, die Charaktere »an sich zu entblättern gleich den Bäumen des Herbstes bei einem Nachtfrost.« Als schließlich am Abend des 17. November die Erklärung entworfen wird, unterzeichnen nur die bekannten sieben Professoren. »Es war also wenigstens eine Besiebnung, der das altdeutsche Recht entschiedne Kraft beimisst, vollführt.« Obwohl keiner von ihnen sich an der öffentlichen Verbreitung der Erklärung beteiligt habe, liege es in der Natur einer solchen Handlung, dass sie öffentlich werde. »Wissen doch Regierungen selbst, wie schwer es heutzutage ist, sogar ihre verborgensten Handlungen der Öffentlichkeit zu entziehen, die als wohltätige zugleich und gefährliche, aber unausrottbar gewordne Macht ihren Schritten zur Seite steht.« Abschließend rechnet Jacob Grimm, der lange dem Senat der Universität angehört hat, mit den Dekanen der Fakultäten ab, die Ende November, als Ernst August nach Rothenkirchen nahe Göttingen gekommen war, vor den König zitiert worden waren und dort, unter Druck geraten, den Schritt ihrer Kollegen im Namen der Universität abgeurteilt hätten, ohne dazu autorisiert zu sein. Aus Scham hätten sie dies den Geschmähten gegenüber zwei Wochen lang verschwiegen und anschließend, nachdem die ›Hannoversche Zeitung‹ ihre Erklärungen veröffentlicht hätte, heruntergespielt und halb geleugnet. Die »berüchtigte Rothenkircher Deputation« nennt Jacob Grimm ein Ereignis, »das künftige

---

lässt sich keinen Meineid zumuten […]. Das ist alles und das einfachste von der Welt. […] Der Frieden Deutschlands ist durch diesen Eingriff gestört und wenn unsre Bundesverfassung moralischer Kraft fähig ist, müsste sie sie diesmal entwickeln.

Jacob Grimm am 13. Dezember 1837
aus Göttingen an Friedrich Carl von Savigny

Geschichtsschreiber der Universität Göttingen aus ihren Jahrbüchern tilgen zu können wünschen werden.« Sich derart verleugnet zu sehen, verzeiht Jacob Grimm nicht. Dabei ist unklar, ob er seinen ehemaligen Kollegen in diesem Punkt nicht unrecht tut. Die Regierung legte es darauf an, die Professorenschaft zu spalten. Die gedruckte Rothenkircher Erklärung enthielt willkürliche Verschärfungen. Der Prorektor versicherte ehrenwörtlich, seine Kollegen mit keinem Wort verunglimpft zu haben; geglaubt hat man ihm nicht.

Jacob Grimms verletzter Stolz verlangt unbedingten Zuspruch. Als Savigny, dem er die Gründe für den Protest in einem Schreiben vom 13. Dezember 1837 dargelegt hatte, ihn eine Woche später seiner vorbehaltlosen persönlichen Anteilnahme versichert – »wir kennen uns ja so lange«, schreibt er, »wir sind ja so miteinander verbunden, wie es fast nur durch die Gemeinschaft des Blutes geschieht« –, den Schritt dennoch nicht ausdrücklich gutheißt, ist Jacob Grimm tief getroffen und lässt das in seiner Antwort durchblicken. Schon seit langem empfindet er, dass Savigny in Preußen zu sehr Politiker geworden ist, um einfache Gewissensentscheidungen anzuerkennen. Anfang Februar 1838 sendet Savigny 500 Taler. Die von anderen Seiten kommenden Unterstützungen anzu-

29 Die **Göttinger Sieben**, eine der zahlreichen Varianten des Gruppenbildnisses. Von o. l. nach u. r.: Wilhelm Eduard Albrecht, Georg Heinrich August Ewald, Georg Gottfried Gervinus, Friedrich Christoph Dahlmann, Wilhelm Eduard Weber, Wilhelm und Jacob Grimm. **Ewald** gehörte ab Frühjahr 1838 an der Universität Tübingen zunächst der philosophischen und von 1841 an der theologischen Fakultät an. **Albrecht** hielt seit 1838 Vorlesungen in Leipzig und wurde dort 1840 ordentlicher Professor für deutsches Recht. **Weber** blieb

nehmen hat er sogleich abgeraten, da sie der Sache eine »unerwünschte Parteifarbe« gäben. Wenn es Jacob Grimm nicht so wie ihm möglich sei, eine Verschiedenheit der Anschauung mit völlig ungestörter gegenseitiger Anerkennung zu vereinbaren, dann fühle er schmerzlich, dass dies ihr Verhältnis, wenigstens vorübergehend, stören werde. Als Jacob auch daraufhin nicht einlenkt und Wilhelm sich aus Göttingen mit einem impulsiven Brief zu Wort meldet, zieht Savigny sich allmählich zurück. 1839 und 1840 richtet er nur je einen Brief an die Brüder.

Zu den Kollegen, die ihr Schicksal teilen, ist der Kontakt der Brüder dagegen eng. Im bereits 1885 veröffentlichten Briefwechsel zwischen Dahlmann und den Brüdern nehmen allein die Briefe aus dem Jahr 1838 über zweihundert Druckseiten ein. Vielfach unterdrückte private Mitteilungen sind noch hinzuzurechnen. Auch mit Gervinus bleiben sie in steter Verbindung. Erst nachdem die Göttinger Sieben durch neue Berufungen rehabilitiert sind, lockert sich die Schicksalsgemeinschaft. Diese steht, bei allem Zuspruch aus dem In- und Ausland, auch für eine gewisse Isolierung.

Drei Jahre dauert diese Übergangszeit für die Brüder. Im Oktober 1838 kehrt auch Wilhelm Grimm mit der Familie von Göttingen nach Kassel zurück. Sie beziehen mit Jacob eine Wohnung im Erdgeschoss desselben Hauses, in dem der Bruder Ludwig Emil wohnt und aus dem sie acht Jahre zuvor ausgezogen waren. Dieser Schritt zeigt, dass sie mit einer baldigen Berufung nicht mehr rechnen.

Noch im Frühjahr hatte es so ausgesehen, als ob durch den vom Württembergischen König genehmigten Ruf, den der Orientalist Ewald von der Universität Tübingen erhalten hat-

zunächst in Göttingen und wurde 1842 Professor für Physik an der Universität Leipzig, nachdem er im Jahr zuvor die Direktorstelle an der technischen Lehranstalt in Dresden abgelehnt hatte. **Dahlmann** schrieb ab 1838 in Jena an seiner ›Geschichte von Dänemark‹ (3 Bände, 1840–1843), bis er 1842 den Bonner Lehrstuhl für deutsche Geschichte und Staatswissenschaften erhielt. **Gervinus** zog nach Heidelberg und konzentrierte sich zunächst ganz auf die Arbeit an seiner Literaturgeschichte. Ab 1844 lehrte er mit großem Erfolg als

te, »das Eis gebrochen« sei (JaG an Dahlmann, 17.2.1838). Doch die Hoffnung trügt. Erst ab 1840 rücken die anderen sechs wieder in angemessene Positionen.

Erschwert ist die Situation der Brüder durch die ihnen selbstverständlich gewordene Voraussetzung, nicht ohne den anderen fortzugehen. »Fest steht nur«, schreibt Jacob Grimm Anfang 1838 in den Tagen der größten Ungewissheit an Savigny, »dass ich mich nicht von Wilhelm trenne.« Und Wilhelm Grimm betont einen Monat später, ebenfalls gegenüber Savigny, sein größter Wunsch gehe auf eine Wiedervereinigung mit Jacob. »Er ist der treuste und liebreichste Mensch auf der Welt und wenn er ohne uns, ohne meine Frau und Kinder leben soll, wird er je länger je trauriger.« Ist Jacob Grimm der nach außen hin Tonangebende, der die Beschlüsse fasst, so gehört er andererseits zu Wilhelms Familie, und der innerlich unabhängigere jüngere Bruder fühlt sich als Familienvater für das Wohlergehen des Älteren verantwortlich.

Ein Angebot aus Zürich schlägt Jacob Grimm aus, weil sich zeitweise Aussichten auf Anstellungen in Berlin, Hamburg und sogar in Hessen andeuten. Doch Anträge im kurhessischen Landtag, die Brüder an der Universität Marburg, der Landesbibliothek oder dem Landesarchiv anzustellen, scheitern am Widerstand des Fürsten, der sich 1837 von seinem Minister Hassenpflug, dem Schwager der Grimms, getrennt hat. Auch die Möglichkeit, nach Hamburg zu gehen, zerschlägt sich. Der Gedanke an Berlin spielt in Jacob Grimms Überlegungen, allen Vorbehalten gegen die große Stadt und das preußische Wesen zum Trotz, von Anfang an die größte Rolle. Er ist auch nahe liegend. Sie haben dort viele Freunde in einflussreichen Positionen: Savigny, Meusebach, Eichhorn,

Honorarprofessor an der Heidelberger Universität. 1847/48 setzte er sich in der von ihm mitbegründeten und redigierten ›Deutschen Zeitung‹ für einen gemäßigten Liberalismus ein und gehörte 1848/49 dem Frankfurter Paulskirchenparlament an. Aufgrund der dortigen desillusionierenden Erfahrungen setzte er fortan politisch auf die Volksmasse. Seine in diesem Sinne verfasste ›Einleitung in die Geschichte des 19. Jahrhunderts‹ brachte ihm 1853 ein Hochverratsverfahren und den Entzug der Heidelberger Lehrbefugnis ein.

der seit vielen Jahren Mitglied des preußischen Staatsrates ist; Lachmann, den Präsidenten der Akademie der Wissenschaften, und nicht zuletzt Bettine von Arnim, die mittlerweile als Schriftstellerin eine Berühmheit geworden ist (1835 ist ›Goethes Briefwechsel mit einem Kinde‹ erschienen) und mit der ihr eigenen Leidenschaftlichkeit beharrlich für die Grimms eintritt.

Die Meinungen über Bettine sind unter den engeren Freunden der Grimms sehr geteilt. Karl Lachmann, auch Gervinus, finden sie zumeist penetrant und unerträglich. Auch die Grimms nehmen die Schwächen der Freundin wahr. Mehr als einmal raten sie brieflich, Bettine möge sich in ihrer Sache nicht zu sehr engagieren. »Tun Sie aber, liebste Freundin, lieber zu wenig als zu viel«, heißt es bereits im August 1838 in einem Brief Jacob Grimms. Dennoch ist ihnen die unbedingte Parteinahme der Freundin für ihre Sache in der schwierigen Übergangszeit zwischen Göttingen und Berlin ein Trost und, wie sich zeigt, letztlich von großem Nutzen.

Von den anderen Freunden fühlen sich Jacob und Wilhelm Grimm dagegen nicht vorbehaltlos unterstützt. Jacob hat als ordentliches Mitglied der Berliner Akademie das Recht, an der dortigen Universität Vorlesungen zu halten. Auf diesem Wege hofft er, eine feste Position an der Universität zu erlangen. Lachmann rät ab, dann wieder zu, dämpft aber vorsorglich allzu große Erwartungen. Das führt zu Verstimmung und Anflügen von Misstrauen, zumal Bettine alle und jeden beschuldigt, die Grimms im Stich zu lassen – wohl ungerechterweise, denn den Ratschlägen der Berliner Freunde liegt eine realistische Einschätzung der politischen Hindernisse zugrunde. Solange Friedrich Wilhelm III. in Preußen regiert,

Ich denke daran, wie wenig die Welt für euch getan hat und wie viel ihr der Welt gegeben habt und wie das doch der einzige Reichtum ist, der viel gibt, und ihr habt diesmal gegeben das größte Kleinod der Zukunft, eine Samenperle frisch und gesund, die nicht umsonst in deutschem Boden ruht; sie wird keimen und viele Früchte tragen. Ich wollte diesen Winter bei euch sein [...].

Bettine von Arnim im Januar 1838 an Wilhelm Grimm

dessen Tante mit Ernst August von Hannover verheiratet ist, ist den Brüdern der Weg nach Berlin versperrt.

In dieser Situation gehen Jacob und Wilhelm Grimm Ende April 1838 auf ein Angebot ein, das ihnen der Leipziger Verleger Karl Reimer, Miteigentümer der renommierten Weidmann'schen Verlagsbuchhandlung, seit 1830 bereits mehrmals und nun neuerlich Anfang März 1838 unterbreitet hat: Sie sollen gemeinsam ein großes neuhochdeutsches Wörterbuch herausgeben. Dieses soll die Erkenntnisse der geschichtlichen Sprachforschung auf die lebende Sprache anwenden, den Reichtum der Schriftsprache von Luther bis Goethe verzeichnen sowie die Geschichte der einzelnen Wörter und ihrer Bedeutungen durch Zitate belegen und in knappen Etymologien herleiten. Nach Überzeugung des Verlegers und seiner Berater – des Leipziger Germanisten Moritz Haupt, Karl Lachmanns und Wilhelm Wackernagels – ist der Erfolg eines so groß angelegten Vorhabens nur dann gesichert, wenn Jacob und Wilhelm Grimm dafür gewonnen werden können.

Natürlich gibt es zu dieser Zeit bereits deutsche Wörterbücher. Am anerkanntesten ist das von Johann Christoph Adelung, das zuerst 1774–1786 in fünf Bänden und dann in überarbeiteter zweiter Auflage 1793–1801 vierbändig erschienen war. Es orientiert sich an der Sprache der oberen Klassen von Sachsen-Meißen und verzeichnet in erster Linie den Wortschatz der Periode zwischen 1740 und 1760. Daraus wird bereits deutlich, wie viel umfassender das neue Projekt gedacht ist als das Wörterbuch Adelungs, das nach Auffassung der Brüder Grimm unter allen Vorgängern das einzig nennenswerte ist. In der öffentlichen Ankündigung des Pro-

Bettine hat uns einen nahen Besuch angekündigt, ich wollte, sie bliebe aus. Ihr warmes und reines Interesse an uns tut mir wohl und fast alle ihre Briefe haben eine tröstende und stärkende Kraft bewährt, was ich ihr herzlich Dank weiß. Aber sie treibt mir unsre Sache zu hitzig und unablässig, wir sind fest und entschlossen, wie wir uns zu verhalten haben, ihre Pläne und Absichten streifen ins Heftige und Abenteuerliche […].

Jacob Grimm am 24. August 1838 aus Kassel an Karl Lachmann

jekts im August 1838 betonen sie, dass Adelungs Wörterbuch nur einen geringen Ausschnitt des gesamten Wortmaterials bietet und auf keiner ausreichenden grammatischen Grundlage ruht, die nur eine historische sein könne. Deutlich weisen die Brüder auch auf den patriotischen Gedanken, die kulturpolitische Sendung des Unternehmens hin. Da von den deutschen Regierungen, wie ihr eigenes Schicksal zeigt, in solcher Hinsicht nichts Gutes kommt, leisten sie auf eigene Hand, was notwendig ist, damit sich das deutsche Volk seiner Sprache, die es einigt wie sonst nichts, bewusst werde.

Wie die ›Kinder- und Hausmärchen‹ soll das Wörterbuch sowohl wissenschaftliches Kompendium wie Volksbuch für den Hausbedarf werden. Noch in der Vorrede zum ersten Band (1854) hält Jacob Grimm an dieser Vorstellung fest: Das Wörterbuch, heißt es da, solle »ein Heiligtum der Sprache gründen, ihren ganzen Schatz bewahren, allen zu ihm den Eingang offen halten.« Warum, fragt er, »sollte sich nicht der Vater ein paar Wörter ausheben und sie abends mit den Kna-

Es ist der menschlichen Natur gegeben, aus dem Herben ein Süßes zu ziehen, der Entbehrung neue Frucht abzugewinnen. Jacob und Wilhelm Grimm, von gemeinschaftlichem Schicksal gleichzeitig betroffen, nach langem und vergeblichem Harren, dass sie ein deutsches Land in seinen Dienst aufnehmen würde, haben den Mut gefasst, ihre Zukunft sich selbst zu erfrischen, zu stärken und sicherzustellen. Sie unterfangen sich eines großen deutschen Wörterbuches, das die Weidmann'sche Buchhandlung in Verlag genommen hat, eines schweren, weitaussehenden Werkes, dem sie unter der Last von alltäglichen Berufsgeschäften nicht so würden gewachsen sein. […] Wörterbücher hat man auch bei andern Völkern stets als wahre Nationalunternehmungen angesehen, die unberechenbaren Einfluss auf Reinhaltung und Fortbildung der Muttersprache ausüben, also einem heiligen Zwecke geweiht sind. Was in den meisten übrigen Ländern lange schon mit großem Aufwande von Mitteln unter dem reichen Schutze königlicher Akademien zustandegekommen ist, versuchen in Deutschland unbegünstigte Privatgelehrte unter der bloßen Hilfe befreundeter Mitarbeiter.

Aus der Ankündigung des ›Deutschen Wörterbuchs‹ durch Jacob und Wilhelm Grimm in der ›Leipziger Allgemeinen Zeitung‹ vom 29. August 1838

ben durchgehend zugleich ihre Sprachgabe prüfen und die eigne auffrischen?« Diese Hoffnung war nicht zu erfüllen, auch wenn einzelne Liebhaber das Wörterbuch so intensiv genutzt haben und nutzen. Thomas Mann etwa schrieb, das Wörterbuch sei für ihn »kein bloßes Nachschlagewerk, sondern eine Lektüre, der ich mich stundenlang hingeben kann«, und bezeichnete es in seinem Aufsatz über Bernard Shaw (1951) gar als »die unterhaltsamste Lektüre von der Welt.«

Dass eine solche Unternehmung nicht nebenher vollendet werden könne, dass sie aufwändiger sein wird als alles, was sie bisher in Angriff genommen haben, ist Jacob und Wilhelm Grimm von vornherein klar. Beide haben sie eben die Fünfzig überschritten. Wilhelm Grimms Arbeitsvermögen ist seit seiner Jugend durch schwere und anhaltende Krankheitsphasen unterbrochen. Jacob Grimm kämpft mit zunehmendem Alter immer häufiger mit Erschöpfungszuständen. Ein halbes Dutzend großer Werke – unter anderem die Lieblingsidee einer Quellensammlung zu deutschen Sitten –, zu denen Jacob Grimm bereits ausgedehnte »Kollektaneen«, wie er seine Materialsammlungen bezeichnet, angelegt hat, sind als Konsequenz der Entscheidung für das Wörterbuch aufzuschieben und werden ungeschrieben bleiben. Sieben starke Bände soll das Wörterbuch umfassen. Zehn Jahre Bearbeitungszeit sind angesetzt. Dass diese zehn Jahre nicht ausreichen werden, ist abzusehen.

Zu Anfang ist vor allem Wilhelm Grimm für das Wörterbuch. Das überrascht, denn die Wörterbucharbeit führt ihn weiter fort von seinen bisherigen Forschungen als den Bruder. Das Finanzielle wird für den Familienvater eine Rolle gespielt haben. (Zwar laufen Prozesse, die klären sollen, in-

Haben Sie doch die Güte mir zu melden, welche Schriftsteller Sie außer Lessing ausziehen lassen? Nicht wahr Opitz und Logau? Meusebach antwortet mir auf meinen Antrag nicht. […] Das Werben der Mitarbeiter und ihre Instruktion macht unendliche Schreiberei und Mühe.

Jacob Grimm am 6. März 1839 aus Kassel an Karl Lachmann

wieweit die Regierung in Hannover zu einer Fortzahlung der Professorengehälter verpflichtet werden kann. Sie ziehen sich aber hin und haben, wie sich schon bald vorhersehen lässt, letztlich keinen Erfolg.) Wilhelm führt denn auch die Verhandlungen. Jacob kümmert sich mehr um konzeptionelle Fragen, die er mit Wilhelm, aber auch mit Karl Lachmann und Moritz Haupt erörtert. Er hofft, mit dem Wörterbuch eine Regeneration der deutschen Gegenwartssprache einleiten zu können, die er in mancher Hinsicht gegenüber den älteren Sprachstufen als verarmt empfindet.

Ab Herbst 1838 laufen die Vorarbeiten zum Wörterbuch. Ende des Jahres sind schon 30 Mitarbeiter gewonnen: vielfach Bekannte und ehemalige Schüler, die aus den Schriften der von ihnen übernommenen Schriftsteller vor allem unbekannte und ungebräuchliche Wörter, seltene Bedeutungen geläufiger Wörter und alte bzw. veraltete Ausdrücke auf Karteikarten notieren sollen. Ein Jahr später hat sich die Zahl der Mitarbeiter verdoppelt. Allein die Betreuung dieses Mitarbeiterstabs erfordert einen umfangreichen Schriftverkehr, an dem sich auch die Verleger beteiligen.

In Berlin macht sich derweil Friedrich Carl von Savigny darüber Gedanken, wie den Brüdern ihre Situation zu erleichtern sei. Ende März 1839 teilt er Wilhelm Grimm mit, das Wörterbuch liege ihm sehr am Herzen, »für Sie und für die Sache. Unsere Akademie hat Fonds für wissenschaftliche Unternehmungen und ich hoffe, da etwas zu bewirken, wenn Sie mir zu diesem Zweck durch deutliche Darlegung des Plans und der dazu nötigen Geldmittel behilflich sein wollen.« Wilhelm Grimm schickt die gewünschten Auskünfte, schreibt aber bereits am 2. April zurück, eine Unterstüt-

So hab ich nur einen Sohn Ihres Rivalen Becker für den Fleming angekriegt, und er hat schon ein tüchtiges Pack Zettel zusammen. Hingegen wegen des Lessing kann ich nichts versprechen.

Karl Lachmann am 25. Mai 1839
aus Berlin an Jacob Grimm

zung der Akademie sei für sie ehrenvoll, »allein die Akademie kann ihre Fonds nur für eine Unternehmung verwenden, deren Erfolg über allem Zweifel steht. So steht aber die unsrige gegenwärtig noch nicht. [...] Ich bitte Sie also Ihren Antrag noch beruhen zu lassen«. Diese Haltung ehrt die Grimms. Gleichzeitig verletzt sie unnötigerweise den hilfsbereiten Freund. Nahmen sie nicht durch die Unterstützungsfonds für die Göttinger Sieben Geld von Unbekannten? Dass Savigny nicht unmissverständlich anerkennt, dass ihnen Unrecht geschehen ist, kränkt sie und lässt sie sein politisch betont unverfängliches Hilfsangebot ausschlagen. Als sich Ende Mai auch noch Karl Lachmann zu Wort meldet und mitteilt, die Ablehnung des Vorschlages habe Savigny »etwas weh« getan, gleichzeitig einräumen muss, es möchte wohl sein, dass er, Lachmann, daraufhin unbedachterweise etwas wie »der Jacob ist manchmal ein närrischer Kerl« geäußert habe – Bettine von Arnim hat es sofort gemeldet –, steht noch eine weitere langjährige Freundschaft auf dem Spiel. Ihre heftigen Reaktionen weisen darauf, dass sich die Brüder durch den Hinauswurf aus der Göttinger Universität und dem Land Hannover anhaltend erschüttert und wohl auch gedemütigt gefühlt haben. Mehr als ihr halbes Leben waren sie, aller fürstlichen Ignoranz und Arroganz zum Trotz, bemüht, mit den Herrschern, die sie ungeachtet all ihrer Fehler als ihre rechtmäßigen betrachteten, in loyalem Einvernehmen zu leben. Die Zäsuren von 1829 und 1837 hinterlassen umso tiefere Wunden. Gerade die nächsten Freunde bekommen das zu spüren. Dass Lachmann sich von seinen anfänglichen Versprechungen, aktiv bei den Vorarbeiten zum Wörterbuch mitzutun, bald zurückzieht, verstärkt noch die Enttäuschung.

Wie aber Bettina aus der unschuldigsten Sache Gott weiß was gemacht hat, das weiß sie wahrscheinlich selber nicht. Ich höre, sie sagt in der Stadt herum »Der Savigny und der Lachmann sind dumme Kerls, sie verstehe die Grimms gar nit, sie sind auch gar nit wert sie zu verstehe, es sind die einzige Mensche in der Welt die ich lieb hab.« [...] Wenn sie doch nur lieber auch geschwiegen hätte, [...] hab ich ihr gestern am 22ten gesagt. Sie sprach rein unvernünftig, die ganze Stadt sage von Ihnen, dass Sie emp-

30 Wilhelm Grimm. Fotografie von Hoffotograf Eugen Kegel in Kassel

Neben dem Tagesgeschäft der Vorbereitungen zum Wörterbuch entstehen auch in der Kasseler Übergangszeit wiederum umfangreiche Werke. Bereits im März 1838 meldet Jacob Grimm an Lachmann, er werde von den Juristen zur Herausgabe der ›Weistümer‹ gedrängt. Zwei »starke und eng gedruckte Bände«, die nach Jacob Grimms Hoffnung »manches unerwartete Licht verbreiten« sollen (an Lachmann, März 1839), erscheinen dann noch 1840, am Ende der Kasseler Zeit. Die zweite große Arbeit dieser Jahre ist die dritte Auflage des ersten Bandes der ›Deutschen Grammatik‹. Die zweite, seinerzeit völlig neu geschriebene Auflage ist wiederum bereits seit Jahren vergriffen. Der Verleger Heinrich Dieterich drängt auf eine neue Auflage und möchte am liebsten die vorhandene unverändert nachdrucken. Dazu könne er sich aber nicht entschließen, so Jacob Grimm im August 1838 an Lachmann, »ich darf nach 16 Jahren dem Publikum nicht wieder dasselbe geben, in Laut- und Flexionenlehre ist allenthalben aufzuräumen.« Eigentlich möchte er erst an die Syntax gehen – den abschließenden, letztlich unvollendeten fünften Band –, doch dann gibt er dem Wunsch seines Verlegers nach. 1839 steckt Jacob Grimm mitten in den grammatischen Arbeiten und meldet Lachmann, es bleibe »fast nichts vom

findlich seien, und das hätt ich aufgebracht. Nun ich habe davon nichts in der Stadt gehört, und ich habe gar keine Veranlassung gehabt, den Ausdruck zu brauchen. […] Wahrhaftig nichts in der Welt hätte mir weher tun können als grade jetzt ein solcher Verdacht. Und am Ende kommt er aus der blinden Liebe einer Frau und ihrer absoluten Unfähigkeit, Charaktere oder historische Fakta grade aufzufassen.

Karl Lachmann am 20. Juni 1839 aus Berlin an Jacob Grimm

alten Text stehn« (6.3.). Er hat nach eigenem Zeugnis die vorhergehende Auflage vor der Bearbeitung nicht einmal nochmals durchgelesen. Während Wilhelm Grimm auch seine kleineren Publikationen häufig sorgfältig umgestaltet, macht Jacob Grimm ungeduldig immer alles neu. Noch bei der Ausarbeitung ihrer Wörterbuchartikel zeigt sich diese unterschiedliche Arbeitsweise.

Wilhelm Grimm legt 1838, gewissermaßen als Nachtrag zur ›Deutschen Heldensage‹, seine große Ausgabe des ›Rolandsliedes‹ (›Ruolandes liet‹) vor. Einen eigenen Werkkomplex bilden die Ausgaben des ›Werner vom Niederrhein‹ (1839) und Konrad von Würzburgs ›Goldene Schmiede‹ (1840), deren Text er bereits in den ›Altdeutschen Wäldern‹ (›Goldenes Geschmeide‹) und 1816 als Separatdruck veröffentlicht hatte. Sie werden 1841 und 1842/43 durch die Edition von Konrads ›Silvester‹ und eine umfangreiche Untersuchung zur ›Sage vom Ursprung der Chistusbilder‹ ergänzt. Diese Arbeiten fallen aber schon in die Berliner Zeit.

Kleinere Bücher Jacob Grimms aus den Kasseler Übergangsjahren sind die zusammen mit Andreas Schmeller – einem gleichaltrigen Münchner Philologieprofessor und Bibliothekar – herausgegebenen ›Lateinischen Gedichte des X. und XI. Jahrhunderts‹ (1838), die Edition zweier angelsächsischer Legenden aus vorchristlicher Zeit (›Andreas und Elene‹, 1840) und Nachträge zum ›Reinhart Fuchs‹ unter dem Titel ›Sendschreiben an Karl Lachmann über Reinhart Fuchs‹ (1840). Schon die Ausgabe von 1834 war Karl Lachmann gewidmet gewesen. Nun reicht Jacob Grimm, ein Jahr nach der tiefen Irritation über Lachmanns Äußerungen zur Akademiesache, dem Freund und Kollegen die Hand. Eine

---

Das ›**Rolandslied des Pfaffen Konrad**‹ ist eine Übersetzung des französischen ›Chanson de Roland‹, eines der ältesten *chansons de geste*. Es entstand vermutlich kurz nach 1170 im Auftrag der englischen Gemahlin Mathilde des Herzogs Heinrich des Löwen und war das am weitesten verbreitete Epos der frühhöfischen Zeit. Der Titelheld Roland sichert nach dem Abzug Karls des Großen mit einer kleinen Truppe das eroberte Spanien, wird durch seinen Stiefvater Genelun in eine Falle gelockt und nach heroischem Widerstand getötet. Kaiser Karl

Stunde, nachdem er sein Exemplar erhalten hat, schreibt Lachmann an Jacob Grimm, in seinem Leben habe ihn keine Überraschung so gerührt und beschämt. Diese spontane Reaktion leitet im Juni 1840 die Versöhnung ein.

Kurz darauf wenden sich endlich auch die weiteren Dinge zum Guten. Im Juni 1840 hat innerhalb von drei Jahren abermals ein Thronwechsel nachhaltigen Einfluss auf den Lebensweg der Brüder Grimm. Der preußische König Friedrich Wilhelm III. stirbt, der Kronprinz folgt ihm als Friedrich Wilhelm IV. Dieser interessiert sich lebhaft für die Kunst und die Wissenschaften und hatte zweieinhalb Jahre zuvor bereits unmittelbar nach der Göttinger Affäre dem Unterrichtsminister Freiherr von Altenstein geschrieben, der »Gewinn der Grimms für unsere Universität wäre gewiss etwas Großes.«

Den Widerstand, den der Hannoveraner einem solchen Plan entgegensetzen würde, hatte der Kronprinz, wie sich nun zeigt, damals entschieden unterschätzt. Dennoch entscheidet sich nun nach einigem Hin und Her die Sache zugunsten der Grimms. Auch hier hat Bettine von Arnim zusätzlich die Hand im Spiel, die den Kronprinzen und späteren König zwischen April und September 1840 in einen kleinen Briefwechsel verwickelt, in dem sie für ihre Schützlinge wirbt. Sie schickt ihm auch die Abschrift eines 35 Druckseiten langen Briefes von Anfang November 1839 an Savigny, in dem sie den Schwager in derselben Angelegenheit ins Gebet genommen hat. Friedrich Wilhelm reagiert zierlich-amüsiert, verteidigt Savigny und erklärt seinen guten Willen. Auch Alexander von Humboldt wird von Bettine bearbeitet. Dieser fädelt die Sache diplomatisch ein und teilt im Oktober Karl August Varnhagen von Ense mit, über die Grimms habe der

kehrt zu spät zurück, unterdrückt den Aufstand und lässt den Verräter hinrichten.

Konrad von Würzburg war ein gebildeter und äußerst produktiver Berufsdichter, der lange in Basel lebte und 1287 starb. Er war aufgrund seiner dichterischen Virtuosität schon zu Lebzeiten sehr berühmt und übte großen Einfluss auf die spätmittelalterliche Literatur aus.

König den festen Plan, der neue Unterrichtsminister Eichhorn solle ihnen beiden, »da sie wie Mann und Frau leben«, anbieten, als Akademiker nach Berlin zu kommen. »Zu Bibliothekaren sind die vortrefflichen Leute sehr untauglich, ob der Wilhelm, ein Korrespondent der Akademie, liest oder nicht liest, ist auch sehr gleichgültig. Die Hauptsache ist, dass man sie besitzt.« Sowie er von Potsdam zurückkomme, werde er Eichhorn bedrängen, »die Angelegenheit der Brüder Grimm, eine echt deutsche, vaterländische Angelegenheit, unmittelbar und ganz offiziell zu betreiben.«

Den Beitrag der anderen Freunde – Savignys, Eichhorns, Lachmanns – an der letztlichen Berufung soll man nicht unterschätzen. Vor allem Savigny, der sie am längsten kennt, weiß um ihr Bedürfnis nach innerer Unabhängigkeit. Ausdrücklich hatte Jacob Grimm ihm im Oktober 1838 geschrieben, er lege es »immer mehr und ernsthafter darauf an, allen Staatsdienst für mein übriges Leben entbehren zu können.« Das Wörterbuch würde, fügt er noch hinzu, »durch unsere Wiederanstellung gefährdet und gehemmt sein, und ich wünsche mir mehr zu seinen Gunsten Muße als die Last einer Professur oder eines Bibliothekariats. Ich habe über dreißig Jahr in mancherlei Diensten mirs lassen sauer werden, da liegt es mir viel näher, meine übrige Kraft in dem zu verzehren, was der Welt einigermaßen brauchbarer sein wird als meine Leistungen auf einem Lehrstuhl.« Mit dem ersten Angebot war Savigny am Eigensinn beider Brüder gescheitert. Im zweiten Anlauf, durch den ehrenvollen Ruf nach Berlin, gelingt es, ihnen die Existenzgrundlage zu verschaffen, die ihren Neigungen und der Fortsetzung des Lebenswerks am meisten entgegenkommt.

Der Gewinn der Grimms für unsere Universität wäre gewiss etwas Großes. Nun frage ich Sie […] was Sie von dieser Idee […] halten? Eine freie freundliche Äußerung gegen den König v. Hannover würde von der Seite wohl alle Bedenken schwinden lassen, der Charakter beider Männer soll höchst achtungsvoll sein, ihr Ruf und Kenntnisse sind anerkannt.

Friedrich Wilhelm, Kronprinz von Preußen, am 20. Dezember 1837 an den preußischen Unterrichtsminister Freiherr von Altenstein

Berlin

Am 8. November erhält Jacob Grimm ein offzielles Schreiben Eichhorns, in dem er und Wilhelm nach Berlin berufen werden. Stellen an der Universität sind nicht frei. Stattdessen werden die Brüder eingeladen, gegen eine aus allgemeinen Staatsfonds zu zahlende jährliche Summe von 2000 Talern ihren Wohnsitz in Berlin zu nehmen und sich dort ohne weitere Verpflichtungen der Arbeit an ihrem Wörterbuch zu widmen. Als Mitglied der Akademie der Wissenschaften kann Jacob Grimm zudem bereits »vor einer etatsmäßigen Anstellung als Professor« an der Universität Vorlesungen halten. Aus demselben Grund soll Wilhelm Grimm vom korrespondierenden zum ordentlichen Mitglied der Akademie befördert werden. In beider Namen nimmt Jacob Grimm den Ruf an. Dass die gleichzeitige Berufung Dahlmanns vom König abgelehnt wird, ist allerdings eine große Enttäuschung. Erfreulich ist hingegen, dass Bettine von Arnim durch Alexander von Humboldt eine Erhöhung der 2000 Taler auf 3000 durchsetzt. Mit fünfundfünfzig bzw. vierundfünfzig Jahren beginnen Jacob und Wilhelm Grimm, ein finanziell dauerhaft gesichertes und sorgenfreies Leben zu führen.

> Seine Majestät der König haben Ihre und Ihres Herrn Bruders verdienstliche schriftstellerische Leistungen auf dem Gebiet der deutschen Sprachforschung, schönen Literatur und Geschichte seit Jahren Allerhöchst dero vorzüglichen Aufmerksamkeit gewürdigt und Allerhöchst dieselben sind dadurch zu dem Wunsch bestimmt worden, dass Sie nebst Ihrem Bruder in den Stand gesetzt werden, die große und schwierige Aufgabe, welche Sie sich in der Ausarbeitung eines vollständigen kritischen Wörterbuches der deutschen Sprache gestellt haben, hier in sorgenfreier Muße unter Benutzung der sich Ihnen in der Hauptstadt bietenden Hilfsmittel und Fördernisse zu lösen.
>
> *Aus dem Berufungsschreiben an die Brüder Grimm von Friedrich Eichhorn vom 8. November 1840*

Im Dezember ist Jacob Grimm für zwei Wochen in Berlin. Er wohnt bei Meusebachs und mietet am 19. Dezember, nach vielen mit Frau von Meusebach und Bettine von Arnim unternommenen Besichtigungen, für 475 Taler eine Neubauwohnung in der Linnéstraße am Tiergarten. Als am Weihnachtsabend der Historiker und Leiter der Berliner Königlichen Bibliothek Friedrich Wilken stirbt, wendet sich Savigny sofort an Jacob Grimm, den Eichhorn und er zum Nachfolger bestellen wollen. Aber Jacob Grimm lehnt ab. Am ersten Weihnachtstag bricht er auf und kehrt stark erkältet über Halle und Jena, wo er Dahlmanns besucht, nach Kassel zurück.

Mitte März findet der Umzug nach Berlin statt. 135 Zentner Hausrat werden auf zwei Frachtwagen verladen. Kurz zuvor stirbt noch die Kurfürstin Auguste, ihre Freundin und Gönnerin. Die neuerliche Trennung von Kassel wird dadurch etwas leichter. Beinahe gegen die eigenen Erwartungen leben sich die Grimms dann recht schnell in Berlin ein. Ende April schreibt Wilhelm Grimm an einen der Göttinger Freunde, Gustav Hugo, da in diesem Teil der Stadt fast lauter Gelehrte wohnten, habe er schon den Namen »le quartier latin« erhalten. Gervinus teilt er einen Monat später mit: »Wir wohnen in einer erst seit zwei Jahren aufgebauten Straße an dem Rande des Tiergartens fast wie in einem Landhause, auf der einen Seite von Gärten, auf der andern von Eichbäumen umgeben, die nicht so schön und prächtig sind wie in Hessen, aber doch ganz stattlich. Was der Sandboden nicht vermag, wird durch große Sorgfalt, mit welcher der ganze Tiergarten erhalten, gepflegt und geziert wird, ersetzt, und dass ich meinen Spaziergang machen kann, ohne die geräuschvolle heiße Stadt

Fast gleichzeitig mit der offiziellen Nachricht von der Gehaltserhöhung (am 1. Februar 1841) erhalten die Grimms die Mitteilung, dass auch das Oberappellationsgericht in Celle im Prozess um die **Fortzahlung ihrer Göttinger Gehälter** gegen die sieben Professoren entschieden hat. Vor drei Jahren, schreibt Jacob Grimm Anfang Februar 1841 an Savigny, »waren Sie, Klenze, und wen ich hier von Juristen in Kassel fragte, der Ansicht, dass die Klage auf den uns gewaltsam entzogenen Gehalt nicht misslingen werde. Aber jenes Gericht hat sich

zu berühren, ist auch etwas wert. Unsere Wohnung« – immerhin »9 oder 10 Stuben und Balkon«, wie Jacob Grimm im Dezember aus Berlin gemeldet hatte – »ist zwar nicht geräumig, wie in Göttingen, aber recht hübsch«. Der Weg nach dem Auditorium und zurück nehme ihm fast eine volle Stunde weg. »Unsere persönliche Stellung«, fährt er fort, »ist so glücklich als wir es nur wünschen können, volle Freiheit und doch auch die Möglichkeit, bei der Universität wirksam zu sein; wir erkennen das dankbar an. Wir wollen so zurückgezogen als möglich leben, und hoffen das auch durchzusetzen.«

Auch der erste Eindruck vom König – der Jacob Grimm bereits im Dezember empfangen hatte – ist positiv: Er habe etwas Wohlwollendes, Geistreiches und Einnehmendes in seinem Wesen und spreche gut und ungezwungen. »Er äußerte sich gütig gegen uns und sagte, als er uns entließ, ›ich heiße Sie nochmals hier willkommen‹«. Bestimmt habe er »den besten, reinsten Willen«, freilich sei seine Aufgabe schwer.

Schon am 30. April und 11. Mai 1841 halten Jacob und Wilhelm ihre Berliner Antrittsvorlesungen. Jacob spricht über das alte deutsche Recht, Wilhelm über ›Kudrun‹, sein Lieblingswerk unter den mittelhochdeutschen Epen. Jeweils mehrere hundert Studenten hören diese Reden, die wieder auch lebensgeschichtlich wie vaterländisch Bekennerhaftes enthalten. Auswärtige Zeitungen berichten, jedoch keine Berliner.

Noch im Frühjahr 1841 wird Wilhelm Grimm auch zum ordentlichen Mitglied der Akademie der Wissenschaften ernannt. Eine besondere Auszeichnung wird Jacob zuteil, als ihm der französische Minister des Auswärtigen François Guizot brieflich mitteilt, dass Frankreich ihm das Kreuz der

neulich durch eine schmachvolle Adresse vor aller Welt entehrt, und überhaupt ist mein Vertrauen auf die Unabhängigkeit der deutschen Justiz sehr gesunken. Das Prinzip der fürstlichen Gewalt ist jetzt so scharf geschliffen, dass es auch die letzten Formen der Gerechtigkeit durchschneidet. Gehn wir noch vor den Bundestag, so geschieht es freilich in der sichern Aussicht auf Erfolglosigkeit, bloß um der Nachwelt darzutun, dass wir alle gegebnen Stadien redlich durchkämpften.«

Ehrenlegion verleihe. Dass das Ausland seine Verdienste würdigt, ist für Jacob Grimm eine besondere Genugtuung. Der alte Groll gegen die Franzosen hat schon vorher nachgelassen. Dem Minister Guizot schreibt er, die wissenschaftlichen Berührungspunkte zwischen seinem Land und Frankreich würden von Tag zu Tag fühlbarer. Auch scheine ihm, »dass die Zukunft Europas wesentlich auf dem Einverständnis der beiden Nationen beruht, die geschaffen sind, sich gegenseitig zu helfen und beidseitig zu respektieren« (27.6.1841).

Ein Jahr später zieht der preußische Staat nach. Ende Mai 1842 ernennt der König Jacob Grimm zum Ritter der »Friedens-Klasse des Ordens *pour le mérite* für die Wissenschaften und Künste«. Den *pour le mérite* hatte Friedrich der Große 1740 eingerichtet. Die Friedens-Klasse ist eine Neustiftung Friedrich Wilhelms IV. auf Anraten Alexander von Humboldts. Sie soll das kulturelle Leben Berlins befördern helfen. Um die Exklusivität des Ordenskapitels zu betonen, werden nur 30 deutsche und 30 ausländische Ordensträger ernannt. Mancher, der sich zu Recht oder Unrecht für bedeutend hält, geht leer aus. Der Hofmaler Karl Begas (1794–1854) malt den Ausgezeichneten mit dem Ordensstern um den Hals.

31 Jacob Grimm als Ritter des Ordens *pour le mérite*.
Stich von L. G. Sichling nach dem Gemälde von Karl Begas

François Guizot (1787–1874) war selbst ein *homme de lettres*. Er entstammte einer protestantisch-bürgerlichen Familie, wurde 1812 Professor für neuere Geschichte an der Sorbonne, spielte als konstitutioneller Monarchist schon bald eine wichtige politische Rolle und

Damit aber sind der offiziellen Ehrungen für Jacob Grimm noch nicht genug. Im Januar 1844 erhält er den preußischen Rote-Adler-Orden vierter Klasse, zwei Jahre später den dritter Klasse mit der Schleife. Er trägt diese Auszeichnungen bei offiziellen Anlässen. »Dortchen, wie sie auf meine Bitte zu tun pflegt, hatte auch meine Orden mir an den Rock genäht, die leise rappelten und vielleicht doch nicht ganz an der gehörigen Stelle saßen; für unsereinen ist es gar mühevoll, solche Ehrenzeichen hervorzuholen, zu ordnen, anzuheften, wieder abzulösen und zu verwahren« (›Das Wort des Besitzes‹, Rede auf Savigny am 31.10.1850). Ganz ernst hat er seine verschiedenen Ehrenritterschaften nicht genommen. Entsprechend hat er sich 1848 in der Frankfurter Nationalversammlung mit einer Rede über Adel und Orden zu Wort gemeldet und sowohl den einen wie das andere für obsolet erklärt.

Mit zunehmendem Alter erholungsbedürftiger, vor allem aber finanziell endlich gut gestellt, verreisen Jacob wie Wilhelm in ihrem ersten Berliner Jahrzehnt gerne und lange. Dabei gehen sie getrennte Wege. Wilhelm besucht mit seiner Frau die Orte seiner Kindheit, Hanau und Steinau, und wiederholt die Rheinreise von 1815 nach Köln. In den Folgejahren fährt er regelmäßig mit der Familie in den Harz oder den Thüringer Wald und genießt dort die reine Waldluft.

Jacob Grimm zieht es weiter weg. Schon früh war er als Mitarbeiter Savignys und später als Legationssekretär herumgekommen. 1831 war er in die Schweiz gereist, 1834 nach Belgien. 1843 geht es nun über die Alpen nach Italien. Er sieht Mailand, Genua, Neapel (Herkulaneum und Pompeji), natürlich Rom, Florenz, Bologna, Venedig und Verona und kehrt über Innsbruck und München im November nach Ber-

wurde unter dem Bürgerkönig Louis Philippe zunächst Innenminister (1830), dann Erziehungsminister (1832–1837), später Außenminister (1840–1848) und schließlich Ministerpräsident (1847/48). Als Historiker trieb er die Quellenforschung voran (›Histoire de la révolution à Angleterre‹, 2 Bände, 1826–1827; ›Histoire de la civilisation en Europe‹, 1828; ›Histoire de la civilisation en France‹, 5 Bände, 1828–1830).

Die Lombardei gefällt mir ausnehmend und die fruchtbar angebaute Ebene erinnerte mich an die Gegend von Frankfurt und Hanau, nur dass sie viel reicher ist.

Jacob Grimm am 10. August 1843
aus Mailand an Wilhelm Grimm

lin zurück. Drei Monate ist er unterwegs, immer auch im Dienste seiner Forschungen, doch erstmals sind sie der Nebenzweck. In einer Akademie-Rede berichtet er über seine Reiseeindrücke und zeigt sich begeistert von der »Größe und Herrlichkeit der Landschaft«, der reichen Geschichte Italiens und den allenthalben dort »ausgestreuten Denkmälern der Kunst«. Wie alle deutschen Italienreisenden hebt er etwas neidvoll die Natürlichkeit und Ungezwungenheit der Italiener hervor und dass sie solche Vorzüge wohl dem dauernden Aufenthalt »in schöner und milder Natur« verdankten. Der italienischen Sprache gilt sein uneingeschränktes Lob: ausnehmend schön und gelenkig sei sie, und überhaupt die reichste und wohllautendste romanische Sprache.

Im Sommer des Jahres 1844 wendet sich Jacob Grimm dennoch nach Norden und bereist Skandinavien. Über Kopenhagen, Göteborg und Stockholm, wo man ihm eine Audienz beim schwedischen König verschafft, gelangt er nach Uppsala, dessen Universitätsbibliothek für ihre Handschriftensammlung berühmt ist. Auf der Reise pflegt er Kontakt mit skandinavischen Brieffreunden und Forscherkollegen und erklärt, für den deutschen Forscher sei Skandinavien klassischer Grund und Boden. Rückblickend wägt er den Süden gegen den Norden ab und votiert zuletzt, aller italienischen Verzauberung zum Trotz, doch für die ihm heimatliche Sphäre. Die

Neapel, in dessen schöne Gegend die alten Römer gern zogen, muss damals heimlicher und schöner gewesen sein; im heutigen möchte ich mein Leben nicht hinbringen. Es ist da Geschrei, Gestank und Schmutz allenthalben, lauter enge gewühlvolle Gassen mit 6- oder 7-stöckigen Häusern. Abends wird unaufhörlich geschossen, Feuerwerke und Erleuchtung sind ihre Freude.

Jacob Grimm am 4. September 1843
aus Rom an Wilhelm Grimm

Nordländer seien ruhig und gemessen, aber in alle Tiefen des menschlichen Geistes einzugehen fähig und geneigt. Im Süden dagegen verfließe das gewöhnliche Leben mit Lust und Gemach und dem ernsten Norden traue er innere Blicke und Freuden zu, von welchen dort vielleicht keine Ahnung sei.

Nach den zwei ausgedehnten Fernreisen fährt Jacob Grimm im Herbst 1845 in den Thüringer Wald »und dann schnelles Flugs nach Steinau im Hanauischen, wo ich zu Fuß die Plätze und Gänge meiner Jugend einmal wiedergesehn habe« (an Gervinus, 19. 11. 1845).

Die ersten Berliner Jahre sind vielfach von Krankheit überschattet. Zuerst meldet sich bei Wilhelm Grimm im Spätjahr 1841 das alte Leiden, unmittelbar »nachdem er durch die schöne Herbstreise seine Gesundheit wesentlich gestärkt zu haben schien« (JaG an Gervinus, 16. 3. 1842). »Diese Krankheit oder vielmehr drei hintereinander haben mir härter zugesetzt als je eine andere«, urteilt Wilhelm Grimm im Januar 1843 rückblickend gegenüber Gervinus. Er habe den ganzen Sommer so hingedämmert und nichts getan als mineralisches Wasser getrunken und in Stahl gebadet. Erst im September 1842 kommt Besserung. An Dahlmann schreibt er im Oktober, nur eine geistige Kraft habe ihn in dieser Krise erhalten. Wenn er bei Besinnung gewesen sei, habe er keinen Gedanken fassen und sich an das Bekannteste nicht mehr erinnern können; »es blieb mir nichts übrig, als mich der Phantasie zu überlassen, die wie ein Vogel über das Meer fortzog, der sich nicht mehr niederlassen kann. Dann war ich beruhigt, und da zeigten sich vergangene Zustände meist aus den Jugendjahren, ohne mein Zutun, im Zusammenhang und so lebhaft und deutlich, dass sie sorgfältig ausgemalten niederländi-

Es ist alles sehr still und man begegnet in dem unbevölkerten Land selten Menschen [...]. Wie sticht das ab von dem italienischen Lärm voriges Jahr. In Italien ist Himmel, Meer und Küste unvergleichlich schöner. [...] Die Vergleichung der Lage [Stockholms] mit Genua und Neapel scheint dennoch ungerecht, der südliche Himmel, die blauen Berge im Hintergrund und die schöne Farbe der Meereswellen fehlt.

Jacob Grimm am 19. August 1844 aus Stockholm an Wilhelm Grimm

schen Bildern ähnlich waren.« Ende 1842, als die Prinzessin von Hessen, die Tochter ihrer verstorbenen Freundin, sich in Berlin aufhält, kann er immerhin schon wieder an einer Einladung zur königlichen Tafel nach Charlottenburg teilnehmen, und Friedrich Wilhelm IV. macht ihm ein Kompliment: Wilhelm Grimm sei nach seiner Krankheit schlanker geworden, er, der König, beneide ihn darum. »In der Tat«, kommentiert Wilhelm Grimm gegenüber Dahlmann, »schien er mir stärker geworden zu sein« (3. 1. 1843).

Wie Wilhelm Grimm verleugnet auch Jacob Grimm in der Krankheit nicht seine innere Natur. Er bietet als Patient ein durchaus anderes Bild als der Bruder. Schon seit Anfang des Jahres, teilt er Gervinus im Mai 1843 mit allen Anzeichen der Ungeduld mit, sei er nicht recht gesund. Anstatt sich zu bessern habe sich sein Zustand eher verschlimmert, »ohne dass ich vorerst Gefahr darin sähe. Nur das lange Zaudern der Wiederherstellung macht mich stutzig. Es quält mich, dass die Leute gleich damit fertig sind zu meinen, es hänge an übermäßigem Arbeiten, wovon ich mich frei genug weiß, als wenn man sich durch Faulheit oder Nachlass in gewohnter Beschäftigung vor allen Übeln wehren könnte. Ich danke daher Gott, dass die Ärzte mich nicht zur Langenweile eines Gesundbrunnens« – also zu einem Kuraufenthalt – »verdammen, sondern zufrieden sind, wenn ich hier im Tiergarten ein Eger Wasser trinke.« Was ihm eigentlich fehlt, bleibt, wie so oft in der ärztlichen Kunst seiner Zeit, unbestimmt. Er glaubt an eine Schwäche, die sich auf die Brusthaut geworfen und die Lungen angegriffen hat. Die Vorlesung des Sommersemesters muss daher abgesagt werden. In einem Brief Wilhelm Grimms an Dahlmann vom Juni 1843 heißt es indessen über »Jacobs

---

Im Sommer 1843, ein Jahr nach dem Tod seiner ersten Frau, besucht **Ludwig Emil** mit seiner Tochter Friederike die Brüder und zeigt sich beeindruckt, wie sehr ihre Berliner Existenz vom beschaulichen Leben in Kassel absticht. Sein bekanntes Doppelporträt der Brüder aus dieser Zeit betont mit seiner Ausstrahlung überzeitlicher, klassischer Ruhe und Selbstgewissheit den Status und Rang der beiden Gelehrten (siehe folgende Seite).

Gesundheit, die mir seit einem halben Jahr viel Sorgen gemacht hat«: »Die Brust leidet eigentlich nicht, der Arzt hält es für eine Krankheit des Unterleibs«; was allerdings auch keinen genauen Aufschluss bietet. Immerhin sind sich alle einig, dass dem Patienten, sobald er einigermaßen wiederhergestellt sei, eine Luftveränderung gut täte. Im Herbst tritt Jacob Grimm dann die große bereits erwähnte Italienreise an.

Da auch Dorothea Grimm immer wieder langwierigere Erkrankungen zu überstehen hat, reißen die Sorgen um die gegenseitige Gesundheit nicht ab. Trotz solcher Belastungen lassen Jacob und Wilhelm Grimm auch in diesen Jahren wieder eine Fülle neuer Publikationen erscheinen: Nachdem Jacob Grimm noch in Kassel den ersten Band der dritten Auflage der ›Grammatik‹, in der wiederum »keine Zeile der vorigen geblieben ist« (WiG an Gervinus, 9.12.1840), sowie die ersten beiden Bände der ›Weistümer‹ fertig gestellt hat, kommen 1842 der dritte Band der ›Weistümer‹ und 1844 die erheblich erweiterte zweite Auflage der ›Deutschen Mythologie‹ heraus. Daneben entstehen die ersten Akademie-Abhandlungen sowie kleinere Aufsätze, von denen manche als lexikographische Vorstudien zum ›Deutschen Wörterbuch‹ betrachtet werden können. Auch Wilhelm Grimm trägt in der Akademie vor und publiziert kleine Arbeiten. Vor allem widmet er sich weiter der Herausgabe mittelhochdeutscher Werke. Auf Konrad von Würzburgs ›Goldene Schmie-

32 Jacob und Wilhelm Grimm. Radierung von Ludwig Emil Grimm (August 1843)

de‹ (1840) und die Edition seines ›Silvester‹ (1841) folgt die Neuauflage des ›Grafen Rudolf‹ (1844). Daneben betreut er die weiteren Auflagen der großen und kleinen Ausgabe der ›Kinder- und Hausmärchen‹. Von 1839 an erscheint auch die Ausgabe der ›Sämmtlichen Werke‹ von Achim von Arnim, die auf 22 Bände angelegt ist. Bis 1842 bringt Wilhelm Grimm 11 Bände heraus. Danach gerät das Unternehmen ins Stocken, und als 1845 die nächsten Bände herauskommen, fehlt der Hinweis auf seine Herausgeberschaft.

In Berlin gehören die Brüder Grimm zur Prominenz. Entsprechend zahlreich sind die Einladungen, denen sie vor allem in den ersten Berliner Jahren folgen. Zu den offiziellen Verpflichtungen kommt die private Geselligkeit. Die Abende, klagt Jacob Grimm schon im Sommer ihrer Übersiedelung, in denen er nach alter Gewohnheit allein Briefe zustande bringe, würden durch unablässigen Besuch hingenommen. Auf der anderen Seite können sie den gelehrten Austausch, für den sie sonst auf ihre Korrespondenzen angewiesen waren, nun persönlich pflegen. Sie haben Umgang mit dem Philosophen Schelling, dem Maler Cornelius, dem Historiker Ranke und mit Alexander von Humboldt. Daneben ist der Kontakt zu den alten Freunden intensiv. Bettine von Arnim und ihre Kinder gehen bei den Grimms ein und aus. Bei Savigny, der 1842 Minister für Gesetzesrevision geworden ist, geht es, so Wilhelm Grimm etwas spöttisch an den Bruder Ludwig Emil in Kassel, »sehr vornehm her«. »In seine Abendgesellschaften«, schreibt Jacob Grimm bei anderer Gelegenheit, »gehe ich nicht gern, weil da Leute verschiedener Art zusammentreffen.« Manchmal noch besucht Savigny die Brüder und ist nach Jacob Grimms Beobachtung dann

In der Regel findet man nur Prinzen, Grafen und Exzellenzen in seinem [Savignys] jeden Abend geöffneten Salon, man unterhält sich dort auf eine anmutige und elegante Weise über lauter Lappalien, die einem Mann, wie Savigny ist, notwendig langweilig sein müssen.

Wilhelm Grimm am 8. Oktober 1842 aus Berlin an Dahlmann

freundlich und herzlich, aber unfreier als früher, ironischer und bemüht, strittige Themen zu vermeiden.

Hochachtung und liebevolle Anhänglichkeit zeigt sich in den Kundgebungen, mit denen die Studenten der Berliner Universität besonders die Geburtstage Wilhelm Grimms am 24. Februar begehen. Mit Fackeln versammeln sie sich vor dem Haus des verehrten Professors, singen Lieder, verlesen und überreichen Preisgedichte und ziehen erst wieder zufrieden ab, nachdem Wilhelm Grimm würdig und gerührt geantwortet und gedankt hat. 1844 kommt es bei einer solchen Gelegenheit zu einem Eklat mit weit reichenden Folgen. August Heinrich Hoffmann von Fallersleben, der Dichter der späteren deutschen Nationalhymne und seit 1818 mit den Brüdern bekannt, ist an diesem Abend zu Besuch. 1841 war er wegen seiner ›Unpolitischen Lieder‹ aus seinem Lehramt als Professor für deutsche Sprache und Literatur an der Universität Breslau entlassen worden. Den Liberalen galt er, ähnlich wie die Brüder Grimm in den Jahren vor 1840, als Märtyrer einer kommenden deutschen Republik. Nun, an Wilhelm Grimms 58. Geburtstag, erkennen die Studenten den Gast und bringen auch auf ihn Ovationen aus. Die Behörden betrachten das als Stellungnahme gegen die Regierung und weisen Hoffmann von Fallersleben aus Berlin aus. Die Zeitungen kommentieren den Vorfall. Jacob und Wilhelm Grimm glauben, dass sie benutzt worden sind. Sie entschließen sich zu einer Erklärung in der ›Vossischen Zeitung‹, um klarzustellen, dass sie nicht gewillt sind, sich in eine Provokation gegen den König, der sie ehrenvoll nach Berlin berufen hat, hineinziehen zu lassen. Der wird es mit Genugtuung zur Kenntnis genommen haben. In der Öffent-

1. Die Brüder Grimm.
Öfters zitierten wir wohl im Buch den verbannten Professor,
Aber zu Kuchen und Tee nimmer zitierten wir ihn.
2. Einmal ist keinmal.
Pocht sie denn ewig ans Tor, die vaterländische Gesinnung?
Einmal erklären wir uns: Lasst uns doch ferner in Ruh!

Epigramme von Karl Gutzkow (1811–1878),
der führenden Figur des »Jungen Deutschland«

lichkeit aber schlagen nun erst recht die Wellen hoch. Gehässig wird darauf hingewiesen, dass die Brüder dem vom Staat verfolgten Freiheitsdichter die Unterstützung entzogen hätten, die ihnen nur wenige Jahre zuvor selbst zuteil geworden sei. Die Studenten sind verwirrt und enttäuscht. Karl Gutzkow dichtet hämische Epigramme. Bettine von Arnim, von der in der ›Deutschen Allgemeinen Zeitung‹ (am 12. März) offen spekuliert wird, sie habe die Sache eingefädelt, erklärt gegenüber ihrer Schwester Gunda von Savigny, sie könne nicht mehr mit Ehren zu den Grimms gehen. Als Dahlmann, seit 1842 Professor in Bonn, sich nach einem besonders heftigen Angriff in einer im Rheinland erscheinenden Zeitung nicht öffentlich schützend vor die Freunde stellt, reagiert Jacob Grimm tief verletzt. Es ist wie eine Wiederholung der sechs Jahre zurückliegenden Entfremdung von Savigny. Im Dezember 1844 schreibt Jacob Grimm an Gervinus, den er in der Affäre ganz auf seiner Seite weiß: »Unsere Spannung mit Dahlmann wird meinem jetzigen Gefühl nach nie wieder aufgehoben; ich werde ihn immer lieb behalten und ehren, allein mit der genauen Freundschaft ists vorbei, was mich grämt, sooft ich daran denke.« Wie mit Savigny kommt es auch mit Dahlmann wieder zu einer Versöhnung. Aber die »genaue Freundschaft« stellt sich nicht wieder ein. Auch sonst glätten sich die Wogen wieder. Die Öffentlichkeit hat ihre Entrüstung schon längst gegen neue Verfehlungen und andere Prominente gerichtet. Hoffmann von Fallersleben, der zunächst verletzt und missverstanden, aber vornehm schweigend posiert, knüpft später mit Jacob Grimm wieder freund-

Unsre Sache ist es nicht, einen Mann zu meiden, weil er von andern gemieden wird, denn wie das tut, haben wir an uns selbst erfahren. […] Das Schicksal, von dem er betroffen worden ist, tut uns Leid. Diese Empfindung verbindet uns freilich nicht, seine Meinungen und Handlungen überall zu vertreten und gutzuheißen. Dass er uns diesmal ein ungelegner Gast kam und alle Freude störte, wird er selbst fühlen. Albern aber muss es erscheinen, wenn jetzt auf solchen Anlass hin man in öffentlichen Blättern uns gleichsam unsre politische Gesinnung abfordert, die wir nie zur rechten Zeit verhohlen, sondern bewährt haben; nichts

liche Beziehungen an, während Wilhelm nichts mehr mit ihm zu tun haben will. Und Bettine von Arnim kann letztlich von den Grimms nicht lassen. Jacob und sie sind bald versöhnt. Auch ihr trägt Wilhelm die Kränkung länger nach.

Anfang 1845 stirbt Ferdinand Grimm in Wolfenbüttel, wo er seine letzten Jahre völlig isoliert, ohne Einkommen in karger Armut verbracht hat. Jacob und Wilhelm Grimm hatten den direkten Kontakt zu ihm abgebrochen, aber über Dritte Erkundigungen über ihn eingeholt und ihm anonym das Notwendigste zukommen lassen. Als Ferdinand während seiner letzten Krankheit fühlt, dass er sterben wird, wünscht er Jacob zu sehen. Der trifft noch eben rechtzeitig in Wolfenbüttel ein. Ferdinands Tod im Alter von 55 Jahren ist nur mehr der Schlusspunkt der langjährigen Sorge und Trauer um das unglückliche Leben des jüngeren Bruders. Gefasst berichtet Jacob an Ludwig Emil, sorgt für ein rasches Begräbnis und fährt so schnell es geht wieder heim.

Ende September 1846 kommt es auf Anregung des Juristen August Ludwig Reyscher, Dahlmanns Schwiegersohn, in Frankfurt am Main zur ersten Germanistenversammlung. Als Germanisten bezeichnete man bis dahin die Spezialisten für germanisches Recht unter den Juristen, in Abgrenzung zu den Romanisten, die sich dem römischen Recht widmeten. In Frankfurt kommen nun Juristen, Historiker und Philologen zusammen. Mit seiner Rede ›Über den Namen der Germanisten‹ führt Jacob Grimm die Bezeichnung auch für die Wissenschaftler, die sich mit deutscher Geschichte und deutscher Sprache befassen, offiziell ein. Niemand vereinte wie er die

hassen wir bittrer, als sie jeden Augenblick ohne alle Not schauzutragen und frevelhaft preiszugeben. Wollen wir in Ruhe und Frieden arbeiten, werden wir doch niemand unbefugt an uns rütteln lassen. Dass eine harmlose von reiner Gesinnung der Studierenden ausgegangne Ehrenbezeugung mutwillig so verdorben wird, ist nicht bloß von uns, sondern allen, denen die Fortdauer deutscher Universitäten am Herzen liegt, lebhaft zu beklagen.

Aus der Erklärung von Jacob und Wilhelm Grimm zur Hoffmann von Fallersleben-Affäre in der ›Vossischen Zeitung‹ vom 6. März 1844

drei Disziplinen in seiner Person. So versteht es sich beinahe von selbst, dass ihn die Versammlung auf Vorschlag von Ludwig Uhland hin zu ihrem Vorsitzenden ernennt. Neben dem bereits genannten hält er Vorträge ›Über die wechselseitigen Beziehungen und die Verbindung der in der Versammlung vertretenen Wissenschaften‹ und ›Über den Wert der ungenauen Wissenschaften‹. Wilhelm Grimm berichtet vom Stand der Arbeit am ›Deutschen Wörterbuch‹.

Eine »wahre Widerwärtigkeit«, wie Jacob Grimm Anfang November 1846 an Dahlmann schreibt, knüpft sich noch an die Frankfurter Versammlung. Im März waren die Grimms umgezogen, da die alte Wohnung angesichts der herangewachsenen Kinder zu eng geworden war. Die neue Wohnung in der Dorotheenstraße liegt nah beim Brandenburger Tor. Weiterhin haben die Brüder Zugang zum Tiergarten, nun von einer anderen Seite. Doch dann vergisst Wilhelm, durch den Frankfurter Aufenthalt von der häuslichen Wirtschaft abgelenkt, am 1. Oktober die Miete zu entrichten. Prompt wird ihnen gekündigt. Alle Diskussionen fruchten nichts. So müssen sie im März 1847 einen erneuten Umzug auf sich nehmen. Die Wohnung in der Linkstraße 7 ist ihr letztes Zuhause.

Jacob Grimm ist auch Vorsitzender der zweiten Germanistenversammlung, die im folgenden Jahr in Lübeck stattfin-

Die Rede des Königs entmutigt und liegt mir schwer in Sinn und Gedanken […]. Bisher hatte ich immer noch gehofft, aber ich überzeuge mich jetzt, dass er nicht vermag, seine Zeit und Stelle zu begreifen. Diese kindische Furcht vor Repräsentativverfassung haben Sie aufs treffendste bezeichnet. Auf seine Weise ist er allenfalls im Stand, Länder fort zu beherrschen (und auch diese nicht mehr), aber dann geht alles Vertrauen verloren, das die Deutschen auf Preußen setzten. […] Bei solchen Anlässen fühlt man recht den hohen Wert einer Verfassung, in der man stolz und ruhig leben kann. Alle übrigen Arbeiten und Pläne kommen einem ohne sie schal vor.

Jacob Grimm am 14. April 1847 an Dahlmann

Aber ich habe auch stets das Vaterländische für das Höchste gehalten. Es wird sich erst zeigen, auf welche Weise ich und Wilhelm, der es nicht anders meint, berufen sein können, mitzuarbeiten.

Jacob Grimm am 21. Januar 1847 an Gervinus

det. Die dritte soll auf seinen Vorschlag hin in Nürnberg abgehalten werden, wozu ihm König Ludwig I. von Bayern in einem persönlichen Schreiben »mit Vergnügen« und »aufrichtigen, wertschätzenden Gesinnungen« seine Zustimmung erteilt (17. 10. 1847). Dann aber kommt die Revolution, und statt in Nürnberg treffen sich zahlreiche Teilnehmer der ersten Germanistenversammlungen als Abgeordnete der Nationalversammlung in Frankfurt in der Paulskirche wieder.

Zuvor werden die Brüder in Berlin Zeugen der Märzrevolution. Mit unguten Gefühlen haben sie in den Jahren zuvor bereits verfolgt, wie unbedingt Friedrich Wilhelm IV. an der überkommenen Vorstellung des Gottesgnadentums festhält, wie ausdrücklich seine Regierung den Vereinigten Landtag brüskiert. Nun kommt es im Zuge der Revolution, die von Paris aus in wenigen Wochen ganz Europa erfasst, in Berlin zu Unruhen der arbeitslosen Arbeiter, zu politischen Kämpfen um die Rechte des Landtags, zu einer Konzentrierung des Militärs in der Hauptstadt, zu Demonstrationen. Am 18. März beschließt der Kronrat Zugeständnisse an die Liberalen und Nationalen. Vor dem Schloss stoßen Volk und Militär aufeinander. Es gibt Tote. Barrikaden werden errichtet, in den Straßen wird gekämpft. Verunsichert reagiert der König am 19. März mit einer Proklamation ›An meine lieben Berliner‹. Da hat er seine Flucht nach Potsdam bereits vorbereitet. Zuvor muss er widerwillig im Schlosshof die aufgebahrten Leichen der gefallenen Revolutionäre ehren. Um wieder das Heft in die Hand zu bekommen, stellt sich Friedrich

Und dann schritt der alte Jacob Grimm auf das Podium zu, der wundervolle Charakterkopf […] von langem schneeweißen Haar umleuchtet, und sprach irgendwas von Deutschland, etwas ganz Allgemeines, das ihm, in jeder richtigen politischen Versammlung, den Ruf »zur Sache« eingetragen haben würde. Dieser Ruf unterblieb aber, denn jeder war betroffen und gerührt von dem Anblick und fühlte, wie weit ab das auch liegen mochte, dass man ihm folgen müsse, wollend oder nicht.

Theodor Fontane über einen Auftritt Jacob Grimms in einer Versammlung der Wahlmänner im Königlichen Schauspielhaus in Berlin im Frühjahr 1847

Wilhelm IV. in einem Aufruf ›An mein Volk und die deutsche Nation‹ an die Spitze der nationalen Reformbewegung und verkündet: »Preußen geht fortan in Deutschland auf.«

Genau das hat Jacob Grimm seit vielen Jahren von Preußen gefordert: dass es sich als die dominierende Macht, ohne deren Initiative keine Bewegung möglich ist, in den Dienst der nationalen Einigung stelle. Sind seine politischen Äußerungen in den Jahren vor 1848 zumeist von Ernüchterung geprägt, so mischt er sich jetzt noch einmal aktiv in die Politik ein. Bei den Wahlen zur Nationalversammlung fungiert er als Wahlmann. Er selbst wird vom Wahlkreis Essen-Mühlheim an der Ruhr gewählt. Am 24. Mai 1848 trifft er in Frankfurt ein, wo die Versammlung seit einer Woche tagt. Sein Platz ist der prominenteste in der Paulskirche, im Mittelgang, direkt vor der Rednertribüne, neben Ludwig Uhland. Damit ehrt man auch seine Unabhängigkeit, da er keiner Partei zugehört und nur seine eigene Überzeugung vertritt. Allen Fraktionssitzungen bleibt er fern. Insgesamt votiert er für eine kleindeutsche Lösung, also eine deutsche Einigung unter Ausschluss Österreichs, mit einem Reichsverweser, der später durch einen deutschen Kaiser ersetzt werden soll. Doch die preußische Politik schwenkt um und enttäuscht solche Hoffnungen. »Heillos, sinnlos und undeutsch« sei das, schreibt Jacob Grimm im Juli nach Hause.

Schnell zeigt sich, dass die Frankfurter Nationalversammlung mit der Aufgabe, Deutschland politisch zusammenzuschmieden, überfordert ist. Während in der Paulskirche langwierig über die Verfassung beraten wird, machen die deutschen Regierungen Realpolitik und reißen das Ruder

Auf dem Wiener Kongress war **Holstein** dem Deutschen Bund zugeschlagen worden, nicht aber **Schleswig**. Daraus ergaben sich in der Folgezeit dänische Bemühungen, Schleswig von Holstein zu trennen und an Dänemark zu binden. Die Deutschnationalen hingegen wollten Schleswig-Holstein als Ganzes in den Deutschen Bund integrieren. Der Konflikt verschärfte sich in den dreißiger Jahren und wurde ab 1846 zusätzlich durch den offenen Erbfolgeanspruch des dänischen Königs auf Schleswig und Teile Holsteins kompliziert, dessen

zurück. Als Preußen in der Schleswig-Holstein-Frage, die alle nationalen Gemüter aufs Höchste bewegt und auch Jacob Grimm gegen seine Gewohnheit zwischen 1846 und 1850 wiederholt zu öffentlichen Briefen und Aufrufen veranlasst, seine militärischen Siege ungenutzt lässt und im August auf internationalen Druck hin ein Waffenstillstandsabkommen mit Dänemark schließt, empfinden das viele Abgeordnete als Ohrfeige für die deutsche Einigung. Dennoch ringt sich die Nationalversammlung im September dazu durch, das Abkommen gutzuheißen. Jacob Grimm, der in dieser Sache einen Antrag gestellt und eine größere Rede gehalten hat, resigniert. Nachdem die ehemaligen Göttinger Weggefährten Gervinus und Albrecht schon vorher das Parlament verlassen haben, kehrt auch Jacob Grimm im Oktober vorzeitig und niedergeschlagen nach Berlin zurück.

Außer in der Schleswig-Holstein-Frage hat Jacob Grimm noch dreimal vor der Nationalversammlung gesprochen. Als im Juli der erste Paragraph der Grundrechte diskutiert wird, bringt er einen Änderungsantrag mit folgendem Wortlaut ein: »Das deutsche Volk ist ein Volk von Freien und deutscher Boden duldet keine Knechtschaft. Fremde Unfreie, die auf ihm verweilen, macht er frei.« Die Menschen seien nicht gleich und auch keine Brüder, begründet er seinen Antrag mit Blick auf die anderen beiden Leitbegriffe der Französischen Revolution. Der Begriff der Freiheit sei hingegen ein so heiliger und wichtiger, dass er an der Spitze der Grundrechte stehen müsse. Bemerkenswert ist die Kontinuität in Jacob Grimms politischen Grundüberzeugungen, die sich in diesem Antrag zeigt, der direkt auf die Formel aus seinem Gutachten über eine Reichsverfassung aus der Zeit als hessi-

Rechtmäßigkeit auf deutscher Seite heftig bestritten wurde. Im Zuge der Revolution von 1848 bildete sich in Kiel eine eigenständige Regierung. Im deutsch-dänischen Krieg von 1848 bis 1850 konnte sich Schleswig-Holstein mithilfe preußischer Bundestruppen zunächst gegen Dänemark behaupten, geriet aber, wie auch Preußen, unter starken Druck der europäischen Großmächte.

scher Legationssekretär beim Wiener Kongress zurückgeht, »dass jeder Deutsche frei« sei. Auch damals sollte dieses Grundrecht im ersten Paragraphen fixiert werden. Der Antrag wird mit 192 zu 205 Stimmen abgelehnt. Auch seine beiden anderen Anträge, zur Abschaffung von Standesprivilegien und von Orden, scheitern ähnlich knapp.

Kurz vor der Märzrevolution hatte Jacob Grimm sein letztes großes Werk abgeschlossen, die ›Geschichte der deutschen Sprache‹. Es sei »durch und durch politisch«, heißt es in der gedruckten Zueignung an Gervinus. Als Grundsatz nennt er, dass allein die Sprache Völker scheide, weshalb »anders redende nicht erobert werden sollen«. Ebenso seien die inneren Glieder eines Volkes nach Dialekt und Mundart zu sondern und nicht, indem Landesfürsten willkürliche Grenzen zögen. Auch diese Vorstellungen reichen weit zurück, bis in die Zeit der Befreiungskriege, als Jacob Grimm scharfe Kritik daran geübt hatte, dass das linksrheinische deutschsprechende Elsass dem politischen Kalkül der Großmächte geopfert werde und sich voller Verachtung über das in seinen Augen widernatürliche innerdeutsche Geschacher der deutschen Fürsten um territoriale Zugewinne geäußert hatte. In seinem 700 Seiten starken Alterswerk nun unternimmt Jacob Grimm den Versuch, die Geschichte der Deutschen aus der Geschichte ihrer Sprache heraus zu entwickeln. Zudem breitet er hier reichliches Material aus einem anderen Lieblingsprojekt aus, dem ungeschrieben gebliebenen Werk über deutsche Sitten. Dass eine solche Darstellung in ihrer Ausblendung anderer geschichtsmächtiger Faktoren einseitig und dadurch letztlich unergiebig sein muss, ist von der wissenschaftlichen Kritik früh erkannt worden. Dennoch

[…] für sein Bestes hält er (vielleicht mit Widerspruch mancher Leser) die Geschichte der Sprache, obgleich sie, zu schnell niedergeschrieben, an mehreren Stellen der Nachhilfe bedarf.

Jacob Grimm in seinem ›Lebensabriss‹ von 1851

fand auch dieses Werk sein Publikum und erschien 1888 in der vierten Auflage. Jacob Grimm hielt es »für sein bestes«. Die Nachwelt urteilt anders. Jacob Grimms Einschätzung bringt wohl einfach zum Ausdruck, dass ihm dieses Buch am meisten am Herzen lag. In diesem Sinne ist es sein politisches Vermächtnis, so wie das Politische für Jacob Grimm zeitlebens nur als das persönliche öffentliche Bekenntnis des unabhängigen Einzelnen zu den allgemeinen Angelegenheiten akzeptabel gewesen ist.

1849, mehr als zehn Jahre nach dem Beginn des Unternehmens, beginnen die Brüder Grimm mit der Ausarbeitung des ›Deutschen Wörterbuchs‹. 600 000 Belegzettel, die den deutschen Wortschatz dokumentieren, sind bis dahin eingegangen. Jacob Grimm ist 64, Wilhelm Grimm 63 Jahre alt. Während sie die Vorarbeiten zum Wörterbuch gemeinsam betreut haben, macht sich nun zunächst Jacob an die Arbeit. Er übernimmt die Buchstaben A, B und C, die den ersten Band bilden sollen. Bis zum März 1855 dauert dieser erste Abschnitt von Jacob Grimms Redaktion des Wörterbuchs. Im selben Monat liefert Wilhelm Grimm die ersten Manuskripte für den von ihm betreuten Buchstaben D, dessen Wörter er kurz vor seinem Tod Ende 1859 fertig bearbeitet hat. Von 1858 an bis zu seinem Tod im Jahre 1863 hat Jacob Grimm in einer zweiten Arbeitsphase den Buchstaben E und weite Teile des Buchstabens F ausgeschrieben. Mit den Buchstaben A bis F haben Jacob und Wilhelm Grimm etwas mehr als ein Viertel des Wortschatzes ausgearbeitet. Ihr Anteil am Gesamtumfang des ›Deutschen Wörterbuchs‹, das erst 1971 mit dem Erscheinen des Quellenverzeichnisses zu einem vorläufigen Abschluss kam, beträgt indessen nur etwa ein Zwölftel.

Das letzte von Jacob Grimm bearbeitete Wort ist **»Frucht«**, was sogleich als Symbol für ein ungewöhnlich ertragreiches wissenschaftliches Leben – in seiner Zeit wohl nur übertroffen vom forschenden Weltreisenden Alexander von Humboldt – angesehen wurde. Die einzige Fußnote des Wörterbuchs weist auf diese Zäsur hin: »›frucht‹: mit diesem worte sollte Jacob Grimm seine feder von dem werke leider für immer niederlegen«.

(Das Quellenverzeichnis nennt 25 000 regelmäßig herangezogene Quellen, davon 3500 systematisch exzerpierte.) Dennoch haben sie nicht nur den Anfang gemacht, sondern dem Riesenprojekt ihren Stempel aufgedrückt. Das gilt besonders für Jacob Grimm, der 80 Prozent des Anteils der Brüder am Wörterbuch beigetragen hat. Energisch hat er sich verbeten, dass zu seinen Lebzeiten ein anderer als Wilhelm an der Ausarbeitung beteiligt werde, obwohl die Verleger permanent auf neue Lieferungen drängten und das »übernommene große Wörterbuch« schon bald »mit bleiernem Gewicht« drückte, wie es bereits im Januar 1850 in einem Brief an Gervinus heißt. Diese Klage wiederholt sich in den Folgejahren in wechselnden Formulierungen noch oft.

Gleich zu Beginn zeigt sich, dass die Ausarbeitung der Einträge noch mühsamer werden wird als befürchtet. Viele Belege sind unzulänglich exzerpiert und müssen überprüft bzw. nachexzerpiert werden. Zudem sind noch grundsätzliche Fragen zu klären. Auch wenn das ›Deutsche Wörterbuch‹ kein Gesetzbuch der deutschen Sprache, sondern – wie Wilhelm Grimm auf der ersten Germanistenversammlung gesagt hatte – »eine Naturgeschichte der einzelnen Wörter« sein sollte, beabsichtigen die Brüder dennoch dort, wo sie aufgrund ihrer historischen Sprachforschungen Fehlentwicklungen der Sprache zu erkennen meinen, korrigierend einzugreifen. Insbesondere Jacob Grimms Überzeugung, dass nationale Identität im Kern durch die Zugehörigkeit zu einer gemeinsamen Muttersprache begründet sei, und infolgedessen sein Wunsch,

33 Aus dem handschriftlichen Druckmanuskript Wilhelm Grimms zum ›Deutschen Wörterbuch‹, Anfang des Lemmas »Deutsch«

> Jeden Tag sitze ich mindestens zwölf Stunden dahinter und das will etwas sagen, wenn einer auf dem Sprung steht, achtundsechzig Jahre alt zu werden.
>
> *Jacob Grimm im Herbst 1852 über seine Arbeit am ›Deutschen Wörterbuch‹*

den deutschen Sprachgeist in dem großen Wörterbuch voll zur Entfaltung zu bringen, setzen eine Vorstellung von ebendiesem Sprachgeist voraus. Konsequenterweise und im Einklang mit der lebenslangen Richtung ihrer Forschungen bevorzugen Jacob und Wilhelm Grimm bei der Wahl ihrer Quellen solche Autoren vor allem des 15. bis 17. Jahrhunderts, deren Wortschatz volksnah, bodenständig, konkret und anschaulich ist. Die moderne Sprache, geschäftsmäßiger und wissenschaftlicher, mit ihren zahlreichen Fremdwörtern und abstrakten Zusammensetzungen, erscheint ihnen weniger reich. Als besonders blass gilt ihnen die Mitte des 18. Jahrhunderts vorherrschende Schriftsprache, die noch im Zentrum des Wörterbuchs von Adelung stand. Erst Goethe habe nochmals über den ganzen Reichtum der deutschen Sprache verfügt. Dem Sprachgeist zuwider ist nach Jacob Grimms Auffassung auch, dass Fremdwörter nicht mehr wie in früheren Jahrhunderten formal an die einheimischen Sprachstrukturen angepasst würden. Ein besonders dringliches Anliegen ist ihm zudem die deutsche Orthographie. Auf diesen und anderen Gebieten sieht er Gesetze der natürlichen Sprachentwicklung, die ihm im Zuge seiner vergleichenden historischen Sprachfor-

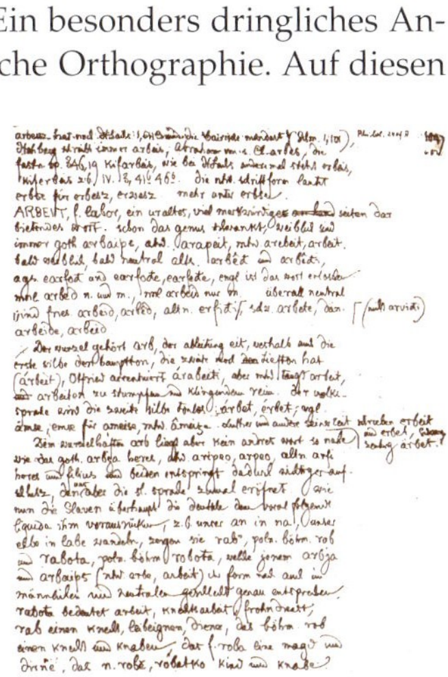

34 Aus dem handschriftlichen Druckmanuskript Jacob Grimms zum ›Deutschen Wörterbuch‹, Anfang des Lemmas »Arbeit«

schung aufgegangen sind, willkürlich verletzt. Mit dem Wörterbuch möchte er lenkend eingreifen, damit sich die Sprache organisch, ihren eigenen Gesetzen folgend, entwickeln kann. Das ist ebenso paradox wie verständlich. Jacob Grimm geht, wie auch bei der Poesie, von einem frühen Naturzustand der Sprache aus, der gewissermaßen unverfälscht ist und von daher eine innere Wahrheit und Autorität hat, die spätere Sprachstufen nur dann beanspruchen können, wenn sie organisch auf den ursprünglichen Keimen wachsen. In diesem zentralen Aspekt bleiben die Brüder Grimm ein Leben lang vom geistigen Klima ihrer Jugendzeit geprägt, das, als Reaktion auf die modernen Lebensverhältnisse, seine Sehnsucht nach Unmittelbarkeit und Zusammenhang auf anfängliche Zeiten projizierte, in denen die Welt noch im Naturzustande und nicht innerlich zerrissen gewesen sei. Mit vielen seiner Vorstellungen kann sich Jacob Grimm gegenüber den Verlegern nicht durchsetzen. Die Reform der Orthographie etwa bleibt aus. Der Verlag scheut das kaufmännische Risiko, das den innovativen Absichten Jacob Grimms innewohnt. Nur einige Punkte, so die von ihm seit Jahrzehnten praktizierte Kleinschreibung von Substantiven oder die Schreibung sz statt ß, sind im ›Deutschen Wörterbuch‹ umgesetzt.

Mitte Dezember 1851 schickt Jacob Grimm die ersten 300 Manuskriptseiten an den Verlag. Zu diesem Zeitpunkt zieht sich Karl Reimer, der Initiator und Ansprechpartner der Vorbereitungsphase, aus dem Projekt zurück. Er übernimmt den Verlag seines Vaters. So geht die Betreuung und ab 1853 auch der Verlag des Wörterbuchs an Salomon Hirzel über.

Die erste Lieferung erscheint zur Leipziger Frühjahrsmesse 1852. Die Kritik reagiert zustimmend, teilweise hymnisch. Es

---

Nicht nur die von Jacob und Wilhelm Grimm ausgearbeiteten **Wörterbuchartikel** sind nach Anlage und Ausführung ungleich. Auch in den weiteren Arbeitsphasen am »Grimm«, wie das ›Deutsche Wörterbuch‹ schon bald bezeichnet worden ist, hinterließen die wechselnden Hauptbearbeiter und veränderten institutionellen Rahmenbedingungen neue Spuren im Werk. Zunächst führten einzelne Gelehrte die Redaktion fort. Ab 1868 wurde das Unternehmen vom Staat – zunächst dem Norddeutschen Bund, dann dem Reich – mitfinanziert.

gibt aber auch scharf ablehnende Stimmen, die den Aufbau der Wörterbuchartikel grundsätzlich in Frage stellen oder etwa die Auswahl der Quellen angreifen, weil sie einseitig protestantische Autoren bevorzuge. Noch im Jahre 1852 lässt Jacob Grimm drei weitere Lieferungen, alle 240 Spalten stark, folgen. Im April 1854 erscheint der erste Band, der acht Lieferungen, von »A« bis »Biermolke«, zusammenfasst. Allein seine Vorrede ist hundert Seiten lang und bringt damit die Dimension des Gesamtprojekts, aber auch das Selbstbewusstsein des Verfassers Jacob Grimm zum Ausdruck. Ausführlich begründet er dort sein lexikographisches Verfahren und antwortet auf dessen Kritiker. Der Titel des Werkes lautet ›Deutsches Wörterbuch von Jacob und Wilhelm Grimm‹. Er betont, bei aller unverbrüchlichen Zusammengehörigkeit, gegenüber den frühen Gemeinschaftswerken die Einzelpersönlichkeiten der beiden Verfasser. Sie haben schon lange eigene Wege eingeschlagen und sind mittlerweile gewohnt, für sich zu arbeiten.

Schon früh haben die Brüder vorausgesehen, dass erst ihr eigener Tod ihrer Arbeit am Wörterbuch ein Ende setzen würde. Unabhängig davon, wie zügig oder langsam sie vorankommen – ihr Beitrag zum ›Deutschen Wörterbuch‹ bleibt ihr letztes großes Werk. Noch im April 1858 klagt Jacob in einem großen bilanzierenden Brief über das Wörterbuchprojekt an Dahlmann, er wünsche zumindest die ›Grammatik‹ zu vollenden, der er letztlich alles verdanke, und weiß doch, dass dafür keine Zeit mehr sein wird. »Hätte ich diese ganz schwierige Lage vorausgesehen, ich würde damals mit Händen und Füßen das Wörterbuch abgewehrt haben. Meine Besonderheit und Eigentümlichkeit leidet darunter Abbruch.«

Die Arbeit verlagerte sich mehr und mehr in Teams, die Leitung in Gremien der Wissenschaftsverwaltung. Zwischen 1908 und 1910 sammelte die neu eingerichtete Zentralsammelstelle in Göttingen für die noch ausstehenden Bände mithilfe germanistischer Seminare im In- und Ausland zwei Millionen Belegstellen. Beide Weltkriege bildeten tiefe Einschnitte und verzögerten die Fertigstellung des Werkes erheblich. Die zahlreichen Neuanfänge dokumentieren aber gerade den Stellenwert des außerordentlichen Unternehmens, das während seiner

Immerhin erleben die Brüder im letzten Jahrzehnt ihres Lebens die Genugtuung, dass viele ihrer Hauptwerke weiterhin nachgefragt und neu aufgelegt werden. Von den ›Kinder- und Hausmärchen‹ besorgt Wilhelm Grimm 1857 die siebte Ausgabe, die schließlich 210 Märchen enthält (gegenüber den 155 der Erstausgabe). Auch den Kommentarband lässt Wilhelm 1856 in überarbeiteter Fassung neu erscheinen. Die kleine Ausgabe der ›Kinder- und Hausmärchen‹ von 1825 erreicht 1858 die zehnte Auflage. Die Popularität der Märchen hat nach dem Tod der Brüder noch immer weiter zugenommen und besteht bis heute ungebrochen fort. Wurden sie zu ihren Lebzeiten nur noch von Alexander von Humboldts ›Kosmos‹ überflügelt, gelten sie seit langem als das weltweit am weitesten verbreitete Buch deutschen Ursprungs.

Auch Neues entstand noch, nachdem die Brüder 1849 mit der Ausarbeitung des Wörterbuchs begonnen hatten. Die Schriften der letzten Jahre sind jedoch Nebenwerke. Über ihnen hängt der Schatten des Wörterbuchs, der großen Verpflichtung. Herauszuheben sind Jacob Grimms Akademievorträge ›Über den Ursprung der Sprache‹ und die ›Rede auf Lachmann‹ als Nachruf auf den kurz zuvor verstorbenen Freund (beide 1851). Weitere Akademie-Reden sind Spezialuntersuchungen zu seinen Hauptforschungsgebieten. Die späten Akademie-Vorträge – die ›Rede auf Schiller‹ (1859), die ›Rede auf Wilhelm Grimm‹ (1860) und besonders die ›Rede über das Alter‹ (1860) – bieten schließlich allgemeinere Betrachtungen. Diese Bekenntnisse sind von bleibender Wirkung.

Auch Wilhelm Grimm ging in seinen Vorträgen vor der Königlichen Akademie der Wissenschaften vielfach Einzel-

---

gesamten Entstehung im Zentrum der deutschen Lexikographie stand und vorbildhaft für ähnliche große Wörterbücher in den europäischen Nachbarländern wurde. Nach dem Krieg brachten die Arbeitsstellen in Berlin (Ost) und Göttingen das Wörterbuch als gesamtdeutsches Projekt gemeinsam zum Abschluss. Seit 1965 erscheinen die Lieferungen der ›Neubearbeitung‹. Das Grimm'sche Wörterbuch wird somit noch auf lange Zeit im Werden begriffen sein und die lebendige deutsche Sprache umfassend dokumentieren.

fragen aus seinen Spezialgebieten nach. Er ergänzt seine Editionen des ›Freidank‹ und des ›Rosengartens‹ um neue Erkenntnisse, spricht über Tierfabeln und verfasst zweihundert Seiten ›Zur Geschichte des Reims‹, die 1852 auch als Buch erscheinen. Überhaupt übersteigt die Länge der Akademievorträge das heute als geeignet geltende Maß bei weitem. Die Akademiekollegen werden sich am Ende jeweils gründlich belehrt, aber wohl auch etwas erschöpft gefühlt haben.

Mehr und mehr ziehen sich beide Brüder aus der Öffentlichkeit zurück. Wilhelm Grimm ist auch im Alter von Depressionen geplagt, zudem kränklich, auf Arbeitspausen und Erholungsurlaube angewiesen. Jacob Grimm absolviert bis zuletzt ein unglaubliches Arbeitspensum, von den Freunden immer wieder bewundernd und etwas fassungslos registriert. »Ich arbeite«, schreibt er dem Verleger Hirzel im Februar 1857, »unablässig fort alle Tage bis elf Uhr«. Die nebeneinander liegenden geräumigen Arbeitszimmer der letzten Berliner Wohnung werden noch ausschließlicher zum Zentrum der Existenz. Die oft unter wirklichen Entbehrungen gekauften Bücher der gemeinsamen Bibliothek bewähren sich als zuverlässige Gefährten.

Die anderen Gefährten kommen zunehmend abhanden. Schon vor Lachmann war 1847 Meusebach gestorben. Der

Eine wahre Geschichte

Dass die Kinder von den Grimm'schen Märchen fasziniert sind, illustriert eine Begebenheit aus dem Sterbejahr Wilhelm Grimms. Ein etwa achtjähriges Mädchen sucht die Grimms auf, wird zu Jacob geführt und fragt ihn, ob es stimme, dass er die Märchen geschrieben habe. Er antwortet ja, sein Bruder und er. Das Märchen vom klugen Schneiderlein, sagt sie darauf, glaube sie nicht, denn nie werde ein Schneider eine Prinzessin heiraten. Da es dort aber am Ende heiße: Wer's nicht glaubt, zahlt einen Taler, müsse sie den Taler zahlen. Vorerst habe sie nur einen Groschen, das übrige werde sie nach und nach zahlen. Wilhelm Grimm hat in einem Brief an Frau von Arnswaldt vom März 1859 den Vorfall bezeugt: »Man glaubt, die Geschichte sei erfunden, sie ist aber wahr. Es war ein feines Kind mit schönen Augen. Es war erst bei Jacob, dann bei mir. Es hatte das Märchenbuch unter dem Arm und als es fertig war mit Vorlesen nahm es artig Abschied.«

Bruder Carl stirbt im Mai 1852 in Kassel im Alter von 65 Jahren. Laßberg, der Freund aus den Tagen des Wiener Kongresses und Ehemann von Jenny von Droste-Hülshoff, stirbt 1855. Bettine von Arnim, ein Vierteljahr jünger als Jacob Grimm, stirbt Anfang 1859. Im Mai desselben Jahres stirbt, neunzigjährig, Alexander von Humboldt.

Es ist auch das Sterbejahr Wilhelm Grimms. Ende November kehrt er von seinem alljährlichen Erholungsurlaub nach Berlin zurück. Kurz darauf bildet sich am Rücken ein Geschwür, das schließlich herausgeschnitten wird, damit es sich nicht nach innen kehre. Zu diesem Zeitpunkt hat der Kranke bereits hohes Fieber. Sein Zustand bessert sich nicht mehr. Eine Lungenentzündung kommt hinzu. Am 16. Dezember stirbt er im Alter von 73 Jahren im Kreis der Familie. Vier Tage später wird er auf dem Friedhof der Matthäikirche begraben. Die öffentliche Anteilnahme ist groß. Zeitungen überall in Deutschland vermelden den Verlust.

Wiederholt hat Jacob Grimm im Verlauf seines Lebens versichert, dass der Tod Wilhelms das Schlimmste sei, was ihm widerfahren könne, und im Grunde unausdenkbar. Nun notiert er in der Familienbibel, er werde »diesem liebsten Bruder über nicht lange

35 Wilhelm Grimms Arbeitszimmer in der Linkstraße 7 in Berlin. Aquarell von Michael Hofmann

Seine Bücher liebt er, das Wort ist nicht zu stark, mit Zärtlichkeit. Die gemeinschaftliche Bibliothek stand unter seiner besonderen Obhut. […] Es hat etwas Natürliches, dass er, der so lange Bibliothekar gewesen war, nun seine Bibliothek als eine Art Persönlichkeit betrachtete. Mit Wohlgefallen ging er oft die aufgestellten Reihen entlang, nahm auch wohl diesen oder jenen Band heraus, besah ihn, schlug ihn auf und stellte ihn wieder an seinen Ort. […] Er konnte im Dunklen jedes Buch ergreifen ohne

36 Wilhelm Grimm. Fotografie von Siegmund Friedländer (1857)

nachfolgen und an seiner Seite zu liegen kommen, wie ich ihm im Leben fast immer vereint gewesen bin« (Gerstner, 344). Äußerlich nimmt er den Verlust gefasst auf. Er tut, was er sein Lebtag getan hat: Er widmet sich der Arbeit. Umsorgt wird er von der Schwägerin Dorothea und seiner Nichte Auguste, die in den letzten Lebensjahren immer wichtiger für ihn wird. Der Tod des Bruders hinterlässt eine Lücke, die nicht mehr zu schließen ist. Eine Zäsur bildet er nicht. Sein Arbeitszimmer wird belassen, wie es war. Nur ein Teil der Bücher wandert hinüber zu Jacob.

Jacob Grimm arbeitet weiter am Wörterbuch. Er korrigiert Wilhelms Manuskripte für den Druck und schreibt die Vorrede zum zweiten Band, dessen Einleitung, wie er betont, eigentlich dem Bruder gebührt hätte. Neben Jacobs Schreibtisch liegt ein eigens für ihn gedrucktes ungebundenes Exemplar des schon erschienenen Bandes, das mit besonders breitem Rand versehen ist. Dort trägt er Ergänzungen für eine zweite Ausgabe ein. Überhaupt, äußert er, könne ein solches Werk erst in der zweiten Fassung wirklich gut werden.

Mit zunehmendem Alter schläft Jacob Grimm nicht mehr gut. Sein Gehör wird schlechter. In den wenigen Mußestunden, die er sich gönnt, liest er die Zeitungen, besonders die

Irrtum. Er verlieh nicht gern, weil er in die Bücher zu schreiben und Zettel hineinzulegen pflegte. Viele tragen auf dem letzten leeren Blatt ein doppelt angelegtes Inhaltsverzeichnis, eins von Jacobs, eins von Wilhelms Hand.

Herman Grimm über Jacob Grimm

37 Jacob Grimm. Fotografie von Siegmund Friedländer (1857)

politischen Nachrichten. In den letzten Lebensjahren legt er eine kleine Sammlung der eben aufkommenden fotografischen Porträts an. Er geht, wenn es das Wetter zulässt, noch täglich spazieren. In seiner ›Rede über das Alter‹ widmet er dem einsamen Spaziergang eine herausgehobene Passage. »Wie freute mich innig«, heißt es dort, »im Tiergarten auf meinen Bruder, wenn er plötzlich von der andern Seite herkam, zu stoßen, nickend und schweigend gingen wir nebeneinander vorüber, das kann nun nicht mehr geschehen.«

Jedes Jahr nimmt nun einen der engsten Weggefährten fort. Ende 1860 stirbt Dahlmann, im Oktober 1861 Savigny. Jacob Grimm steht noch an seinem Sterbebett. Im November 1862 erhält er die Nachricht vom Tod Ludwig Uhlands. Er sei zwei, drei Jahre älter als Uhland, äußert Jacob Grimm, »mithin schnittreifer«. »Doch hält mein Fleiß noch an, und die Lust, das Begonnene fortzuführen, dauert« (Weihnachten 1862, nach Gerstner, 355).

Im April 1863 stirbt Ludwig Emil Grimm in Kassel. Wie Wilhelm, dem er besonders nahe stand, ist er 73 Jahre alt geworden. Jacob, der älteste und nunmehr letzte Lebende der Geschwister, folgt ihm wenige Monate später nach.

Nach dem Tod Jacob Grimms gibt Dorothea Grimm die Wohnung in der Linkstraße auf. Herman Grimm lehrt als Kunsthistoriker an der Universität, sein Bruder Rudolf – der erste Nachkomme des Großvaters, der wirklich Jurist geworden ist – lebt als Regierungsbeamter in Potsdam. Auguste lebt mit der Mutter zusammen.
1867 stirbt Dorothea Grimm in Eisenach an den Folgen einer Lungenentzündung. Da sie den Transport von Leichen abgelehnt hat, kann sie nicht neben ihrem Mann und ihrem Schwager begraben werden,

Einen nimmermüden Arbeiter wie Jacob Grimm reißt der Tod zu jedem möglichen Zeitpunkt mitten aus dem Leben heraus. So kommt das Ende überraschend. Wie Wilhelm Grimm, der am Tag vor seinem Tod noch auf der Akademie hätte vortragen sollen, so kehrt auch Jacob Grimm knapp vier Jahre später gut erholt von einem mit der Familie verbrachten Urlaub im Harz zur Arbeit zurück. Bald darauf zieht er sich eine Erkältung zu. Dann erleidet er einen Schlaganfall, der die rechte Seite lähmt. Auch sein Tod ist Arbeit. Erst nach einer heftigen Krise hört er abends am 20. September 1863 zu atmen auf. Vier Tage später wird er neben dem Bruder bestattet. Ein großer Trauerzug folgt dem Sarg vom Sterbehaus zum Friedhof.

Auf den Grabsteinen der Brüder Grimm stehen ihre Lebensdaten. Die weitere Inschrift ist einfach: »Hier liegt Wilhelm Grimm« steht auf dem einen Stein; »Hier liegt Jacob Grimm« auf dem anderen. Jacob Grimm hat es, knapp ein Jahr vor seinem Tod, »unverbrüchlich« so verfügt.

38 Jacob Grimms Arbeitszimmer in Berlin. Aquarell von Michael Hofmann

wie es ihrem Wunsch entsprochen hätte.
Die Kinder Wilhelm Grimms verwalten den Nachlass, der nach und nach in die Hände des Staates übergeht. Da Herman und Gisela Grimm (die jüngste Tochter Bettine von Arnims) keine Kinder haben, Rudolf und Auguste aber unverheiratet bleiben, geht mit ihnen die Familie, die die Brüder Grimm Zeit ihres Lebens allem übergeordnet haben und die sich dennoch nicht zusammenhalten ließ, zu Ende. Mit Auguste stirbt 1919 die letzte direkte Nachfahrin.

Zeittafel

Lebensdaten und Werke Jacob Grimms

1785 Geburt in Hanau (4. Januar)

1786 Geburt des Bruders Wilhelm (24. Februar)

1787 Geburt des Bruders Carl (24. April)

1788 Geburt des Bruders Ferdinand (18. Dezember)

1790 Geburt des Bruders Ludwig Emil (14. März)

1791 Übersiedelung nach Steinau an der Straße

1793 Geburt der Schwester Charlotte (10. März)

1796 Tod des Vaters

1798 Beginn der Gymnasialzeit in Kassel

1802 Beginn des Jurastudiums in Marburg

1805 Mehrmonatiger Aufenthalt in Paris, Unterstützung der Forschungen Savignys

1805 Wiedervereinigung der Familie in Kassel

1806 Anstellung beim Kriegskollegium

1807 Erste Veröffentlichungen

1808 Tod der Mutter; Bibliothekar in der Privatbibliothek des westfälischen Königs Jérôme; Auditeur im Staatsrat

1811 Erstes Buch: ›Über den altdeutschen Meistergesang‹

1812 ›Hildebrandlied‹ und ›Wessobrunner Gebet‹, erster Band der ›Kinder- und Hausmärchen‹

1813 Hessischer Legationssekretär nach Rückkehr des Kurfürsten; ›Altdeutsche Wälder‹ (Zeitschrift, bis 1816)

1814 Im Gefolge der alliierten Truppen mit der hessischen Gesandtschaft nach Paris

1814/15 Beim Wiener Kongress

1815 Tod der Tante Henriette Zimmer; dritter Paris-Aufenthalt (Kunstschätze-Mission im Auftrag der Alliierten); ›Irmenstraße und Irmensäule‹, ›Silva de romances viejos‹, zweiter Band der ›Kinder- und Hausmärchen‹, ›Der arme Heinrich‹, ›Lieder der alten Edda‹

1816 Zweiter Bibliothekar an der Kasseler Bibliothek im Museum Fridericianum; Mitglied der kurhessischen Zensurkommission (bis 1829); Erster Band der ›Deutschen Sagen‹

1818 Zweiter Band der ›Deutschen Sagen‹

1819 Ehrendoktorat der Universität Marburg; Erster Band der ›Deutschen Grammatik‹

1822 Heirat der Schwester Lotte mit Ludwig Hassenpflug, Junggesellenhaushalt; Neubearbeiteter erster Band der ›Deutschen Grammatik‹, dritter Band der ›Kinder- und Hausmärchen‹

1825 Heirat Wilhelms mit Dorothea Wild

1826 Zweiter Band der ›Deutschen Grammatik‹
1828 ›Deutsche Rechtsaltertümer‹; Ehrendoktorate der juristischen Fakultäten der Universitäten Berlin und Breslau
1830 Umzug nach Göttingen, an der dortigen Unversität Bibliothekar und Professor; ›Hymnorum veteris ecclesiae XXXVI interpretatio Theodisca nunc primum edita‹ (Habilitationsschrift)
1831 Dritter Band der ›Deutschen Grammatik‹
1833 Tod der Schwester Lotte
1834 ›Reinhart Fuchs‹
1835 ›Deutsche Mythologie‹, ›Tacitus: Germania‹ (Textausgabe für Vorlesungszwecke)
1837 Protest der »Göttinger Sieben«; Entlassung; Ausweisung aus dem Königreich Hannover; Vierter Band der ›Deutschen Grammatik‹
1838 Beginn der Vorbereitungen für das ›Deutsche Wörterbuch‹; ›Jacob Grimm über seine Entlassung‹, ›Lateinische Gedichte des X. und XI. Jahrhunderts‹
1840 Berufung nach Berlin; Dritte Ausgabe des ersten Bandes der ›Deutschen Grammatik‹, Bände 1 und 2 der ›Weistümer‹, ›Andreas und Elene‹
1841 Übersiedelung nach Berlin
1842 Dritter Band der ›Weistümer‹
1843 Reise nach Italien
1844 Tod Ferdinands; Reise nach Skandinavien
1846 Vorsitzender der ersten Germanistenversammlung in Frankfurt
1847 Vorsitzender der zweiten Germanistenversammlung in Lübeck
1848 Mitglied der deutschen Nationalversammlung in der Paulskirche in Frankfurt; ›Geschichte der deutschen Sprache‹
1849 Beginn der Ausarbeitung des ›Deutschen Wörterbuchs‹
1850 ›Das Wort des Besitzes‹
1851 ›Über den Ursprung der Sprache‹
1852 Tod Carls; Erste Lieferung des ›Deutschen Wörterbuchs‹
1854 Erster Band des ›Deutschen Wörterbuchs‹
1859 Tod Wilhelms
1860 Zweiter Band des ›Deutschen Wörterbuchs‹
1862 Dritter Band des ›Deutschen Wörterbuchs‹
1863 Vierter Band der ›Weistümer‹; Tod Ludwig Emils; Tod Jacobs (20. September)

Lebensdaten und Werke Wilhelm Grimms

1786 Geburt in Hanau (24. Februar)
1787 Geburt des Bruders Carl (24. April)
1788 Geburt des Bruders Ferdinand (18. Dezember)
1790 Geburt des Bruders Ludwig Emil (14. März)
1791 Übersiedelung nach Steinau an der Straße
1793 Geburt der Schwester Charlotte (10. März)
1796 Tod des Vaters
1798 Beginn der Gymnasialzeit in Kassel, seit Ende der Schulzeit chronische Krankheit
1803 Beginn des Jurastudiums in Marburg
1805 Wiedervereinigung der Familie in Kassel
1806 Examen in Marburg
1807 Erste Veröffentlichungen

1808 Tod der Mutter

1809 Mehrmonatiger Kuraufenthalt in Halle, Weiterreise mit Clemens Brentano zu Achim von Arnim nach Berlin, Rückreise über Weimar, erste Begegnung mit Goethe

1811 Erstes Buch: ›Altdänische Heldenlieder‹

1812 ›Hildebrandlied‹ und ›Wessobrunner Gebet‹, erster Band der ›Kinder- und Hausmärchen‹

1813 ›Altdeutsche Wälder‹ (Zeitschrift, bis 1816)

1814 Bibliothekssekretär an der Kasseler Bibliothek im Museum Fridericianum

1815 Tod der Tante Henriette Zimmer; Rheinreise mit Savigny und Ludwig Emil, erneute Begegnung mit Goethe;
Zweiter Band der ›Kinder- und Hausmärchen‹, ›Der arme Heinrich‹, ›Lieder der alten Edda‹

1816 Erster Band der ›Deutschen Sagen‹

1818 Zweiter Band der ›Deutschen Sagen‹

1821 ›Über deutsche Runen‹

1822 Heirat der Schwester Lotte mit Ludwig Hassenpflug, Junggesellenhaushalt;
Dritter Band der ›Kinder-und Hausmärchen‹

1825 Heirat mit Dorothea Wild (geb. 23. Mai 1793);
Kleine Ausgabe der ›Kinder- und Hausmärchen‹

1826 Geburt und Tod des Sohnes Jacob (3. April/15. Dezember)

1828 Geburt des Sohnes Herman (6. Januar);
›Graf Rudolf‹

1829 ›Die Deutsche Heldensage‹

1830 Umzug nach Göttingen, Bibliothekar an der Universitätsbibliothek;
Geburt des Sohnes Rudolf (31. März);
›Hildebrandlied‹ als Facsimileausgabe

1831 Ernennung zum außerordentlichen Professor

1832 Geburt der Tochter Auguste (21. August)

1833 Tod Lottes

1834 ›Freidank‹

1835 Ernennung zum ordentlichen Professor

1836 ›Rosengarten‹

1837 Protest der »Göttinger Sieben«, Entlassung

1838 Rückkehr nach Kassel, Beginn der Vorbereitungsphase für das ›Deutsche Wörterbuch‹;
›Rolandslied‹

1839 ›Werner vom Niederrhein‹

1840 Berufung nach Berlin;
›Konrad von Würzburg: Goldene Schmiede‹

1841 Umzug nach Berlin;
›Konrad von Würzburg: Silvester‹

1844 Tod Ferdinands

1851 ›Zur Geschichte des Reims‹

1852 Tod Carls

1854 Beginn der Arbeit am ›Deutschen Wörterbuch‹

1859 Heirat des Sohnes Herman mit Gisela von Arnim;
Tod Wilhelms (16. Dezember)

Anmerkung zur Schreibweise der Zitate

Die zitierten Passagen sind an die Neuregelung der Rechtschreibung angepasst. Da die meisten Briefwechsel der Grimms noch nicht als zuverlässige textkritische Ausgaben vorliegen, ist es ohnehin kaum möglich, die Schreibweise von Jacob und Wilhelm Grimm getreu abzubilden. Nach 1820 ist Jacob Grimm zur Kleinschreibung übergegangen. Auch diese Eigentümlichkeit ist hier konsequenterweise nicht übernommen worden.

Bibliografie

Auf ein auch nur annähernd vollständiges Verzeichnis der Schriften Jacob wie Wilhelm Grimms muss an dieser Stelle verzichtet werden. Ihre Zahl sprengt den Rahmen dieser Bibliografie. Die in der Darstellung erwähnten und in den Zeittafeln aufgeführten Hauptwerke sind, zumeist als Nachdrucke der Erstausgaben, in Bibliotheken greifbar. Hinzuweisen ist in diesem Zusammenhang auf die ›Forschungsausgabe in 5 Abteilungen‹ der ›Sämtlichen Werke‹ von Jacob und Wilhelm Grimm, herausgegeben von Ludwig Erich Schmidt »mit zahlreichen Gelehrten« (Olms-Weidmann, Hildesheim u. a. 1989 ff.). Wichtig sind daneben nach wie vor die Ausgaben der ›Kleineren Schriften‹ von Jacob Grimm in acht Bänden (Ferdinand Dümmlers Verlagsbuchhandlung, Berlin 1864 und in zweiter Auflage 1879–1890) und von Wilhelm Grimm in vier Bänden (Ferdinand Dümmlers Verlagsbuchhandlung, Berlin 1881–1887). Lediglich die ›Deutschen Sagen‹ und natürlich die ›Kinder- und Hausmärchen‹ werden in immer neuen Ausgaben herausgebracht. Sie sind sowohl als reine Leseausgaben wie auch wissenschaftlich kommentiert verfügbar (hier besonders die Ausgaben Heinz Röllekes, im Deutschen Klassiker Verlag, Frankfurt/M. und bei Reclam, Stuttgart). Darüber hinaus sind die ›Kinder- und Hausmärchen‹ in nahezu allen erdenklichen Adaptionen und medialen Aufbereitungen erschienen und erscheinen immer neu.

Als Periodika wichtig sind die ›Schriften der Brüder-Grimm-Gesellschaft‹, seit 1991 das ›Jahrbuch der Brüder Grimm-Gesellschaft‹.

Vor einigen Jahren hat die Brüder-Grimm-Gesellschaft eine kritisch-kommentierte Ausgabe der Werke und der Briefwechsel (geschätzte 38 000 Einzelbriefe) in Angriff genommen. Innerhalb dieser ›Kasseler Ausgabe‹ sind mittlerweile die Familienbriefwechsel der Brüder Grimm mit Herman Grimm (1998) und mit Ludwig Hassenpflug (2000) erschienen. Eine andere neue Edition erscheint bei Hirzel (Stuttgart). Hier liegen der Texteband des Briefwechsels zwischen Jacob und Wilhelm Grimm (2001) und der Briefwechsel der Brüder mit Karl Bartsch, Franz Pfeiffer und Gabriel Riedel (2002) vor.

Die vorliegende Darstellung stützt sich vor allem auf die Werke der Brüder Grimm und auf Ausgaben ihrer Briefe, daneben zum Teil auf ältere Arbeiten zur Biografie der Brüder Grimm. Eine ausgezeichnete Auswahl von Bildmaterial enthält Ludwig Deneckes und Karl Schulte Kemminghausens ›Die Brüder Grimm in Bildern ihrer Zeit‹ (zweite verbesserte und vermehrte Auflage, Erich Röth, Kassel 1980), auf die ich vielfach zurückgegriffen habe. Die Forschung ist nur insoweit aufgeführt, als sie Wissenswertes zu den ›Kinder- und Hausmärchen‹ (vgl. die zahlreichen Arbeiten Heinz Röllekes auf diesem Gebiet) oder einen Ansatzpunkt für eigene bibliografische Nachforschungen bietet.

Eduard Hippel (Hrsg.), Briefwechsel zwischen Jacob und Wilhelm Grimm, Dahlmann und Gervinus, 2 Bände, Ferdinand Dümmlers Verlagsbuchhandlung, Berlin 1885 und 1886, unveränderter Nachdruck mit einem ergänzenden Vorwort von Ludwig Denecke, Martin Sändig, Walluf 1973

Camillus Wendeler (Hrsg.), Briefwechsel des Freiherrn Karl Hartwig Gregor von Meusebach mit Jacob und Wilhelm Grimm, Henninger, Heilbronn 1880

E. Stengel (Hrsg.), Briefe der Brüder Grimm an Paul Wigand, N. G. Elwert'sche Verlagsbuchhandlung, Marburg 1910

Albert Leitzmann (Hrsg.), Briefwechsel der Brüder Jacob und Wilhelm Grimm mit Karl Lachmann, 2 Bände, Verlag der Frommannschen Buchhandlung, Jena 1927

Johannes Bolte (Hrsg.), Briefwechsel zwischen Jacob Grimm und Karl Goedeke, Weidmannsche Buchhandlung, Berlin 1927

Karl Schulte Kemminghausen (Hrsg.), Briefwechsel zwischen Jenny von Droste-Hülshoff und Wilhelm Grimm, Aschendorff, Münster 1929

Wilhelm Schoof i. Verb. mit Ingeborg Schnack (Hrsg.), Briefe der Brüder Grimm an Savigny, Erich Schmidt, Berlin und Bielefeld 1953

Wilhelm Schoof in Verbindung mit Jörn Göres (Hrsg.), Unbekannte Briefe der Brüder Grimm, Athenäum, Bonn 1960

Herman Grimm und Gustav Hinrichs (Hrsg.), Briefwechsel zwischen Jacob und Wilhelm Grimm aus der Jugendzeit, zweite, vermehrte und verbesserte Auflage besorgt von Wilhelm Schoof, Hermann Böhlaus Nachfolger, Weimar 1963

Walther Ottendorff-Simrock, Die Grimms und die Simrocks in Briefen. 1830 bis 1864, Ferdinand Dümmlers Verlag, Bonn 1966

Ernst Schmidt bzw. August Sauer (Hrsg.), Briefwechsel der Brüder Grimm mit nordischen Gelehrten, herausg. von Ernst Schmidt, Neudruck der Ausgabe von 1885, mit einem Vorwort und zahlreichen Ergänzungen von Ludwig Denecke; sowie: Aus Jacob Grimms Briefwechsel mit slavischen Gelehrten, mitgeteilt von August Sauer, Neudruck der Ausgabe von 1908, mit einem ergänzenden Vorwort von Ludwig Denecke, Martin Sändig, Walluf 1974

Carola L. Gottzmann (Hrsg.), Briefwechsel der Brüder Grimm mit Hans Georg von Hammerstein-Equord, N. G. Elwert, Marburg 1985

Hartwig Schultz (Hrsg.), Der Briefwechsel Bettine von Arnims mit den Brüdern Grimm 1838–1841, Insel, Frankfurt/M. 1985

Hans Joachim Mey (Hrsg.), Im Namen Goethes. Der Briefwechsel Marianne von Willemer und Herman Grimm, Insel, Frankfurt/M. 1988

Holger Ehrhardt (Hrsg.), Brüder Grimm. Briefwechsel mit Herman Grimm (einschließlich des Briefwechsels zwischen Herman Grimm und Dorothea Grimm, geb. Wild), Verlag der Brüder-Grimm-Gesellschaft, Kassel und Berlin 1998

Ewald Grothe (Hrsg.), Brüder Grimm. Briefwechsel mit Ludwig Hassenpflug (einschließlich der Briefwechsel zwischen Ludwig Hassenpflug und Dorothea Grimm, geb. Wild, Charlotte Hassenpflug, geb. Grimm, ihren Kindern und Amalie

Hassenpflug), Verlag der Brüder-Grimm-Gesellschaft, Kassel und Berlin 2000
Heinz Rölleke (Hrsg.), Briefwechsel zwischen Jacob und Wilhelm Grimm, Teil 1. Text, Hirzel, Stuttgart 2001
Günter Breuer (Hrsg.), Briefwechsel der Brüder Jacob und Wilhelm Grimm mit Karl Bartsch, Franz Pfeiffer und Gabriel Riedel, Hirzel, Stuttgart 2002

Hermann Gerstner (Hrsg.), Die Brüder Grimm. Ihr Leben und Werk in Selbstzeugnissen, Briefen und Aufzeichnungen, Wilhelm Langewiesche-Brandt, Ebenhausen bei München 1952
Ingeborg Schnack (Hrsg.), Die Selbstbiographien von Jacob und Wilhelm Grimm aus dem Juli und September 1830, Sonderdruck aus dem Jahrbuch der Deutschen Schiller-Gesellschaft Bd. II (1958), Alfred Kröner, Stuttgart 1958
Wilhelm Schoof (Hrsg.) Wilhelm Grimm. Aus seinem Leben, Ferdinand Dümmlers Verlag, Bonn 1960
Wilhelm Schoof (Hrsg.) Jacob Grimm. Aus seinem Leben, Ferdinand Dümmlers Verlag, Bonn 1961
Wilhelm Schoof, Die Brüder Grimm in Berlin, Haude & Spenersche Verlagsbuchhandlung, Berlin 1964
Manfred Lemmer, Die Brüder Grimm, VEB Bibliographisches Institut, Leipzig 1967
Ludwig Denecke, Jacob Grimm und sein Bruder Wilhelm, J. B. Metzler, Stuttgart 1971 (= SM 100)
Hermann Gerstner, Brüder Grimm in Selbstzeugnissen und Bilddokumenten, Rowohlt, Reinbek 1973 (= rowohlts monographien 201)
Ludwig Denecke und Karl Schulte Kemminghausen, Die Brüder Grimm in Bildern ihrer Zeit, zweite verbesserte und vermehrte Auflage, Erich Röth, Kassel 1980
Ruth Michaelis-Jena, Die Brüder Grimm, Aschendorff, Münster 1980
Ludwig Denecke, Bibliographie der Briefe von und an Jacob und Wilhelm Grimm. Sonderdruck, Verlag der Brüder-Grimm-Gesellschaft, Kassel 1983
Christoph Wetzel, Brüder Grimm, Andreas & Andreas, Salzburg 1983
Walter Nissen, Die Brüder Grimm und ihre Märchen, Vandenhoeck und Ruprecht, Göttingen 1984
Gabriele Seitz, Die Brüder Grimm. Leben – Werk – Zeit, Winkler, München 1984
Irma Hildebrandt, Es waren ihrer Fünf: die Brüder Grimm und ihre Familie, Diederichs, Köln 1984
Jürgen Weishaupt, Die Märchenbrüder. Jacob und Wilhelm Grimm – ihr Leben und Wirken, Verlag Thiele & Schwarz, Kassel 1985
Dieter Hennig und Bernhard Lauer (Hrsg.), 200 Jahre Brüder Grimm. Die Brüder Grimm. Dokumente ihres Lebens und Wirkens: Band I der Ausstellungskataloge im Auftrag der Veranstaltungsgesellschaft 200 Jahre Brüder Grimm, Verlag Weber & Weidemeyer, Kassel 1985 – Band 3.I: Die Brüder Grimm in ihrer amtlichen und politischen Tätigkeit, Ausstellungskatalog von Hans Bernd Harder und Ekkehard Kaufmann
Bernhard Lauer (Bearbeiter), Von Hessen nach Deutschland. Wissenschaft und Politik im Leben und Werk der Brüder Grimm. Ausstellung in der Vertretung des Landes Hessen beim Bund, Kassel 1988

Ludwig Denecke und Irmgard Teitge, Die Bibliothek der Brüder Grimm. Annotiertes Verzeichnis des festgestellten Bestandes, Hirzel, Stuttgart 1989

Wilfried Kürschner und Edgar Papp (Hrsg.), Jacob und Wilhelm Grimm: fachwissenschaftliche und fachdidaktische Beiträge zur Werk- und Wirkungsgeschichte, Runge, Cloppenburg 1989

Lothar Blum, Die Brüder Grimm und der Beginn der Deutschen Philologie. Eine Studie zu Kommunikation und Wissenschaftsbildung im frühen 19. Jahrhundert, Weidmann, Hildesheim 1997

Ulrich Hussong, Jacob Grimm und der Wiener Kongreß: mit einem Anhang größtenteils unveröffentlichter Dokumente, Verlag der Brüder-Grimm-Gesellschaft, Kassel 2002

Bernhard Lauer (Hrsg.), Das Deutsche Wörterbuch von Jacob und Wilhelm Grimm: ein wissenschaftliches Symposion, Verlag der Brüder-Grimm-Gesellschaft, Kassel 2003

Max Lüthi, Märchen, J. B. Metzler, Stuttgart und Weimar 1962/66, 9. durchgesehene und ergänzte Auflage bearbeitet von Heinz Rölleke 1996 (= SM 16)

Heinz Rölleke (Hrsg.), Die älteste Märchensammlung der Brüder Grimm. Synopse der handschriftlichen Urfassung von 1810 und der Erstdrucke von 1812, Fondation Martin Bodmer, Köln und Genf 1975

Heinz Rölleke (Hrsg.), Märchen aus dem Nachlass der Brüder Grimm, Bouvier, Bonn 1977 (dasselbe, 3. ergänzte und verbesserte Auflage 1983)

Ulrike Bastian, Die ›Kinder- und Hausmärchen‹ der Brüder Grimm in der literaturpädagogischen Diskussion des 19. und 20. Jahrhunderts, Haag und Herchen, Frankfurt/M. 1981

André Jolles, Einfache Formen, 6. unveränderte Auflage, Niemeyer, Tübingen 1982

Felix Karlinger, Grundzüge einer Geschichte des Märchens im deutschen Sprachraum, Wissenschaftliche Buchgesellschaft, Darmstadt 1983

Heinz Rölleke, »Wo das Wünschen noch geholfen hat«. Gesammelte Aufsätze zu den ›Kinder- und Hausmärchen‹ der Brüder Grimm, Bouvier, Bonn 1985

Heinz Rölleke, Die Märchen der Brüder Grimm, Artemis, München und Zürich 1985

Heinz Rölleke (Hrsg.), Unbekannte Märchen von Wilhelm und Jacob Grimm. Synopse von Einzeldrucken Grimmscher Märchen und deren endgültiger Fassung in den KHM, Eugen Diederichs, Köln 1987

Heinz Rölleke i. Verb. mit Lothar Blum (Hrsg.), »Redensarten des Volkes, auf die ich immer horche«. Das Sprichwort in den Kinder- und Hausmärchen der Brüder Grimm, Peter Lang, Bern 1988

Heinz Rölleke (Hrsg.), Grimms Märchen, wie sie nicht im Buche stehen, Frankfurt/M. und Leipzig 1993 (= it 1551)

Heinz Rölleke, Grimms Märchen und ihre Quellen. Die literarischen Vorlagen der Grimmschen Märchen synoptisch vorgestellt und kommentiert, Wissenschaftlicher Verlag Trier, Trier 1998

Heinz Rölleke, Die Märchen der Brüder Grimm. Quellen und Studien. Gesammelte Aufsätze, Wissenschaftlicher Verlag Trier, Trier 2000

Register

Bildnachweis

Brüder Grimm-Museum, Kassel 1, 9, 11, 15, 16, 21, 22, 25, 27 / Hans-Georg Schede, Freising 7 / Jens Wehinger, Dresden 14, 19, 23 / *Aus* Henning, Dieter und Bernhard Lauer (Hg.): 200 Jahre Brüder Grimm. Dokumente ihres Lebens und Wirkens, Kassel 1985 33, 34, 38 / *Aus* Ottendorf-Simrock, Walther (Hg.): Die Grimms und die Simrocks in Briefen, Bonn 1966 30, 37 / *Aus* Karl Schulte Kemminghausen u. Ludwig Denecke (Hg.): Die Brüder Grimm in Bildern ihrer Zeit, Kassel 1963: 4, 5, 14, 17, 20, 24, 26, 31, 32, 36, / *Aus* Seitz, Gabriele (Hg.): Die Brüder Grimm. Leben – Werk – Zeit, München 1984 2, 13, 35, 38 / *Aus* Wetzel, Christoph (Hg.): Brüder Grimm (=Die großen Klassiker), Salzburg 1983 3, 6, 8, 18, 28, 29

dtv portrait

Herausgegeben von Martin Sulzer-Reichel

Originalausgaben

Biographien bedeutender Frauen und Männer aus Geschichte, Literatur, Philosophie, Kunst und Musik

Hannah Arendt. Von Ingeborg Gleichauf. dtv 31029
Johann Sebastian Bach. Von Malte Korff. dtv 31030
Ingeborg Bachmann. Von Joachim Hoell. dtv 31051
Thomas Bernhard. Von Joachim Hoell. dtv 31041
Hildegard von Bingen. Von Michaela Diers. dtv 31008
Otto von Bismarck. Von Theo Schwarzmüller. dtv 31000
Heinrich Böll. von Viktor Böll und Jochen Schubert. dtv 31063
Die Geschwister Brontë. Von Sally Schreiber. dtv 31012
Giordano Bruno. Von Gerhard Wehr. dtv 31025
Georg Büchner. Von Jürgen Seidel. dtv 31001
Albert Camus. Von Marie-Laure Wieacker-Wolff. dtv 31070
Fidel Castro. Von Albrecht Hagemann. dtv 31057
Frédéric Chopin. Von Johannes Jansen. dtv 31022
Joseph Conrad. Von Renate Wiggershaus. dtv 31034
Hedwig Courths-Mahler. Von Andreas Graf. dtv 31035
Dante. Von Fritz Glunk. dtv 31073
Marlene Dietrich. Von Werner Sudendorf. dtv 31053
Annette von Droste-Hülshoff. Von Winfried Freund. dtv 31002
Alexandre Dumas. Von Günter Berger. dtv 31061
Albert Einstein. Von Thomas Bührke. dtv 31074
Marieluise Fleißer. Von Carl-Ludwig Reichert. dtv 31054
Theodor Fontane. Von Cord Beintmann. dtv 31003
Friedrich II. von Hohenstaufen. Von Ekkehart Rotter. dtv 31040
Max Frisch. Von Lioba Waleczek. dtv 31045
Günter Grass. Von Claudia Mayer-Iswandy. dtv 31059
Heinrich Heine. Von Jan-Christoph Hauschild. dtv 31058
Hermann Hesse. Von Klaus Walther. dtv 31062
Alfred Hitchcock. Von Enno Patalas. dtv 31020
Hugo von Hofmannsthal. Von Hans-Albrecht Koch. dtv 31018
Victor Hugo. Von Jörg W. Rademacher. dtv 31055
Jesus von Nazaret. Von Dorothee Sölle und Luise Schottroff. dtv 31026
Janis Joplin. Von Ingeborg Schober. dtv 31065
Novalis. Von Windfried Freund. dtv 31043
Franz Kafka. Von Detlev Arens. dtv 31047
Erich Kästner. Von Isa Schikorsky. dtv 31011
John F. Kennedy. Von Andreas Etges. dtv 31068
Heinrich von Kleist. Von Peter Staengle. dtv 31009
John Lennon. Von Corinne Ullrich. dtv 31036
Klaus Mann. Von Armin Strohmeyr. dtv 31031
Maria Theresia. Von Edwin Dillmann. dtv 31028
Karl May. Von Klaus Walther. dtv 31056
Jim Morrison. Von Ingeborg Schober. dtv 31049
Nostradamus. Von Frank Rainer Scheck. dtv 31024
Pablo Picasso. Von Hajo Düchting. dtv 31048
Edgar Allan Poe. Von Frank Zumbach. dtv 31017
Karl Popper. Von Martin Morgenstern und Robert Zimmer. dtv 31060
Marcel Proust. Von Fritz Glunk. dtv 31064
Rainer Maria Rilke. Von Stefan Schank. dtv 31005
John Steinbeck. Von Annette Pehnt. dtv 31010
August Strindberg. Von Rüdiger Bernhardt. dtv 31013
Giuseppe Verdi. Von Johannes Jansen. dtv 31042
Oscar Wilde. Von Jörg W. Rademacher. dtv 31038
Frank Zappa. Von Carl-Ludwig Reichert. dtv 31039